城市轨道交通安全管理

主　编　刘婷婷
副主编　高　帅　刘　冰
参　编　车广侠　李飞燕　王茉莉　王　博

北京理工大学出版社
BEIJING INSTITUTE OF TECHNOLOGY PRESS

版权专有　侵权必究

图书在版编目（CIP）数据

城市轨道交通安全管理 / 刘婷婷主编 . —北京：北京理工大学出版社，2019.10（2024.8 重印）
ISBN 978-7-5682-7680-1

Ⅰ.①城…　Ⅱ.①刘…　Ⅲ.①城市铁路-交通运输安全-交通运输管理　Ⅳ.①U239.5

中国版本图书馆 CIP 数据核字（2019）第 222976 号

责任编辑：杜海洲		文案编辑：毛慧佳	
责任校对：周瑞红		责任印制：李志强	

出版发行 / 北京理工大学出版社有限责任公司
社　　址 / 北京市丰台区四合庄路 6 号
邮　　编 / 100070
电　　话 /（010）68914026（教材售后服务热线）
　　　　　（010）68944437（课件资源服务热线）
网　　址 / http://www.bitpress.com.cn

版 印 次 / 2024 年 8 月第 1 版第 3 次印刷
印　　刷 / 廊坊市印艺阁数字科技有限公司
开　　本 / 787 mm×1092 mm　1/16
印　　张 / 13
字　　数 / 307 千字
定　　价 / 42.00 元

图书出现印装质量问题，请拨打售后服务热线，负责调换

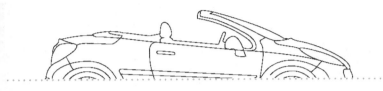

前言

  安全是人类最基本的需要之一，安全问题是人类生存和发展活动中永恒的主题。近年来，我国城市轨道交通的发展突飞猛进，这在解决城市交通拥挤、改善居民出行条件、节约土地资源、促进节能减排、推动城市发展等方面发挥着重要的作用。

  但是，城市轨道交通在给人们提供方便、快捷、舒适、经济、环保服务的同时，也因其发展历史较短、经验不足，面临着越来越多的安全问题。城市轨道交通运营安全直接关系到乘客的人身安全和财产安全，与广大人民群众的利益息息相关。要实现城市轨道交通运营安全有序，就必须把安全管理放在首要位置。

  城市轨道交通安全管理除了具有安全问题的普遍性之外，还具有特殊性，主要表现在社会影响大、涉及范围广、受外界影响大等方面。这也在一定程度上说明了城市轨道交通安全管理的重要性。

  本书力求系统、全面地阐述城市轨道交通安全管理的基本知识，力求从不同角度解析城市轨道交通所需要解决的安全问题和基础知识，尽可能适应我国各地城市轨道交通安全管理的实际需要。但由于不同城市的轨道交通所面临的安全问题有所不同，在实际教学中，可根据实际情况适当补充，予以选用。

  本书由吉林交通职业技术学院刘婷婷担任主编，由吉林交通职业技术学院高帅、刘冰担任副主编。具体分工如下：第一章、第二章由刘婷婷编写；第三章由刘婷婷和王博共同编写；第四章由高帅编写；第五章由刘冰编写；第六章由吉林交通职业技术学院车广侠、李飞燕、王茉莉编写，全书由刘婷婷统稿。

  本书在编写过程中，得到了轨道交通工作人员的帮助，参考了广州地铁、上海地铁、北京地铁等运营单位大量安全管理方面的资料以及有关安全管理和轨道交通的文章，在此向这些材料的作者表示感谢。同时，宋宇博、高大林、赵泽平也在本书的编写过程中给予很大帮助，在此表示感谢。

  由于时间仓促、编者水平有限，书中难免有疏漏和不妥之处，敬请各位老师和广大读者批评指正。

编　者

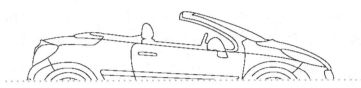

目录
CONTENTS

第一章　城市轨道交通安全管理概述 ⋯ 001
　第一节　城市轨道交通安全管理知识 ⋯ 002
　第二节　城市轨道交通安全生产的基本要素 ⋯ 005
　第三节　城市轨道交通安全管理的基本思路 ⋯ 007
　第四节　安全色与安全标志 ⋯ 017

第二章　城市轨道交通运营安全保障体系 ⋯ 022
　第一节　城市轨道交通安全保障体系概述 ⋯ 023
　第二节　安全法律保障体系 ⋯ 032
　第三节　城市轨道交通安全技术保障体系 ⋯ 037
　第四节　安全教育培训体系 ⋯ 043
　第五节　安全生产责任制 ⋯ 045

第三章　城市轨道交通事故的处理 ⋯ 051
　第一节　事故分类和构成条件 ⋯ 052
　第二节　事故调查处理 ⋯ 056
　第三节　城市轨道交通应急救援体系 ⋯ 060
　第四节　常见事故处理 ⋯ 065
　第五节　伤害急救常识 ⋯ 071

第四章　城市轨道交通运营行车事故的预防与处理 ⋯ 078
　第一节　列车运行事故的原因分析 ⋯ 079
　第二节　列车运行事故预防 ⋯ 087
　第三节　调车作业事故预防 ⋯ 097
　第四节　接发列车作业惯性事故预防 ⋯ 099
　第五节　检修施工作业事故预防 ⋯ 102

第五章　城市轨道交通人身伤亡事故的预防 …… 110

第一节　电气事故的预防 …… 112
第二节　火灾事故的预防 …… 116
第三节　城市轨道交通危险源的辨识与控制 …… 124

第六章　城市轨道交通安全分析与评价 …… 132

第一节　城市轨道交通安全分析 …… 132
第二节　安全评价 …… 144

附录1　《中华人民共和国安全生产法》 …… 152

附录2　《城市轨道交通运营管理规定》 …… 166

附录3　《国家处置城市地铁事故灾难应急预案》 …… 174

附录4　《城市轨道交通消防安全管理标准》 …… 183

参考文献 …… 197

第一章

城市轨道交通安全管理概述

英国首都伦敦的国王十字地铁站位于伦敦市地铁的枢纽,它是通往英国东北部、苏格兰和约克郡的5条主要地铁线的交汇点,是全世界最繁忙的地铁站之一,每天都要接纳30多万乘客。

1986年11月18日傍晚,国王十字地铁站发生了重大火灾,导致32人死亡,100多人受伤,同时造成了十分严重的经济损失。大火的起点是地铁站内一部自动扶梯的底部。这部自动扶梯是古老的木质结构,极为陈旧,已经有40多年历史了。火势迅速蔓延,浓烟滚滚,当时在地铁站候车的乘客乱成一团,中央售票大厅到处是混乱奔跑的人。人们咳嗽、流泪,陷入恐惧之中。地上横七竖八地躺着人,有的人已经被烧得面目全非,受惊的人们夺路而逃。最后大火烧了4小时才被扑灭。

地铁火灾发生以后,时任英国运输大臣的保罗·简能立即赶往事故现场,指挥灭火和抢救工作。英国女王伊丽莎白二世对这一灾难表示震惊。英国首相撒切尔夫人亲赴事故现场视察,并前往医院探视伤员。参加灭火工作的有150多名消防员。为了不让失去理智的乘客自投火海,警察和消防员堵住了一些危险出口,并从地铁站调来一辆列车,把被大火包围的乘客转移到安全地带。在整个灭火过程中,由于消防队员没有及时获得地铁通道分布图和氧气防护面罩,因此造成2人受重伤,1人殉职。

此次伦敦地铁火灾,是世界地铁系统有史以来第一次事故。对于这次事故的起因众说纷纭。据伦敦警方调查,大火是由于电梯下面堆积的大量垃圾被电梯发动机打出的火花点燃导致的;也有人说是由于有人往垃圾堆里丢弃了尚未熄灭的烟头才引起的;所以火灾发生之后,英国地铁系统全面禁烟。地铁发生火灾后,展开灭火工作有许多困难,首先,地下场所空间狭小,大型消防车辆和装备难以靠近灭火现场;地下排烟不畅,其次,一旦发生火灾,到处都是浓烟,很难辨别逃生方向。因此,伦敦地铁发生火灾后,许多国家的地铁管理部门迅速做出反应,普遍加强了城市轨道交通安全管理工作。

城市轨道交通安全作为一个重要问题,一直受到各级政府和广大人民群众的高度重视和密切关注;运营安全管理工作也越来越被广大轨道交通运营企业所重视,它是轨道交通运营管理的重中之重。

城市轨道交通作为城市公共交通的一个重要组成部分,在给人们提供方便、快捷、舒适、环保服务的同时,由于其本身的特点,也面临着日益严重的安全问题:行车事故、设备事故、人身伤害等。所以,城市轨道交通运营企业必须把安全管理放在首要位置。

第一节 城市轨道交通安全管理知识

一、基本概念

1. 安全

安全是指在生产活动过程中,能将人或物的损失控制在可接受水平的状态。这个概念从另一方面来理解,即意味着人或物遭受损失的可能性是可以接受的;如果这种可能性超出可接受水平,就意味着不安全。安全的内涵主要包括以下 5 个方面。

(1) 这里所讨论的安全是指生产领域中的安全问题,既不涉及军事或社会意义的安全与安保问题,也不涉及与健康、疾病有关的安全问题。

(2) 安全不是瞬间的结果,而是对于某种过程状态的描述。

(3) 安全是相对的,不存在绝对的安全。

(4) 构成安全问题的矛盾双方是安全与危险,而不是安全与事故。所以从这个角度看,衡量一个生产系统是否安全不应仅仅依靠事故指标,这对后续来进行安全评价是非常关键的。

(5) 不同的时代,不同的生产领域,可接受的损失水平不同,因而衡量系统安全的标准也不同。

本质安全是指通过设计等手段使生产设备或生产系统本身具有安全性,即使在失误操作或发生故障的情况下也不会造成事故。

本质安全有两大功能。

① 失误安全功能:操作者即使操作失误,也不会发生事故或伤害。

② 故障安全功能:设备、设施和工艺发生故障或损坏时,还能暂时维持正常工作或自动转变为安全状态。

本质安全是安全生产管理"以预防为主"的根本体现,也是安全生产管理的最高境界,是我们为之奋斗的目标。

2. 安全生产

《辞海》中将"安全生产"解释为:为预防生产过程中发生人身、设备事故,形成良好劳动环境和工作秩序而采取的一系列措施和活动。根据现代系统安全工程的观点,上述解释只表述了一个方面,还不够全面。概括地说,安全生产是指在生产过程符合物质条件和工作秩序的条件下,防止发生人身伤亡和财产损失等生产事故;消除或控制危险、有害的因素,保障人身安全与健康,保证设备和设施免受损失。

城市轨道交通运营安全管理就是在运营过程中保证乘客和员工的人身安全以及设施、设备的完好无损的工作。

3. 安全生产管理

安全生产管理是管理的重要组成部分,是安全学科的一个分支。所谓安全生产管理就是针对人们在生产过程中的安全问题,运用有效的资源,发挥人们的智慧,通过人们的努力,进行有关决策、计划、组织和控制等活动,实现生产过程中人与机器设备、物料、环境的和谐，达到安全生产的目标。

安全生产管理的目标是减少和控制危害与事故发生的概率，尽量避免生产过程中由于事故所造成的人身伤害、财产损失、环境污染以及其他损失。安全生产管理的内容包括安全生产法制管理、监督检查、行政管理、工艺技术管理、设备设施管理、作业环境和条件管理等。安全生产管理的基本对象是企业的员工，涉及企业中的人员、设备设施、物料、环境、财务、信息等方面。

4. 事故

至今为止，对事故的内涵还没有一致的、准确的定义。我国安全生产界认为：事故是指在生产经营活动过程中发生人身伤亡或者造成直接经济损失的事件。美国安全工程师海因里希认为："事故是非计划的、失去控制的事件。"综合以往对事故的不同表述方法，可以把事故的概念概括为以下6方面。

（1）事故是违背人们意愿的一种现象。

（2）事故是不确定的事件，既受必然性的支配，也受偶然性的影响。

（3）事故可以预防、减少，但是不能消灭。

（4）事故一旦发生，往往造成人的伤亡或物的损失。

（5）事故发生的原因有：目前尚未认识到的；目前已经认识到的但尚不可控制的；已经认识到的、目前可以控制但未能进行有效控制的3种。

（6）事故是隐患突变并失去控制的外在表现。

5. 危险

危险是指系统中存在导致发生不期望后果的可能性超出了人们的承受范围，通常用危险度来表示。

危险发生的原因归根结底还是因为危险源的存在，危险源指的是可能造成人员伤亡、疾病、财产损失、作业环境或其他损失的根源或状态。在生活中，危险源无处不在，它可以是一次事故、一种环境、一种状态的载体，例如汽车轮胎爆炸；也可以是产生不期望后果的人或物，例如平时在开车过程中就经常遇到的，不遵守交通规则的电动车；还有液化石油气在生产、储存、运输和使用过程中也可能发生泄漏，引起中毒、火灾爆炸等事故，因此充装了液化石油气的储罐就是危险源。

《中华人民共和国安全生产法》第九十六条明确规定：重大危险源，是指长期或者临时生产、搬运、使用、储存危险物品，且危险物品的数量等于或者超过临界量的单元（包括场所和设施）。

二、城市轨道交通安全管理的必要性

1. 城市轨道交通企业需要安全管理

城市轨道交通系统本身具有独立性和封闭性，拥有自己的信号指挥系统，相对于其他公共交通工具来说，安全程度较高，但是由于轨道交通运量大，设施设备的科技含量较高，一旦发生事故就会造成比较严重的后果，所以，安全管理对于轨道交通运营发展的影响不容小觑。

城市轨道交通行业本身就具有特殊性，在生产过程中，除了要保证乘客和员工的人身安全外，还要保证各种设备设施的运行安全，同时由于其自身存在着许多不可预测的安全隐患，所以安全责任重于泰山。

城市轨道交通的公益性决定了安全运输乘客才是最大的利益。从这个意义上讲，安全就是财富，就是资源，就是生产力。当安全与运营发生矛盾时，应服从于安全；当安全与日常管理工作发生矛盾时，应服从于安全；当安全与个人利益发生矛盾时，更应当服从于安全。

2. 城市轨道交通企业必须实行安全管理

以严格明确的责任制为保证，建立完善的安全保障体系；以提高和增强全体员工的安全意识为前提，强化安全知识学习，重视安全教育，营造一个良好的安全氛围，即"人人讲安全，上下抓安全，大家为安全"。让每名员工自觉遵守安全规定、不能也不敢违反安全规定。通过各种宣传方式提高乘客的思想认识，加强乘客的安全知识教育，增强乘客的安全意识，促使其提高自我约束能力和防范意识，自觉遵守安全规定，有效避免事故的发生。

三、城市轨道交通安全的特殊性

城市轨道交通因其自身的特点，其运营安全除了具有一般安全问题的普遍性之外，还有其明显的特殊性，主要表现在以下 4 个方面。

1. 行车安全影响面广

城市轨道交通在城市公共交通中所占的比重越来越大，已成为广大人民群众工作、学习、生活中不可或缺的重要部分。一旦城市轨道交通系统发生运营安全事故，就会影响整条线路乃至整条线网，造成运营中断，给整个城市的地面交通带来巨大的压力，直接影响社会生产、人民生活及社会安定。

2. 行车安全涉及的工序和人员多

城市轨道交通是一架庞大的联动机，它是由线路、车站、车辆三大基础设备以及电气、运行和信号灯控制系统组成的。其一年四季持续地运转，每一次运输工作的完成都需要许多部门、许多工序互相配合；每个工作环节必须紧密联系、协同动作，才能确保安全运输。任何一个部门、一个环节出了问题都会影响行车安全。

城市轨道交通的运营生产要经过复杂的生产过程，由奋斗在不同岗位上的广大员工参与、共同劳动才能完成。安全生产贯穿运营生产的整个流程，与生产过程中的每一个环节、每一位员工息息相关。在生产过程中，各个工作环节都必须严格遵章守纪，才能确保运营安全。只要某一个工种、某一个员工违章作业，就将造成行车事故或人身伤亡事故。

3. 行车安全受自然和社会环境影响大

外界自然环境的变化也影响着城市轨道交通运营的安全生产，如阴天、下雨、刮风、下雪、雾霾等，都会对乘务人员瞭望信号和观察线路的情况产生影响，稍有不慎就可导致事故的发生；南方沿海的强台风、北方冬季的严寒天气，都有可能损坏运输设备，影响安全生产；通信、信号设备可能因强烈雷电的冲击，带来损坏或干扰，影响行车安全；地铁线路、车站多在地下隧道内，一旦发生火灾、爆炸等事故，疏散乘客、灭火、排除有害气体都十分困难。

另外，城市轨道交通的运营安全工作受社会大环境的影响较大，很多因素都直接影响着城市轨道交通的运营安全,如社会治安秩序、沿线人民群众对城市轨道交通安全知识的了解程度等。

4. 运营安全风险大

城市轨道交通设备先进、结构复杂,车辆密度大,客流量大,在运营中不可预知的因素很多,人民群众对轨道交通服务质量的期望值越来越高,运营安全的风险也就越来越大。

四、城市轨道交通安全的重要性

第一,城市轨道交通安全管理与乘客的生命财产安全直接相关。它既可以满足乘客的出行需求,又是一个城市能够拥有良好交通秩序的前提和保障。

第二,城市轨道交通安全管理符合城市公共交通可持续发展的需求。过去,由于城市轨道交通企业员工工作失职、设备故障、乘客安全意识不强等造成过严重的城市轨道交通事故,因此,城市轨道交通企业必须从长远利益出发,实施安全管理条例,加强乘客安全知识教育,增强责任意识等,以保障我国城市公共交通的可持续发展。

第三,城市轨道交通安全管理是提高效益的有效途径。一方面,城市轨道交通因其无污染、噪声小,能够符合社会环保要求;另一方面,轨道交通安全性好、便捷,能够更好地满足乘客的出行需求。

第四,城市轨道交通安全管理有利于新技术在交通运输业生产中的应用。把质量标准化、安全信息化、管理精细化、装备机械化作为保障安全、发展生产、强化管理的重要举措,实现了以安全为轴心,以生产为中心,以管理为重心,以效益为核心的经营策略,使安全生产、企业管理和经济效益三管齐下、同步提高。

第二节 城市轨道交通安全生产的基本要素

安全生产是一个系统工程,把安全与生产、管理、科技紧密相连,要将安全寓于生产、管理和科技进步之中;要重点克服体制所带来的劣势,从根源抓起,实现本质安全。在城市轨道交通运营中,应促进安全生产"5要素"的落实。

安全生产"5要素"指的是安全文化、安全法制、安全责任、安全科技以及安全投入。这5要素既相互独立,又是一个有机的整体,相辅相成甚至互为条件,既有宏观战略的高度,也有微观战术的深度。可以说,抓住了"5要素",就基本上抓住了当前我国政府和城市轨道交通企业生产工作的要害和重点。

一、安全文化

安全生产的根本就是安全文化。安全文化的最基本内涵就是强化全民安全意识,提高全民安全素质。要把安全意识提到全社会的层面上来,将安全宣传教育深入人心,保证公民人人具有自我保护意识,真正做到警钟长鸣、居安思危、言危思进、常抓不懈。

(1)企业的安全文化建设,要紧紧围绕"以人为本"这个中心,以"安全理念渗透和安全行为养成"为目标,思想上内化,行为上外化,不断提高广大员工的安全意识和安全责任,把安全第一变为每位员工的行为准则。安全理念决定安全意识,安全意识决定安全行为。

（2）要确实落实我国的安全生产方针，即"安全第一，预防为主"；要确立具有自己行业鲜明特点的安全生产管理原则，落实各种事故防范预防方案；要加强员工安全培训，树立安全生产理念。加大安全宣传的力度，在各个生产前线和场所张贴安全守则，操作规范，还可以在各个班组的安全会议上进行安全知识宣讲，将安全文化内化到员工的日常生活中。

二、安全法制

安全法制是保障安全生产最有力的武器。建立和完善安全生产法规体系是安全生产的制度保障，是生产管理和技术在安全保障上应用的制度化和标准化。从全局的角度来看，应以《中华人民共和国安全生产法》为核心，与相配套的法规、规章、制度共同形成全社会的安全法律体系；从生产经营单位来看，安全生产法规的落实和安全生产标准的规范执行，是生产经营的前提条件和最基本要求。

（1）要大力宣传以《中华人民共和国安全生产法》为代表的关于安全生产的各种法律法规，使安全的法治精神深入人心。

（2）结合实际建立和完善安全生产的规章制度，将那些被实践证明切实可行的措施和方法上升为规章制度，真正做到有章可循、有章必循、违章必究，体现安全监管的严肃性和权威性，使"安全第一"的思想真正落实到日常运输生产中。

三、安全责任

作为安全生产的灵魂，安全责任是安全生产法规的具体体现。安全责任制的实质是"安全生产，人人有责"。建立健全安全生产责任体系，不仅要强化问责制的行政责任追究制度，还要依法追究构成安全事故罪者的刑事责任，并随着市场经济体制的完善，强化和提高民事责任或经济责任的追究力度。

（1）作为安全生产的监督管理主体的政府部门，一定要切实有效的落实地方政府监管责任，科学界定国家应急管理部的综合监管职能，建立严格的、科学的安全生产问责制，严格执行安全生产责任追究制度并深刻吸取事故教训。

（2）企业的第一责任人要确实负起责任，制定和完善企业安全生产方针和制度，逐级把关，严格落实安全生产责任制，规范和完善企业规章制度，对安全生产过程中的重大隐患要进行重点整治。

（3）必须层层落实安全责任，逐级签订安全生产责任书。安全生产责任书要有完整、细化的责任、考核和奖惩办法。对完成安全生产责任书各项考核指标、考核内容的单位和个人应给予奖励，奖励内容应包括精神奖励和物质奖励；对没有完成各项考核指标、考核内容的单位和个人应给予处罚。

四、安全科技

安全科技又叫作科学安全文化，它影响着安全文化的品质和功能，是实现安全生产的手段。安全是企业管理和科技进步的综合反映，安全需要科技的支撑，实现"科技兴安"。

安全科技是事故预防的重要力量。只有充分依靠安全科学技术的手段，生产过程的安全才有根本的保障。

城市轨道交通企业要采用先进的设备设施,并组织研究开发安全生产技术,从而提高安全管理水平。在日常运输生产过程中,为提高运输效率和运输服务质量,城市轨道交通企业必须加大安全科技投入,运用先进的科技手段来监控安全生产全过程,如安装先进列控系统、闭路电视监控系统、行车记录仪、自动售票机和自动检票机等,把现代化、自动化、信息化全部应用到安全生产管理中。

五、安全投入

安全生产的基本保障就是安全投入。安全是生产力,安全需要成本,安全的成本也是效益。要想实现安全生产必须以安全投入为基础。提高安全生产的能力需要为安全付出成本。安全设备老化、安全设施缺失、安全人才匮乏等问题都是安全隐患。隐患不除,永无宁日。要建立国家、地方、企业多个渠道的安全投入机制,应加快技术改造,消除安全隐患。

安全投入包括资金投入和人才投入两个方面。

(1) 在资金投入方面,要按照规定从成本中列支安全生产专项资金,用于安全设施的改善,安全技术设备、器材、仪器、仪表的更新及其他安全投入,以确保城市轨道交通企业达到法律、法规、标准规定的安全生产条件,实现最关键的本质安全。

(2) 在人才投入方面,城市轨道交通企业一方面通过招聘安全管理和城市轨道交通专业人才,提高企业安全管理队伍的整体素质和技术水平,为实现企业安全和谐发展打下坚实的基础;另一方面,应大力为安全工作人员创造机会,让安全工作人员参加相关专业培训,组织并安排他们到安全工作做得好的单位参观学习、增长见识、吸取经验。

第三节 城市轨道交通安全管理的基本思路

一、TQC 体系

全面质量管理(Total Quality Control,TQC)体系是以组织全员参与为基础的质量管理方式。全面质量管理代表了质量管理发展的最新阶段。它起源于美国,后来也在其他一些工业发达国家开始推行,并且在实践运用中各有所长。尤其是日本,在 20 世纪 60 年代以后开始推行 TQC 体系并取得了丰硕的成果,引起世界各国的瞩目。

(一) TQC 的定义

TQC 是指在全社会的推动下,企业中所有部门、所有组织、所有人员都以产品质量为核心,把专业技术、管理技术、数理统计技术结合在一起,建立起一套科学、严密、高效的质量保证体系;控制生产过程中影响质量的因素,以优质的工作和最经济的办法提供满足用户需要的产品的全部活动。

(二) TQC 的基本理论

TQC 的内容和特点起来可以用两个关键词来概括,即"三全"和"四一切"。

1. "三全"

"三全"的含义是指在进行质量管理的过程中,要做到全部生产人员都能参与、全部生产过程都在管理范围内,以及对生产过程的全部方面都能涉及。

全部生产人员都能参与,意味着所有企业内部人员,无论是主要付出脑力劳动的管理层人员,还是主要付出体力劳动的基层员工都要参与质量管理的过程,这是 TQC 的首要条件之一。

全部生产过程都在管理范围内,意味着在企业进行生产时所涉及的各个过程都包含在内。这些过程主要有:前期调查研究、产品类型的选择、进行初步试验、进行产品设计、收集必备材料、进行制造、售卖、后续服务等,其中最重要的过程是进行产品设计,因为这是发起 TQC 的环节。收集必备材料、进行制造是产品问世的主要过程,在售卖过程中得到消费者的认可,是企业生产产品的最终目标。

生产过程的全部方面都能涉及,意味着采取所有能够适用的方法对产品质量进行管理,以及对产品的全部性质进行管理。

2. "四一切"

"四一切",指的是一切为用户着想、一切以预防为主、一切用数据说话、一切工作按 PDCA 循环进行。

(1) 一切为用户着想——树立质量第一的思想。企业应把用户看作是自己服务的对象,也是为人民服务的具体内容。为了保持产品的信誉,必须树立质量第一的思想,在为用户提供物美价廉的产品的同时,还要及时地为用户提供技术服务。

(2) 一切以预防为主——好的产品是设计和生产出来的。用户对企业的要求,最重要的是质量。在保证质量方面,传统的管理方法主要是加强检查。但是把保证质量的重点放在检查上是不能从根本上起到作用的,因此,就应该在工序中加以控制,从过去单纯以产品检验仅仅是进行"事后检查"的消极"把关"方式,改变为以"预防为主",采用防检结合的"事前控制"的积极"预防"方式。显然,这样生产出来的产品是好的,所以说好的产品是设计和生产出来的,不是检验出来的。

(3) 一切用数据说话——用统计的方法来处理数据,就是用数据和事实来判断事物,而不是凭借印象来判断事物,收集数据要有明确的目的性。为了正确的说明问题,必须积累数据,建立数据档案。收集数据以后,必须进行加工,才能在庞大复杂的原始数据中提取出包含规律性的数据。加工整理数据的第一步就是分层。分层在 TQC 中具有特殊的重要意义,必须引起足够的重视。对数据进行分析的基本方法是画出各种统计图表,例如统计分析表、因果图、排列图、管理图、直方图、散布图等。

(4) 一切工作按 PDCA 循环进行。全面质量管理理论指出,质量管理的过程是 PDCA 循环的过程。PDCA 循环过程也被称作"戴明循环",简称戴明环。其中,P 代表策划,为提供结果建立必要的目标和过程;D 表示实施过程;C 表示检查,是指根据方针、目标和产品要求,对过程和产品进行监测和测量,并报告结果;A 代表处置,指的是采取措施,用以持续改进过程业绩。

PDCA 循环有 3 个特点。

(1) PDCA 循环就像一个按顺时针方向转动的车轮,不断旋转,循环不止,如图 1-1 所示。

(2) PDCA 循环是综合性的循环。在企业总体的 PDCA 循环指导下,各级、各部门、团队和个人,以及生产的各个环节,都有各自的 PDCA 循环,大环套小环,一环套一环,互为依存,互为补充,形成一个有机的整体。PDCA 综合循环如图 1-2 所示。

图 1-1　PDCA 循环

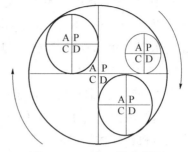

图 1-2　PDCA 综合循环

(3) 持续改进。PDCA 循环不是原地转动,而是在循环中前进和提高,它每循环一次,就提高一步。PDCA 循环不断升级,如图 1-3 所示。

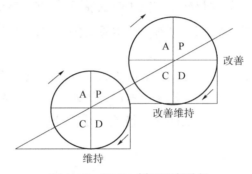

图 1-3　PDCA 循环不断升级

在质量管理体系中,PDCA 循环是一个动态的循环,它可以在组织的每一个过程中展开,也可以在整个过程的系统中展开。它与产品实现过程及质量管理体系其他过程的策划、实施、控制和持续改进有密切的关系。

(三) 城市轨道交通企业实行全面质量管理的重要性

全面质量管理是一种现代化的质量管理,这种经营管理是一种以质量为核心的管理模式。城市轨道交通企业要想切实提高自身素质、加强安全生产、增强市场竞争力就必须实行全面质量管理。

1. 城市轨道交通企业需要系统化安全管理

城市轨道交通运营涉及很多部门、很多专业技术,只要其中的某一个关键环节出现疏漏,就可能造成无法预测的安全事故,因此,安全管理控制已经成为一个复杂的系统工程。

2. 乘客出行首选安全性好的出行方式

乘客之所以愿意选择城市轨道交通作为出行方式,其前提条件就是城市轨道交通的安全性好。采用全面质量管理就是为了解决乘客出行安全问题。城市轨道交通企业只有提高其安全管理水平和服务水平,才能提高自身竞争力。

二、ISO9000 质量管理体系

(一) ISO9000 质量管理体系的定义

国际标准化组织（International Organization for Standardization，ISO）的宗旨是"在世界上促进标准化及其相关活动的发展"，以便于商品和服务的国际交换，在智力、科学、技术和经济领域开展合作。

ISO 共有 2 856 个技术机构，并通过它们开展技术活动。其中，技术委员会（TC）共 185 个，分技术委员会（SC）共 611 个，工作组（WG）2 022 个，特别工作组 38 个。ISO 的 2 856 个技术机构技术活动的成果（产品）就是"国际标准"。ISO 现已制定出国际标准共 10 300 多个，主要涉及各行各业、各种产品（包括服务产品、知识产品等）的技术规范，但是，ISO9000 不是指一个标准，而是一族标准的统称。

(二) ISO9000 质量管理体系的核心管理思想

现代管理理论认为，如果仅仅注重产品本身的质量，加强产品检验工作，建立和完善质量控制体系，而不注重围绕产品生产的各个环节是否可以得到有效的管理和控制，就无法保证产品质量的稳定。

ISO9000 系列标准的主导思想是不仅注重产品本身的质量能否满足顾客或市场的需要，而且也注重对所有影响产品质量的活动实施控制，即对生产产品或提供服务的全过程实施控制，并预先考虑各种风险，采取有效的预防措施，在各种资源上予以保证。ISO9000 的核心管理思想如下。

1. 以满足顾客的需求为己任

组织依存于顾客，提供顾客满意的产品是一个组织存在的前提。对于城市轨道交通企业来说，各项工作必须满足社会公众的需求，努力提高社会公众的满意度。

2. 重视过程控制

ISO9000 标准对过程控制提出了 3 个方面的要求，即明确过程网络、确定控制方式、实施控制措施。

3. 预防为主的思想

质量的优劣不是由检验决定的，而是由过程形成的，因此 ISO9000 质量管理体系强调预防为主，即事先分析影响质量的各种因素，找出影响质量的主导因素，采取措施将其消灭在形成过程中，防患于未然。

4. 持续改进的思想

质量改进是一项持续活动，主要是通过改进过程来实现的。这种活动以追求更高的过程效益和效率为目的。组织管理者追求的永恒目标是"只有起点，没有终点"。

5. 制度化管理的思想

ISO9000 标准要求组织建立并保持文化的质量体系，制作并保存质量记录，明确内部质量审核程序和方法，形成制度化的管理体系。

（三）城市轨道交通企业推行 ISO9000 质量管理体系的必要性

1. 城市轨道交通依照规章制度运营的必然要求

城市轨道交通一切行为的首要原则和行为规范就是严格依照规章制度运营。城市轨道交通安全运营最经常、最密切、最广泛地关系到社会公共利益和公民个人利益，必须加以规范约束。在与市场良性互动的过程中，城市轨道交通企业必须建立起自身的规范化和法制化的运行体系和管理模式。只有做到管理健全、行为规范、严格遵守国家相关法律法规，不断加强自身建设和提升内部管理能力，为广大人民群众提供更加高效和优质的服务，城市轨道交通企业才能树立良好的形象。城市轨道交通企业引入 ISO9000 标准可有效转变思想观念，解决政策规范、运营程序、管理方式、操作技术等方面的问题，进而通过系统运作有效地提高城市轨道交通安全管理水平。

2. 城市轨道交通企业改进和加强安全管理的客观需要

改进和加强安全管理的前提，就是要建立健全科学的运营质量管理体系。近年来，城市轨道交通企业在完善管理模式、改善管理方法、加强质量控制方面做了大量的工作，安全管理水平有了很大提高。但由于企业员工职业道德、业务素质良莠不齐，以及在实际工作中存在着基础管理相对弱化等问题，因此距离规范化、科学化的管理还有一定距离。因此，城市轨道交通企业必须推行 ISO9000 质量管理体系。

3. 迅速提高城市轨道交通安全管理水平的有效途径

城市轨道交通企业要实现具有福利性质和经济性质的综合效益目标，当前所面临的一个重要问题就是如何有效地提高其安全管理水平，实现工作职责明晰化，机构人员配置科学化。ISO9000 标准是一种动态的、系统的质量管理标准，为建立质量管理体系提高产品和服务质量，提供了科学、系统的指导，对优化企业内部管理，增强竞争力，促进企业不断改进管理措施，保持持续发展和长期成功起着不可觑的作用。从实践看，该标准为城市轨道交通企业提升管理水平、提高工作质量搭建了一个结构严密的管理平台，已被世界上不同类别和规模的城市轨道交通企业普遍接受。因此，我国城市轨道交通企业引入 ISO9000 标准来构建安全管理体系、打破经验管理的常规思维、转变管理理念和手段，是深化安全质量管理、创新安全管理机制、迅速提高城市轨道交通企业安全管理水平的有效途径。

三、TQC 体系与 ISO9000 质量管理体系的联系与差别

（一）TQC 体系与 ISO9000 质量管理体系的联系

TQC 体系作为以质量为中心的现代管理方式，是指企业为了保证和提高产品质量，综合运用的一整套质量管理思想、体系、手段和方法，现已发展成为指导企业质量管理的学科。而 ISO9000 质量管理体系则是在总结了全国质量管理经验的基础上，经过广泛研究协商，由国际标准化组织所制定的一系列质量管理和质量保证标准，在技术合作、贸易往来上作为国际认可的标准规范。两者的形成和作用虽不同，但 ISO9000 质量管理体系实质上是 TQC 体系的延续，两者存在一致性，具体表现在以下几个方面。

（1）两者遵循相同的原理。在 TQC 体系理论中，描述产品质量的产生、形成和实现运动的规律是朱兰博士提出的"质量进展螺旋"曲线，这是开展全面质量管理的基本原理。而 ISO9000 质量管理体系标准明确提出"质量体系建立所依据的原理是质量环"，这实际就

是以质量螺旋曲线为依据。由此可见，两者遵循的原理是相同的。

（2）两者拥有一致的基本要求。TQC体系的基本要求包括质量管理、全过程管理、全面参与、全面地综合利用各种科学方法，而ISO9000质量管理体系也同样囊括这些要求。

（3）两者具有相同的指导思想及管理原则。TQC体系与ISO9000质量管理体系都同样贯彻以下思想：系统管理、为用户服务、预防为主、过程控制、全面参与、全面综合利用各种科学方法。

（4）两者都强调领导作用。TQC体系要求必须从领导开始，ISO9000质量管理体系首先规定了企业领导的职责。两者都要求企业领导必须亲自组织实施。

（5）两者都重视评审。TQC体系重视考核与评价，ISO9000质量管理体系重视质量体系的审核与评价。

（6）两者都强调不断改进质量。两者都强调任何一个过程都可以不断改进，并不断完善。因此，可以不断改进产品的服务质量。

通过比较可以看出，TQC体系与ISO9000质量管理体系可以相互结合，相互促进。TQC体系把建立质量体系作为自己的基本要求，而ISO9000质量管理体系则把建立质量体系视为达到全面质量管理的必经之路。推行ISO9000质量管理体系可以促进TQC体系的发展并使之规范化，还可以实现与国际合作伙伴间的双边或多边认可；ISO9000质量管理体系也可以从TQC体系中吸取先进的管理思想和技术，不断得到完善。

（二）TQC体系与ISO9000质量管理体系的差别

TQC体系与ISO9000质量管理体系之间存在以下4个差别。

（1）ISO9000与TQC体系虽然都提到了全面质量，但ISO9000质量管理体系的质量含义比TQC体系所讲的质量含义更为广泛。ISO9000质量管理体系对质量的定义是"反映实体满足明确和隐含需要的能力特性综合"，这里的实体是指可以单独描述和研究的事物，可以是活动或过程、产品、组织、体系、人或它们的任何组合。可见ISO9000质量管理体系所指的质量的对象非常广泛，而TQC体系所指的全面质量是产品的设计质量、制造质量、使用质量、维护质量等，其对象不如ISO9000质量管理体系广泛。

（2）ISO9000质量管理体系与TQC体系都指全过程控制，但ISO9000质量管理体系强调文件化，而TQC体系更重视方法和工具。

（3）ISO9000质量管理体系是通用的标准，可比较、可检查、可操作，而TQC体系没有规范化。

（4）ISO9000质量管理体系能够进行国际通用的认证，而TQC体系则不能。

纵观质量管理的发展历史，后一阶段从来都是在前一阶段的基础上继承和发展的，而不是对前一阶段的取代和否定。就像TQC体系不能取代检验和统计质量管理一样，体系标准也不可能取代全面质量管理，也不能借口推行TQC体系而不贯彻体系标准。正确的做法是以贯彻体系标准来促进TQC体系的规范化，以TQC体系的思想作指导来学习、贯彻体系标准，并结合实际充实和完善企业质量体系，这样才能取得更好的效果。

四、城市轨道交通安全管理原则

城市轨道交通安全管理主要包括：乘客安全、职工安全、行车安全、设备安全、防火安全、意外事件等。加强安全管理的目的是在安全生产过程中，通过对人员、设备、材料、作业过程、环境等因素进行有效管理,提高现场自控能力,实现安全管理的目标。

(一) 安全管理原则

1. 以人为本的原则

以人为本的安全管理包括两方面:一是城市轨道交通服务关系无数乘客的生命安全,确保乘客和员工的人身安全是安全管理的重中之重;二是要把安全管理的压力和企业员工的主人翁地位统一起来,注意关心职工的正当权益和合法诉求,尽可能满足员工的合理需求。

2. 抓生产必须管安全的原则

抓生产必须同时管安全,表明了安全和生产两者之间的辩证关系,也体现了安全生产的重要性。企业要达到安全生产的目的,必须要坚持在计划、布置、检查、总结、评比生产的同时,必须要有安全生产的内容。企业的生产、技术、物资、财务以及党、政、工、团等部门的工作范围内,都必须有保证安全生产的工作内容。

3. 坚持教育与惩罚相结合的原则

实行奖惩制度,把思想工作同行政、经济手段紧密结合起来。在奖励上,坚持精神鼓励与物质奖励相结合;在处罚上,坚持以教育为主,惩教结合的原则,行政处分和经济处罚可以并处。

4. 防微杜渐的原则

从生产实践来看,小事故发生的频率远远高于大事故、重大事故、特别重大事故。"抓小放大"就是不放过任何小事故和事故苗头,其目的在于防止大事故的发生。对已发生的事故,要如实汇报,组织按照"四不放过"的原则,即事故原因不查不放过、事故责任者得不到处理不放过、整改措施得不到落实不放过、事故教训不吸取不放过,对事故进行调查分析,制定防范措施,严肃认真处理。

5. 责、权、利统一对等的原则

加强班组安全管理,保持班组安全的长期有序可控。首先,要保证班组责、权、利的统一和对等,明确班组在安全生产中的作用和地位;同时,要确定统一考核标准,规范工作流程,奖罚分明。

(二) 安全管理的关键

1. 落实干部逐级负责制

逐级负责制实行谁主管谁负责,旨在落实分工负责,主要针对领导班子;谁分管谁负责,旨在落实专业负责,主要针对车间和机关干部;谁的岗位谁负责,旨在落实岗位负责,主要针对广大员工。对安全问题,按其性质实行分层管理:车站领导班子主要控制超前性、关键性、倾向性和具有全局性的问题;安全室主要负责前沿性、基础性、达标性的问题;班组主要负责岗位性、随机性的问题。

2. 实施安全百日考核

安全百日考核包括企业百日大考核,车站、班组百日考核和个人岗位百日考核。实施的目的是要将安全工作的要求落实到每个车站、班组和岗位。

3. 细化干部的工作标准

解决干部队伍中工作标准不高、安全责任落实不到位的症结。

(1) 着力强化干部的责任意识。重点强化在安全工作上没有"局外人"的责任意识。

(2) 狠抓干部的管理标准。要求各科室、各班组必须克服工作不细、作风不实、标准不高、管理不狠、责任不明、政令不畅、考核不严、奖惩不当的倾向。

(3) 努力克服官僚主义、形式主义、老好人主义及经验主义。

4. 严格员工的作业标准

(1) 深入开展标准化活动。对全企业各个工种的作业标准进行补充修订完善后，下发给员工，要求背熟，达到每项作业符合标准要求，并按标准用语进行作业的联系对话。对员工背标、用标的熟练程度进行考核。

(2) 规范表格及簿册的填写。将车站、班组的表格、账册、调度命令的规范样式及填写要求统一印发给班组，安全管理干部每到一个岗点必须查看表格及簿册的填写并签字。

（三）安全管理内容

(1) 乘客安全。保证乘客在车站和旅行中不发生人身和财产事故。

(2) 员工安全。通过改善劳动条件和采取一系列措施，保证职工在生产过程中的健康和安全。

(3) 行车安全。它是衡量生产和管理水平的重要标志，对城市轨道交通企业具有特殊重要的意义。如果行车发生任何差错和事故，会直接关系到乘客安全，影响企业声誉和城市交通，影响国民经济发展。

(4) 设备安全。保证运输安全运行的物质基础，必须管好、用好、养护好设备。

(5) 防火安全。保证站内和列车运行途中，不发生任何火灾事故。

(6) 意外事件。防止进出站口因拥挤造成人身伤亡事故，防止站内、列车上坠落物伤人等。

五、城市轨道交通安全管理手段

由于城市轨道交通自身的特点，其安全性已越来越受到广大公众的密切关注，因此，及时有效地分析轨道交通运营安全及故障原因，制定相关对策及处理措施，对改善城市轨道交通运营的安全现状、预防事故和降低事故损失都具有重要的意义。对于城市轨道交通企业来说，做好安全生产工作是一项重要的政治任务，其关系到国家和人民的生命财产安全，也关系到和谐社会的构建，其安全管理的手段主要为"防、治、控、救"。

（一）预防事故发生

预防事故发生，必须牢固树立"安全第一，预防为主"和"隐患险于明火、防范胜于救灾"的思想。

1. 开展公众安全宣传教育，推进轨道交通安全文化建设

大力开展公众安全宣传教育，积极推进建设运营安全文化，努力提高轨道交通企业全体员工和乘客的安全意识。通过多种方式宣传"安全第一，预防为主""以人为本、安全至上"的安全理念，大力营造"关爱生命、关注安全"的氛围，将城市轨道交通运营安全管理中的"全员"理念延伸至"全民、全社会"，致力于建造"安全型社会"，从而确保运营安全。

2. 加强员工培训，提高处理突发事件的能力

保证轨道交通系统安全高效运营的关键就是要让工作在不同岗位上的每一位员工都能够高质量地完成本岗位的工作要求，因此，必须加强员工的业务素质和道德培养。对于运营中的关键岗位（尤其是关键性的操作岗位，如乘务、站务、调度等），地铁安全运营受到员工业务水平的直接影响，此类岗位员工的业务能力和应急处理经验，对于地铁安全运营关系重大。总之，重视员工培训是实现安全的条件和基础，是安全运营的成功经验之一。同时还要对员工进行安全教育，其内容主要有以下几方面。

（1）安全思想教育：安全生产方针、政策、重要意义、劳动纪律、作业纪律、各项规章制度和典型事故案例教育。

（2）安全生产技术知识教育。

（3）事故应急处理教育。

3. 充分依靠科技成果，加强硬件设备的安全防范措施

采用科学技术成果是城市轨道交通安全生产工作的重要保障。从设备角度考虑，可以增强机械设备的安全系数。比如：防止因拥挤而失足落下站台导致的事故，可以采用先进的阻燃绝缘材料、使用安全屏蔽门；防止因滑倒而导致的事故，可以采用增加车站和列车上的安全监测和预防设施、防灾报警系统（FAS）、自动售票机（AFC）等。

（二）治理安全隐患

"治理"是指检查、整顿、消除安全隐患和不安全因素。

1. 完善城市轨道交通安全标准体系

根据我国城市轨道发展的情况，应尽快修改和完善影响城市轨道交通系统安全的有关车辆、消防、报警、监控、通风、排烟和应急照明等的设计规范，建立轨道交通安全技术标准和安全检查规范，补充完善安全设计、安全施工、安全运营，提高规划设计和施工的安全标准，提高整体安全水平。

2. 加强对城市轨道交通运营企业的安全评估工作

作为保障城市轨道交通企业安全运营的重要措施，开展对企业的安全评估工作是强化企业安全管理的主要基础。有关部门应尽快制定和实施《城市轨道交通运营企业安全评价标准和办法》，并以此为依据，开展企业安全评估工作，对评估中发现的问题要立即整改。对需要一段时间整改的要制订计划、落实责任、限期整改，并确保按期完成。要将评估报告和处理意见报送当地政府，以督促有关部门对事故隐患的整改，提高城市轨道交通运营企业的安全管理水平。

3. 加强日常管理和检查，加大查处力度

在日常生活中，要加强对员工作业情况的检查。城市轨道交通企业可以通过日常检查和定期检查相结合，专项检查和综合检查相结合，检查员工是否按作业标准工作，要做到违章违纪现象彻底杜绝，及时发现隐患并加以整改。在城市轨道交通中，安全隐患无处不在，例如乘客跳轨、携带危险品上车等，城市轨道交通企业员工和安全协管人员必须加大查处力度，对此类行为进行阻止，设置安全栅、门，严禁"三品"上车。

4. 通过"6S"管理减少安全隐患

"6S"管理是指企业在运营安全管理工作中，及时开展整理（Seiri）、整顿（Seiton）、清扫（Seiso）、清洁（Seiketsu）、素养（Shitsuke）和安全（Security）活动，是企业行之有效的现场管理理念和方法。其作用主要表现在：提高效率、保证质量、使工作环境整洁有序，以预防为主、保证安全。6S 的本质是一种执行力的企业文化，强调纪律性的文化，不怕困难，想到做到，做到最好，作为基础性的 6S 工作落实，能为其他管理活动提供优质的管理平台。

"6S"管理对现场进行全面的排查和规范，从"人、机、料、法、环"各个方面深入查找不安全的活动场所、设备和不安全环节；对于与安全有关的操作、作业场所、作业过程进行必要的目视化提示与警示，对重要的操作进行现场目视化指引。通过划分管理区域和确定管理责任人等措施，让员工一开始就养成事事"讲究"的习惯，减少因现场混乱或误操作造成的不安全故障或事故。

（三）控制不安全因素

"控"指控制，也就是控制各种隐患和不安全因素，控制突发事件和运营风险。

1. 实时监控措施

城市轨道交通企业必须具备专业的维修保养业务监督验收能力。通过诸如工作进度表、工作总结会议和年审会议，对外包活动进行适时调整和监控，包括总结合作经验、制订改进方案等复杂的工作；保持和稳定双方良好的合作，达到避免风险、实现双赢的目标。

2. 引进 ISO9000 质量管理体系，严格执行并提高管理水平

为确保系统处于良好的运营状态，为乘客提供安全、舒适的出行环境，城市轨道交通企业对安全管理工作应实行目标化管理，即"人员配备专业化、业务技能熟练化、设备管理规范化、设施运营正常化、日常养护制度化、事故救援快捷化、安全管理目标化、安全服务人性化"。同时要依据 ISO9000 质量管理体系，制定安全管理工作控制程序并严格执行。

3. 保持与其他单位的良好协作，控制外部因素干扰

城市轨道交通系统往往要穿越复杂的城市建筑，受到很多约束条件的限制。城市轨道交通企业与施工单位保持良好的协作关系，可以提前了解施工范围和内容，对侵入轨道接线的工程应及时制止和控制，以免给运营安全带来影响；共同建立警地联动机制，共保地铁一方平安。目前，国内地铁大多建立了相应的公安部门，地铁运营企业要加强地铁公安的合作，充分依靠公安力量，保障地铁的平安秩序，明确联动例会制度、工作联系机制及联动应急机制；与地方供电局保持良好沟通，密切关注有关停电信息，以便及时调整运营策略。

4. 及时有效地采取措施，将事故控制在萌芽状态

事故发展的开始阶段是有效控制事故、避免其恶化的关键时期。在事故或故障发生时，应正确及时地采取有效措施，将故障或事故控制在一定范围内，最大限度地降低损失，减少影响，阻止事态进一步恶化。

（四）救援事故与险情

"救"指的是救援，即在发生险情及事故时，以最快、最有效的办法确保安全，减少损失，恢复正常，维持服务。

1. 正确处理

当事故和险情发生时，城市轨道交通企业员工应根据有关制度和应急处理预案，迅速做出判断和处理，安全疏散乘客，确保国家财产不损失；在险情和事故排除后，应及时处理设备检修，彻底消除安全隐患。

2. 合理调整

在处理故障和突发事件时，城市轨道交通企业员工应根据实际情况，合理地调整列车运营，最大限度地减少对后续列车的影响，以保证运营正常进行。调整运营的方式有很多，如扣车、限速、反向运行、越站通过等。

3. 及时报告

发生险情和事故时，城市轨道交通企业员工要及时向有关部门和领导汇报，保持信息渠道畅通。调度中心会根据实际情况做出正确判断，给予调度命令指挥行车；对于重大影响的时间，要通过有关部门向地方政府汇报。

4. 分析原因

事故发生后，城市轨道交通企业要坚持"四不放过"原则，及时找出事故原因，分析总结，整改隐患，完善规章制度，做到同类事故不再发生。

第四节 安全色与安全标志

为了引起人们对不安全因素的足够重视，防止意外事故的发生，国家有关部门以标准或其他形式规定生产经营场所统一使用各类不同颜色及不同图形的标志，即安全色和安全标志，以形象而醒目的消息源向人们表达禁止、警告、指令、提示等信息。了解安全色与安全标志表达的安全信息，对于在工作和生活中趋利避害有重要作用。

一、安全色

（一）安全色和对比色

安全色是用来表达禁止警告、指令提示等安全信息含义的颜色，其作用是使人们能够迅速注意到影响安全，健康的对象或场所，提醒人们注意，以防发生事故。

对比色是使安全色更加醒目的反衬色。为了提高颜色的辨别度，在安全色标上一边采用对比色，如红色、蓝色和绿色均以白色为对比色，黑色和白色互为对比色，黄色可以和紫色互为对比色，也可使用红白相间、蓝白相间、黄黑相间的条纹标志，强化含义。

（二）安全色与对比色的种类和用途

1. 安全色的种类和用途

安全色有红色、蓝色、黄色、绿色四种，其含义和用途如下。

（1）红色。其含义为禁止、停止、消防。例如，城市轨道交通列车受电弓的支架部分，一般用红色表示，代表高压危险，禁止触摸；机车和车辆上的紧急、停止按钮或手柄，以及禁止什么触动的部位也应涂成红色，灭火器等用来灭火、防火的器具也应涂成红色。

（2）蓝色。其含义为指令必须遵守的规则。例如，必须带个人防护用具，道路上指引车辆和行人行驶方向的指令等。

（3）黄色，其含义为警告、注意。例如，警告标志；厂内危险机器和坑洼周边的警戒线，行车道中线，安全帽，城市轨道交通站台安全线等。

（4）绿色。其含义为提示、安全状态、通过、允许、工作。例如：提示标志；车间内的安全通道；车辆和行人通过标志；消防设备和其他安全设备、防护设备的位置；"在此工作"标志牌等。

注：①蓝色只有与几何图形同时使用才表示指令。
②道路上的提示标志采用蓝色，不采用绿色，以免与道路两旁的绿色树木混淆。

2. 对比色的种类和用途

对比色一般有黑、白两种颜色。黑色用于安全标志的文字、图形符号和警告标志的几何边框，白色既可以用于安全标志红色、蓝色、绿色的背景色，也可以用于文字和图形符号。

安全色与对比色同时使用时一般按照红色、蓝色、绿色与白色，黄色与黑色的原则搭配。另外，黑色和白色互为对比色。

通常使用的相间条纹有红色与白色相间、黄色与黑色相间、蓝色与白色相间、绿色与白色相间四种，其用途为以下几方面。

（1）红白相间：其含义为禁止越入。例如道路上使用的防护栏杆和隔离墩。

（2）黄黑相间：其含义为警告注意。例如当心滑跌标志。

（3）蓝白相间：其含义为必须遵守。例如交通导向标志。

（4）绿白相间：其含义为使标志牌更醒目。例如安全标志杆。

二、安全标志

（一）安全标志的定义

（1）安全标志由安全色、几何图形、图形符号或文字构成，用以表达特定的安全信息。

（2）辅助标志是安全标志的文字说明或补充。辅助标志必须与安全标志同时使用在一个矩形载体上，称为组合标志。在同一矩形载体上含有两个或两个以上安全标志并且有相应辅助标志的标志，称为多重标志。

（二）安全标志的作用

安全标志的作用是引起人们对不安全因素的注意，以达到预防事故发生的目的，但不能代替安全操作规程和安全防护措施。

（三）安全标志的类型

安全标志分为禁止标志、警告标志、指令标志和提示标志四类。这四类标志用四个不同的几何图形来表示。

1. 禁止标志

禁止标志是禁止人们不安全行为的图形标志。禁止标志的几何图形是带斜杠的圆环，图形符号为黑色，几何图形为红色，背景色为白色。我国规定的禁止标志共有28个，例如禁止吸烟、禁止乘车、禁放易燃物、禁止通行、禁止攀登、运转时禁止加油、修理时禁止转动等。

2. 警告标志

警告标志是提醒人们注意周围环境、避免可能发生的危险的图形标志。警告标志的几何图形是正三角形边框，图形符号、几何图形为黑色，背景色、衬边为黄色。我国规定的警告标志共有 30 个，如注意安全、当心触电、当心爆炸、当心火灾、当心腐蚀、当心中毒、当心机械伤人、当心伤手、当心吊物、当心扎脚、当心落物、当心坠落、当心车辆、当心弧光、当心冒顶、当心瓦斯、当心塌方、当心坑洞、当心电离辐射、当心裂变物质、当心激光、当心滑跌等。

"三角黑色闪电"警告标志，是为预防电击和迅速辨别哪里装有电器元件而设的，对下列部件应贴有三角黑色闪电警告标志。

（1）电柜和壁龛门或盖板上，如前后双开门电柜，前后门应贴上标记。

（2）接线盒上的盖上应贴标记，穿线盒的盖板上不贴标记。

（3）电柜内，在门打开后仍有带交流 50V 以上电压的电器，在其绝缘挡板上应贴标记。

（4）从外表上辨别不出哪里装着电器的外壳上，均应有标记。能从外表上一眼就看出来是电器外壳的，如按钮，控制面板等则不需要贴标记。

3. 指令标志

指令标志是告诉人们必须遵守"指令标志"规定的图形标志。指令标志的几何图形是圆形边框，图形符号、衬边为白色，背景色为蓝色。指令标志共有 15 个，如必须戴安全帽、必须穿防护鞋、必须系安全带、必须佩戴防护眼镜、必须戴防毒面具、必须戴护耳器、必须戴防护手套、必须穿防护服等。

4. 提示标志

提示标志是向人们提示某种信息（如标明安全设施或场所等）的图形标志。提示标志的几何图形是矩形，图形符号、衬边是白色，背景色是绿色。提示标志共有 13 个，一般提示标志用绿色背景的有 6 个：如安全通道，太平门等。消防设备提示标志用红色背景的有 7 个：消防警铃、火警电话、地下消火栓、地上消火栓、消防水带、灭火器、消防水泵接合器等。

5. 辅助标志

辅助标志是对前述四种标志的补充说明，以防误解。

辅助标志分为横写和竖写，横写的为长方形，写在标志下方，可以和标志连在一起，也可以分开；竖写的写在标志杆上部。

辅助标志的颜色：竖写用白底黑字；横写的禁止标志用红底白字，用于警告标志的用白底黑字，用于指令标志的用蓝底白字。

三、其他安全色标志

除了上述的安全色和安全标志外，还有一些安全色标志与安全有关，常见的有气瓶、气体管道和电气设备等方面的漆色。这些漆色代表一定的含义，能使人们一眼就能识别其所表示的重要信息。这对预防事故，保证安全是极其有益的。

1. 气瓶色标

气瓶色标是指气瓶外表面涂覆的字样内容、色环数目和颜色按充装气体的特性作规定的组合，是识别充装气体的标志。其主要目的是从颜色上迅速地辨别出盛装某种气体的气瓶和瓶内气体的性质（可燃性、毒性），避免错装和错用，同时也可防止气瓶外表面生锈，国家标准对气瓶外表面的颜色和气瓶上字样的颜色做出了规定。充装常用气体的气瓶颜色标志见表1-1。

表1-1 充装常用气体的气瓶颜色标志

序号	充装气体名称	瓶色	字样	字色
1	乙炔	白	乙炔不可近火	大红
2	氢	淡绿	氢	大红
3	氧	淡（酞）蓝	氧	黑
4	氮	黑	氮	淡黄
5	空气	黑	空气	白
6	二氧化碳	铝白	液化二氧化碳	黑
7	氟	白	氟	黑
8	天然气	棕	天然气	白
9	乙烷	棕	液化乙烷	白
10	液化石油气	棕（工业用）	液化石油气	白
		银灰（民用）	液化石油气	大红
11	乙烯	棕	液化乙烯	淡黄
12	氩	银灰	氩	深绿
13	氖	银灰	氖	深绿
14	六氟化硫	银灰	液化六氟化硫	黑

2. 管道色标

管道色标的习惯用法是蒸汽管道为白色，自来水管道为黑色，压力管道为黄色，消防管道为红色。

3. 电气设备相别色标

变电所设备（母线和进出线）租车间配电装置用色标相别，主要用法是A相为黄色，B相为绿色，C相为红色，地线为黑色，直流正极为红色，直流负极为蓝色。

四、城市轨道交通常用标志

城市轨道交通常用标志有公里标、百米标、站名表、制动标、圆曲线和缓和曲线始点及终点标、曲线标、竖曲线始点及终点标、水准基点标、警冲标、联锁分界线、预告标、驾驶员鸣笛标、减速地点标、限速标、停车位置标、接触网终点标、升起受电弓标、降下受电弓标等。

隧道内百米标、限速标、停车位置标应设在行车方向的右侧；警冲标应设在两回合线间，其位置应根据设备限界及安全确定，隧道外的标志可按国家现行规定设置。

五、使用安全标志的一些规定

（1）安全标志都应自带衬底色，采用与安全标志相应的对比色。衬底的边宽最小为2mm，最大为10mm。

（2）有触电危险的场所，标志牌应使用绝缘材料来制作。

（3）安全标志应与标志杆的条纹颜色保持一致。

（4）安全标志应放在醒目、与安全有关的地方，并使人们看到后有足够的时间来注意它表示的内容。安全标志不宜设在门、窗、架等可移动的物体上，防止这些物体移动后看不见标志。

（5）安全标志的制作材料应选用坚固耐用的，如金属板、塑料板、木板等，且无毛刺和洞孔，也可以直接画在墙壁或机具上。

（6）安全标志牌每年至少要检查一次，发现有变形破损或图形符号脱落，及不符合安全色的范围，应及时整修或更换。

（7）装着电气元件的电柜、壁龛和任何地方，当从电柜、壁龛等外部不能辨别其中是否有电气元件时，必须在门或盖板上装有黑边、黄底、黑字闪电符号的三角形标志。

思考题

1. 安全的定义及含义是什么？
2. 安全生产的"五要素"是什么？"五要素"之间的关系如何？
3. 什么是TQC？什么是ISO9000？两者有哪些联系？有哪些不同？
4. 城市轨道交通安全管理具有哪些特殊性？
5. 什么是安全色？其种类和用途有哪些？
6. 什么是安全标志？其种类和用途有哪些？

第二章
城市轨道交通运营安全保障体系

  杜邦公司成立于1802年,最初只是一家火药制造商。行业的特殊性造就了杜邦公司对安全的高度重视,世界上最早制定出安全条例的公司便是杜邦公司。1812年,杜邦公司就明确规定:进入工厂区的马匹不得钉铁掌,马蹄都要用棉布包裹着,以免马蹄碰撞其他物品产生明火,引起火药爆炸;任何一道新的工序,在没有经过杜邦家庭成员试验之前,其他员工不得进行操作,等等。但在其发展的前100年里,公司的安全记录不良,其中最严重的一次事故发生在1818年,当时杜邦公司100多名员工中有40多名在事故中受伤甚至丧生,公司濒临破产。惨痛的教训使杜邦公司认识到:安全是公司的核心利益,安全管理是公司事业的一个组成部分,安全在公司具有压倒一切的优先权。

  杜邦公司经过200多年的发展,已经形成了自己的企业安全文化,并把安全、健康和环境作为企业的核心价值之一。其对安全的理解是:安全具有显而易见的价值,而不仅是一个项目、制度或培训工程。

  杜邦安全业绩号称有两个10倍:一个是杜邦的安全记录优于其他企业10倍;另一个是杜邦员工上班时比下班后还要安全10倍。杜邦深圳独资工厂自1991年成立以来,连续获得杜邦公司总部颁发的安全奖,其原因就是无工伤事故;1993年,上海杜邦农化有限公司创下了160万工时无意外的纪录,这也是世界最佳纪录之一。2003年受到美国职业安全局嘉奖的"最安全公司"中,接受过杜邦公司安全咨询服务的占50%以上。

  2017年11月15日早上8时许,新加坡发生了2列地铁列车相撞的事故,造成20多人受伤。新加坡陆路交通管理局和新加坡地铁有限公司(SMRT),就裕群站地铁事故发布联合声明称当天8时18分,一列开往大士连路站的地铁列车在裕群站停滞。一分钟后,另一列地铁列车在故障列车后方停下。8时20分,第二列地铁列车突然向前行驶,与前方的地铁列车碰撞。有23名乘客和2名SMRT员工被送入黄廷方综合医院和国大医院接受治疗,他们的伤势属于轻微至中等程度。频发的事故对SMRT、公共部门及公众的应变能力构成了威胁,反映出相关各方对于突发事件的应变对策需要"升级换代"。

  长期以来,无论城市轨道交通企业的管理者还是普通基层员工都为保障城市轨道交通的安全运营做出了巨大的贡献,也取得了许多成绩。但是,由于城市轨道交通体系过于复杂和庞大,涉及的人员、设备、环境、管理方法众多,生产过程处于动态中。尽管城市轨道交通企业的管理者及普通基层员工做出了很大的努力,但出于各种原因,城市轨道交通体系仍然事故频发,对城市轨道交通的安全运行产生了极大的影响。同时,随着科技的不断进步、城市轨道交通所采用的新设备、新技术、新的管理方法越来越多，社会对城市轨道交通的期望和要求也越来越高。在这样一个新的形势下，传统的管理理念和方法已不能适应城市轨道交通发展的要求。我们必须运用系统工程的思维，从建立一个适应城市轨道交通发展要求的安全保障体系入手，运用先进的技术，对运营中的城市轨道交通体系进行安全分析及评价，及时发现城市轨道交通体系中存在的安全问题及事故隐患，对所发现的安全问题及事故隐患及时整改和排除，使城市轨道交通体系始终保持安全的运行状态。只有这样，城市轨道交通才能具有强大的生命力，为我国的社会稳定、经济发展、人民群众生活水平的不断提高提供强有力的保障。

第一节 城市轨道交通安全保障体系概述

建立城市轨道交通安全保障体系，是保障城市轨道交通体系安全运行的重要工作之一。城市轨道交通的安全生产管理，涉及城市轨道交通建设与运营的各个环节和部门，是一个复杂的系统工程。为了抓好城市轨道交通的安全生产管理，政府主管部门、城市轨道交通企业要从强化安全意识，建立城市轨道交通安全工作的长效机制等方面入手，从体制、机制上确保安全生产。

一、城市轨道交通发展现状

1. 城市轨道交通建设特点

轨道交通是一项规模大、造价高、技术复杂的系统工程，其中一个显著特点就是，建设大工程的投资动辄几十亿元甚至上百亿元。其地面线建设费用约为3亿元/km，地下线建设费用为5亿~8亿元/km。地铁每公里综合造价是轻轨的2~4倍，是高速公路的6~10倍。通常，为节约城市土地、缓解路面交通压力，城市轨道交通建设尽可能在市区内走地下线，但地下线建设费用显然要比地面线建设费用高出许多。

2. 城市轨道交通运营特点

城市轨道交通的运营成本相对其他公共交通方式的运营成本来说是比较高的，比如在北京，从1997年开始的6年时间里，每千米运营总成本高于运营盈利金额400万元左右，并且轨道交通的使用寿命并没有明显长于其他公共交通，国家标准规定中明确指出：系统的通信部分使用年限最多不能超过10年，系统的机械电气部分使用年限最多不能超过15年，车辆本身和轨道部分的使用年限最多不能超过30年，建筑结构的使用年限最多不能超过100年。事实上，大部分城市的轨道交通都是不盈利的，少部分盈利的城市，比如香港地区，最初也是通过售卖轨道交通沿线的土地给地产公司和一些店铺才能勉强维持运营，这样的盈利方式也持续了20年左右。根据国内目前的轨道交通运营情况计算，每开通一千米的轨道交通线路就需要财政部门给予400万~900万元的补贴才能持续下去。

我国《关于调整城市规模划分标准的通知》明确提出的城市划分标准，即新的城市规模划分标准以城区常住人口为统计口径，将城市划分为五类七档：小城市、中等城市、大城市、特大城市、超大城市。其中，小城市的人口上限为50万，中等城市的人口上下限为50万~100万，大城市的人口上下限为100万~500万，特大城市的人口下限为500万，城区常住人口 1 000 万以上的城市为超大城市。目前，约有 60 个城市归类为大城市，人口超过 100 万，其中 8 个城市人口超过 300 万。由于城市经济区域布局的变化以及大城市的聚集和辐射效应越来越强烈，城市中的流动人口大为增加，居民出行更为频繁，城市交通需求的矛盾也就越来越突出。同时，随着工业化进程和经济建设步伐的加快，人们的工作节奏也越来越快，时间观念越来越强，因此，需要用准时、安全、快捷的交通方式来满足人们的出行需要。

一般地，超大城市特别是首都、直辖市及省会城市都是全国或地区的政治、经济和文化中心，每天进出市区的上班族和进行商业活动的人员及各种流动人员数量十分庞大。为了输送如此庞大数量的人员，应该分地区、分区域、分路段，根据客流需要，结合城市总体规划，并综合考虑环保等要求，合理选择相应的城市轨道交通系统。城市轨道交通系统按照轨道建筑物在城市内所处的空间位置以及能够满足的运量大小、运行方式、轨道结构和管理方式的不同，可划分为地下铁道、现代有轨电车、单轨交通、小型地铁以及轨道新交系统。

截至 2018 年，世界上已有 55 个国家的 170 座城市建有地铁。

1863 年，全世界第一条地铁线在英国伦敦建成通车。到 1899 年，美、英等 5 个国家的 7 个城市开通了地铁。1900—1924 年，欧美又有 9 个城市新建了地铁线路。1925—1949 年，由于受第二次世界大战的影响，世界各地地铁建设速度明显放缓。第二次世界大战以后，1950—1974 年，在欧洲、亚洲和美洲共有 30 余座城市开通了地铁。1975—2000 年，相继又有 30 余座城市开通了地铁，其中亚洲城市有 20 多个。

截至 2017 年年末，我国大陆共计 34 个城市开通城市轨道交通并投入运营，开通城轨交通线路 165 条，运营线路长度达到 5 033km。其中，地铁 3 884km，占比 77.2%；其他制式城轨交通运营线路长度约 1 149km，占比 22.8%。基于城市发展的要求，我国各大城市已经进入了轨道交通大规模建设时期。

进入 21 世纪，城市人口激增，城市面积扩张，交通需求总量强劲增长，由此带来城市空间局促、道路拥挤、交通事故频发、交通运营效率降低、环境恶化与能源危机等一系列问题。因此，如何建立一个安全、快捷、方便、舒适、经济并且环境友好的城市轨道交通体系，已不仅仅是满足城市人流、物流的功能需求问题，更重要的是关系到人类的主要居住城市能否可持续发展的问题。

经过多年的探索和实践，世界各国纷纷采取轨道交通方式来解决城市的交通问题。我国部分大、中型城市在未来 5～10 年内的城市总体规划中都将轨道交通作为交通体系的骨干重点发展。按照我国发展社会经济和构建节约型社会的总体要求，为全面落实科学发展观，实现城市国民经济持续健康快速发展的目标，有必要对影响城市轨道交通可持续发展的因素进行认真的分析和思考。

3. 城市轨道交通运营安全现状

（1）近年城市轨道交通运营安全案例。

① 2006 年北京地铁。

2006 年 1 月 5 日 7 时 30 分，因出现故障，地铁 1 号线列车在永安里站附近停运近 8 分钟。

2006 年 3 月 7 日，因一名男子在公主坟站的进站处跳下站台，导致地铁 1 号线停运 15

分钟左右。

2006年3月28日17时15分，因突然停电，地铁1号线公主坟、军事博物馆和木樨地3站短时停运。

2006年4月28日，由于停靠在地铁1号线苹果园站的上行待发列车发生车门故障，7时43分至7时47分，车站在进站口采取了4分钟的临时限流措施。

2006年6月6日，地铁2号线和平门站，一名醉酒男子卧轨，导致列车停运。

2006年10月18日14时37分，一名男子在地铁2号线崇文门站跳入轨道被列车撞击身亡，导致地铁2号线内环列车停运40分钟。

② 2007年上海地铁。

2007年1月10日10时35分，地铁2号线陆家嘴站发生一起意外事故。一名中年男子在列车即将进站时突然跳入轨道，当场被撞击身亡，造成开往淞虹路方向的列车暂停运营近20分钟。

2007年3月23日8时10分，顾某在地铁1号线延长路站候车时，站在人群的第一排。列车到站时后排乘客一拥而上，被挤到车门前的顾某下意识地用右手撑住车门以稳住身体，结果车门打开时，顾某的右手无名指被卷进车门与车身之间的缝隙，造成粉碎性骨折。顾某事后回忆，因为被后面的乘客挤迫，他根本来不及抽回撑住车门的右手。

2007年4月2日7时30分左右，一名22岁的上海本地男子，在地铁1号线延长路站候车时，突然坠入轨道，被由共富新村开往莘庄方向的列车撞伤。上海地铁运营有限公司声称这名男子因患抑郁症，情绪低落，欲跳轨轻生。该男子的父母则坚持认为自己的儿子没有抑郁症病史，不会轻易跳轨自杀，是被早高峰时段拥挤的人群挤入轨道的。

③ 2008年广州地铁。

2008年6月23日，因地铁3号线天河客运站发生设备故障，列车不能正常折返导致延误。

2008年6月29日，沥滘站至番禺广场站再次发生信号故障，列车每经过一个站点，都需停靠至少10分钟才能离站。

2008年6月30日，地铁3号线因行车间隔调试，造成系统不稳定而发生故障，导致番禺广场至市桥站方向的区间列车停运72分钟。

④ 2019年深圳地铁事故。

2019年8月27日下午3点16分，深圳地铁三期二阶段在建工程10号线右线木古站轨行区范围发生事故，一辆轨道作业车撞上正在木古站端头进行消防水阀安装作业的施工人员。事故造成2人死亡、2人受伤（其中1人为轻微伤）。

二、建立城市轨道交通安全保障体系的必要性

安全是城市轨道交通运营管理永恒的主题，"安全第一"也是乘客的基本要求和首要标准，同时是城市轨道交通运营中不可忽视的重要问题。运营安全不但反映了城市轨道交通运营管理水平和运输服务质量，而且是城市轨道交通系统实现方便、快捷、高效运营的先决条件。轨道交通运营部门所追求的目标是运营的安全有序，这也是满足乘客需求、获得良好社会和经济效益的根本保证。

城市轨道车站及列车车厢内为公众场所，特别是地下铁道位于地下空间，封闭环境、人

流密集、通风和疏散都受到极大限制,这是城市轨道交通十分突出的弱点。一旦发生意外事故,常常会导致非常惨重的人员伤亡,因此,深入开展城市轨道交通重大事故安全保障技术研究,加强城市轨道交通的安全管理,做好城市轨道交通的安全工作,关系到人民生命财产的安全,更关系到国家经济发展、社会稳定和构建和谐社会。城市轨道交通作为现代化城市的生命中枢,一旦发生突发事故,其社会影响力、政治影响力和国际影响力都十分巨大。近年来,恐怖组织更是将城市轨道作为恐怖袭击的主要目标之一,城市轨道交通安全工作的特殊性和脆弱性之间的矛盾日益突出,因此,必须充分认识城市轨道交通安全工作的特殊性、复杂性和重要性,努力提高城市轨道交通的安全程度,保证人民群众生命和财产安全。有效的检测、预报城市轨道交通突发灾害事故,并在对城市轨道交通灾害规律深刻认识的基础上,提出有效的灾害防范、救援措施和方法,建立科学有效的城市轨道交通安全保障体系已成必然趋势,通过安全管理,进而预防和减少重大事故的发生,提升城市轨道交通处置突发事故的手段和能力。

三、影响城市轨道交通运营安全的因素

根据系统论创始人贝塔兰菲的观点,系统是相互联系并与环境相互联系的要素的集合。城市轨道交通系统是一个在时间、空间上广泛分布的,呈动态的开放系统,影响城市轨道交通运营安全的因素很多,而且它们之间的关系错综复杂,既有系统内部因素和外部因素,也有人为因素和自然因素。这些因素归纳起来,分别是人、物、环境和管理。

城市轨道交通系统中"人"分为两部分,第一部分是参与企业运营主体的员工,第二部分是参与企业运营全过程且多为自助式服务的乘客群。"机"是人在运营中所控制的设备,包括固定设备和移动设备。"环境"是指人与设备在运营中共处的特定的工作条件,包括内部环境和外部环境。实现运营安全必须以"安全"作为控制手段,协调人、设备、环境之间的相互关系,并将系统状态的信息反馈给管理系统,从而改进安全管理方法。

在安全问题中,人既是影响安全的一种因素,又是防护对象。人是矛盾的主要方面,即使是高度自动化的系统也不可能完全避免人的介入,不可能完全不受人的操纵和控制;设备必须由人来设计、制造、使用和维护,即使是技术状态良好的安全设备,也只有通过人的正确使用,才能发挥它的安全作用。"物"既是影响安全的因素,又是保障安全的物质基础。"环境"既可能是影响安全的灾害因素,又可能是应予以保护的社会财富。因此,必须从人、物、环境、管理这四个构成生产系统安全的基本因素出发,对其进行合理的组织管理,以管理因素作为控制、协调手段,协调人、物、环境之间的关系,并将系统状态信息反馈给管理系统,从而改进管理方法,充分发挥各自效能,最终形成更安全可靠的系统。城市轨道交通系统运营安全的影响因素之间的关系如图2-1所示。

(一) 人的因素

人的因素往往是导致事故发生的直接原因。人的因素可以分为人的错误判断、不安全行为、意愿的变化等方面。

绝大多数事故的发生与人的不安全行为有关。据统计,80%以上的交通事故起源于人的差错;电力安全分析显示,80%的事故关键性因素是人;机动设备事故中,由于人员因素引发的事故占60%左右;矿山事故中,由于人员因素造成的事故占85%以上;城市轨道交通运营事件中,由于人的因素造成的事故占90%以上。

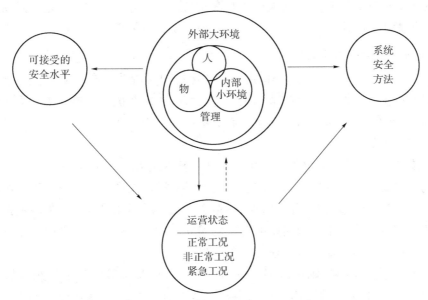

图 2-1 城市轨道交通系统运营安全的影响因素之间的关系

人参与城市轨道交通运营工作的每个环节、每项工作中，并处于主导地位。由人操纵、控制、监控、调遣各项设备，完成各项作业，与环境信息交流，与其他作业协调一致。

城市轨道交通运营过程中，导致事故发生的主要原因是"指挥不当、缺乏警惕性和设备维护欠妥等"。

人的因素在城市轨道交通运营安全中起着最关键的作用。城市轨道交通运营安全因素中人的因素包括系统内员工和系统外人员。

某城市地铁运营 5 年来，因作业人员操作不当或工作过程不到位造成的运营生产安全事故占事故总数的 80% 以上。其中驾乘人员引起的占 80% 左右，调度人员引起的占 7% 左右，行车值班人员引起的占 6% 左右，维修人员引起的占 5% 左右，另外因管理人员疏忽所导致的事故也占 1% 以上。而驾乘人员诱发的事故中，90% 以上是由于信号确认不到位造成的。

系统外人员主要指乘客、城市轨道沿线居民、机动车驾驶员等。这些人员不直接参与运营生产活动，因此，对他们的安全素质要求主要表现为严格遵守城市轨道交通运营安全法规的相关规定，具备较强的安全意识和相应的安全防范与应急技能。

2000 年，国内某城市市民故意破坏轻轨封锁栅栏，形成一条可供行人穿越的捷径，导致轻轨在运营过程中发生了人员伤亡事故。

2003 年，韩国大邱地铁发生特大火灾，主要原因是乘客携带易燃物品搭乘地铁，没有遵守城市轨道交通有关规定和乘客守则。

2005 年，国内某城市地铁在段内平交道口与员工自驾小轿车发生侧撞，造成道口事故。

分析导致近年来城市轨道交通运营安全事故的诱因可见，导致城市轨道交通运营安全事故的原因主要为不遵守乘车守则，例如携带危险品、乱动设备设施、自杀等；人为故意破坏主要为恐怖袭击、蓄意破坏、盗窃城市轨道交通运营设备设施等；无应急技能或应急技能低主要表现为发生突发事故时不能自救、不能在工作人员指引下沉着冷静、紧张有序地疏散等 3 个方面。

影响城市轨道交通运营安全的人员，其素质与运营安全密切相关。这些素质主要包括文化素质、思想素质、技术素质、心理素质、生理素质和群体素质。

1. 系统内人员安全素质要求

城市轨道交通企业员工安全意识的强弱，各种非正常情况下的作业技能、突发状况下的应对能力以及员工所掌握的安全防范知识，都会直接决定系统内人员行为的安全性，直接影响城市轨道运营的安全效果，对安全生产起决定性的作用。在城市轨道交通运营安全管理中必须首先培养员工的安全素质。

（1）文化素质。主要包括学历、学习能力、表达能力、安全知识等。学历较低是影响操作人员的工作安全的关键要素，学习能力较差导致操作人员对操作手册理解和故障分析能力不够，不能及时有效地避免事故的发生或在事件发生后不能采取有效的救助措施，导致事态扩大；语言表达不清常常导致对事故情况的误判，致使事故处理不及时、不准确；安全知识储备不足，往往会给企业造成无法挽回的后果。

（2）思想素质。主要指职业道德、劳动纪律、安全观念等。安全思想素质不够、责任心不强，是导致"违反劳动纪律、违反劳动规程和违章指挥"等不安全行为的重要因素，特别是生产指挥人员的安全意识不强，"先保安全，再保运营"的思想意识树立不牢，往往会大大制约着一个企业的安全状况。

（3）技术业务素质。主要指业务知识、文化素质、安全知识、安全技能，以及各种非正常情况下的作业能力等。打好日常基础，做好日常维护工作是保证城市轨道交通运营安全的坚实支柱，也是预防运营安全事件的前提条件。况且，由于城市轨道交通运营作业经常可能面临各种意外状况，所以城市轨道交通企业员工的紧急应变能力非常重要。对于安全质量监督人员而言，还应具备相应的安全管理和质量管理知识和能力。城市轨道交通设备运营时一般不能进行维护和检修，由于设备可检修时间较短，夜间检修交叉作业较多，所以城市轨道交通企业员工必须有较强的技术能力和运营经验，才能对设备、设施进行高质量、高效能的维护和检修，既降低了运营成本，也保障了运营安全。

（4）生理素质。主要指影响运输安全的人体生命活动。其主要包括身体条件和生理状况，主要有年龄、性别、记忆、体力、耐力、视觉、听觉、动作和思维反应时间以及疲劳强度等。例如：列车驾驶员因为视觉功能障碍而不能准确瞭望，极易发生行车事故。再如，列车驾驶员的年龄与行车事故之间构成一种浴盆状曲线，容易受到外界人为因素的干扰，而年长的列车驾驶员由于生理机能不断衰退，所以发生事故的概率较高。

（5）心理素质。指影响运输安全的人的心理过程和个性心理特征。其主要包括个体的气质、能力、性格、情绪、需要、动机、态度、爱好、兴趣、意志等。公元前5世纪古希腊医生希波克拉底认为人体内有四种液体，即血液、黏液、黄胆汁、黑胆汁。这四种液体在人体内的比例不同，形成了气质的四个类型，即多血质、胆汁质、黏液质、抑郁质。欧洲古代医学的集大成者，罗马帝国时期著名的生物学家和心理学家格林从希波克拉底的体液说出发，创立了气质学说。他认为气质是物质（或汁液）的不同性质的组合。在此基础上，气质学说继续发展，成为经典的四种气质。例如，在气质方面，胆汁质的人往往容易冲动，表现为性急而粗心；多血质的人注意力容易转移，缺乏耐性，都可能成为引发事故的条件；黏液质的人表现为稳定、细心、工作有持久性，比较适合于在安全、质量监督和要害部门工作。在性格方面，表现为勤劳、认真、细致、具有自信心和控制能力的人，以及富有稳定和持久的情绪特征的人，都更擅长于做好各项安全工作。因此，正确判断员工的气质，培养其良好的性格和其他个性心理特征是保障运营安全的重要前提。

（6）群体素质。指影响运营安全的群体特征。其主要包括群体目标、群体凝聚力、群体的信息沟通、群体的人际关系等。由于城市轨道交通运营工作要求多工种协同作业，涉及多个环节，因而它对于运营系统内的部门和部门之间、部门内员工之间以及统一作业的不同操作者之间的协调性要求很高，这就更加突显了群体的作用。群体对运营安全的影响，主要表现在群体意志影响其成员的行为，包括以下3个方面。

① 社会从众作用。个体在群体中，往往不知不觉地受到影响，表现出与群体内多数人的知觉、判断和行为相一致的现象，即从众现象。社会从众作用表现在运营安全上具有正反两方面的意义。在一个遵章守纪的群体中，个别惯于冒险作业的人会感到群体的压力而改为安全作业。相反，如果在一个不重视安全的群体里，少数一贯遵章守纪的人也会顺从群体的错误行为。

② 群体主张作用。一方面，群体的存在可以起到满足个体心理需求，增加勇气和信息的作用；另一方面，群体成员在一起工作，有助于消除单调和疲劳的感觉，激发工作动力，提高工作效率。但是，对于某些脑力劳动，特别是创造性思维活动，多数人在一起工作，反而会使注意力很难集中，降低工作效率。

③ 群体规范作用。群体成员在彼此相互作用的条件下，会发生一种类化现象，个体差异会明显缩小。规范作用的强弱取决于群体意识的强弱。在安全意识较强的群体里，大多数成员能保持安全的操作行为；在安全意识薄弱的群体里，成员为了抢时间、省力气、突击完成任务，往往易作出不安全的操作行为，对于这样的群体，必须密切注意、加强管理。

2. 系统外人员安全素质要求

系统外人员主要指乘客、城市轨道沿线居民、机动车驾驶员等。他们不直接从事城市轨道交通运营生产活动，因此，对他们的安全素质要求主要表现在严格遵守城市轨道交通运营安全法规及相关规定，了解城市轨道交通运营安全法律法规和掌握相关知识，具有较强的安全意识和一定的安全防范与应急技能。

（二）物的因素

物的因素是导致事故发生的物质条件，主要是指潜伏在物本身的不安全因素。广义上包括原料、燃料、动力、设备、工具、半成品、成品等。例如：机器设备的不安全因素、易燃易爆物品的危险因素、个人防护用品和用具的缺陷、各种自然物的不可预料的不规则运动等，都是引发事故或造成突发事件的原因，而且常常是直接原因。

影响城市轨道运营的物的因素狭义上指的是各种影响运营安全的设备因素。设备既是影响安全的因素，又是保障安全的物质基础。列车安全运行的基础条件就是要求各种运营设备必须处于安全状态。

从安全关系的角度，可以将城市轨道交通运营设备划分为生产基础设备和安全技术设施。生产基础设备主要包括固定设备（线路、车站、车辆段、城轨相关机电设备等）和移动设备（动车组、列车自动防护子系统ATP等）。运营安全技术设施主要包括对员工作业的正确性进行监督的安全监控设备（闭路电视监控系统等），对运营生产基础设备的技术状态进行监测的安全监测设备（楼宇自动化系统 BAS、火灾自动报警系统 FAS 监测系统等），保障乘客人身安全的辅助安全公共设施（屏蔽门、旅客信息系统等），对灾害、事故、突发事件进行抢险救援的救援设备（火灾报警系统、救援车等）。

运营设备状态的良好是保证安全生产的重要条件。运营设备质量好坏，直接关系到城市轨道交通运营安全与否，因此，运营设备的管理、使用、维护相关部门必须采用先进的检测手段，及时发现运营设备隐患，建立维修维护管理信息管理系统，不断提高运营设备的质量，按照设备管理控制体系的要求，正确使用运营设备，科学地进行设备管理工作，提高设备完好率和运营保障力度。避免状态不良的运营设备投入运营，影响列车运行。

加强生产基础设备和安全技术设施的管理，对控制或消除物的因素的不安全状态十分重要。影响城市轨道交通安全的设备因素主要从设备的设计安全性和使用安全性两个方面进行考虑。

1. 设备的设计安全性

设备的设计安全性主要是指设备的可靠性、可维修性、可操作性（人－机工程设计）以及先进性，等等。1993 年，建设部（现住房和城乡建设部）颁布的《地下铁道设计规范》为强制性国家标准，明确规定了地铁的线路、车站、给排水、通信信号、防灾设备等各种设备的设计要求。随后我国广州地铁、上海地铁、南京地铁、天津地铁、北京地铁 4 号线和 5 号线等线路依据《地下铁道设计规范》进行设计和建设。由于城市轨道交通的特殊性和发展太快，在借鉴和参考了有关评价标准和国外现行标准的基础上，2007 年 10 月，建设部出台了《地铁运营安全评价标准》，并于 2008 年 5 月 1 日开始正式实施，对地铁各种运营设备安全性的评价标准进行规范化和制度化。《地铁运营安全评价标准》适用于正式运营满 1 年及以上的比较成熟的地铁运营系统的安全性评价。

2. 设备的使用安全性

要使生产基础设备安全可靠地运行，使安全技术设施有效地运行，就必须认真做好设备的管理、使用、保养、维修等技术管理工作，使其保持完好的技术状态。这项工作主要由设备管理部门负责。设备管理部门要严格按照安全检查制度的规定，在日常安全检查中要使用安全检查表，及时发现设备故障和其在使用过程中的损耗并予以修复，确保运行中的生产基础设备和安全技术设施保持完好的技术状态。

（三）环境因素

环境因素是指系统所处的自然环境和社会环境的异常状态。比如暴雨带来的洪水泛滥、暴风雪引起的停电，社会不稳定因素引起的罢工或者怠工，以及恐怖分子制造的爆炸等。

城市轨道交通运营环境是指人、机共处的特定工作条件。一般来说，环境因素是影响安全的间接原因，而且是短时间内不易消除的因素。环境因素包含两方面，分别是内部环境和外部环境。

1. 内部环境

内部环境通常是指作业场所人为形成的环境条件，包括周围的空间和一切生产设施所构成的人工环境。内部环境通常可以分为作业环境和运营系统内部的社会环境。

作业环境是指生产现场的空间和生产设施所构成的人、机环境。在作业环境中，有各种机器、设备、原材料、半成品和成品等，还有机械设备产生的噪声和振动，生产空间的采光照明,泄漏的有害气体、蒸汽、粉尘和热量等。在这样的环境里,管理有缺陷或不符合安全规范、标准要求,都可能给作业人员带来危害。

系统内部的社会环境主要指系统内部的政治、经济、文化、法规等环境。例如,2005年国家安全生产监督总局(现应急管理部)成立伊始,就大力提倡的企业安全文化建设。

影响城市轨道交通系统运营安全的内部环境不仅仅是作业环境,同时还有运营系统内部的社会环境,也就是运营系统外部环境因素在运输系统内的反映,包括内部的政治、经济、文化、法规等。

2. 外部环境

影响城市轨道交通系统运营安全的外部环境包含两个方面,分别是自然环境和社会环境。

(1) 自然环境。主要是指洪水、暴雨、风沙、泥石流和地震等自然灾害,以及这些自然灾害带来的次生灾害。此外,气候因素(风、雨、雷、电、雾、雪、冰等)、季节因素(春、夏、秋、冬)以及时间因素(白天、黑夜)等也是不容忽视的事故致因。

城市轨道交通包括地铁、轻轨、城际列车等,在运营期间可能遭遇台风、洪水、雷电、地震等自然灾害的侵袭。台风对城市轨道的建筑物有较大的影响,并且其破坏性极强;洪水也会对轨道交通运营造成极大的影响,可能导致积水回灌,建筑物受到岩土介质中地下水渗透浸泡,致使其附属设备材质发生霉变,元器件受损失灵等,从而造成事故;同时应该对雷电防护设备进行检修,这方面造成运营设备损坏的事件时有发生;另外,地震所带来的损失也不言而喻。

地下铁道的车站和隧道包围在周围的地理介质中,地震发生时地下构筑物随围岩一起运动,与地面结构不同,围岩介质的嵌固改变了地下构筑物的动力特征。一般认为,地震对地下结构影响较小,但1995年日本阪神地震后,人们更加重视地下结构的抗震设计。

(2) 社会环境。是指社会的政治环境、经济环境、技术环境、管理环境、法律环境以及社会风气、家庭环境等,它们对城市轨道交通系统运营安全均有不同程度的影响。

任何事件的发生都是在外因和内因同时作用下产生的,近年来恐怖袭击、社会性自杀事件等已经成为城市轨道交通系统运营安全的一个主题,所以其危害也不言而喻。

(四) 管理因素

管理因素是指在管理的体制和制度,或者在安全管理过程中存在一定的缺陷(图2-2),未遵循安全生产的客观规律,从而影响城市轨道交通运营安全。涉及运营安全的管理因素较多,主要有安全组织、安全法制、安全技术、安全教育、安全信息和安全投入等,它的本质就是要充分发挥人的积极性和创造性,调动一切资源(人、财、物、信息)和积极因素,促使各种矛盾向有利于城市轨道交通运营安全方面转化。

在城市轨道交通运营中,如果安全管理存在缺陷,也会导致突发事件的发生。现阶段,我国安全生产管理中一个众所周知的难题就是管理薄弱,目前从保障城市轨道交通安全运营的实际情况来看,城市轨道交通运营安全管理是确保城市轨道交通运营安全的重要管理手段。

城市轨道交通运营安全管理,就是使人、设备和环境组成一个能够有效实现预期目标的系统。虽然人、设备、环境往往是造成事故的直接原因,而管理因素看似是间接原因,但追根溯源却是本质上的原因，因为前者都是受后者支配的。

城市轨道交通运营安全管理，是为了有效减免运营事件及由运营事故所引起的人和物的损失而进行的控制危险的一切活动。管理者根据安全生产的客观规律，对城市轨道交通系统中的人、财、物、信息等资源进行计划、组织、指挥、协调和控制，以达到减少和避免城市轨道交通运营事件发生的目的。

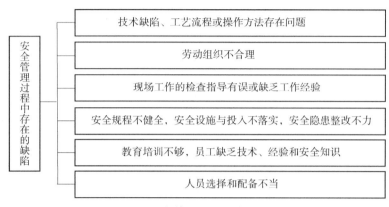

图 2-2　安全管理过程中存在的缺陷

第二节　安全法律保障体系

一、我国安全生产法规的发展

安全生产法规作为国家法律体系的重要组成部分，是保护劳动者生命安全和身体健康，保护国家和社会财产安全，保障社会经济持续发展的法令、规程、条例规定等法律文件的总称。

我国党和政府十分重视安全生产工作，早在中华人民共和国成立初期，国务院就颁布实施了"三大规程"和"五项规定"。"三大规程"指《工厂安全卫生规程》《建筑安装工程安全技术规程》和《工人职员伤亡事故报告规程》。"五项规定"指的是国务院 1963 年颁布的《关于加强企业生产中安全工作的几项规定》中规定的：关于安全生产责任制、关于安全技术措施计划、关于安全生产教育、关于安全生产的定期检查、关于伤亡事故的调查与处理。

1978 年，中共中央在《关于加强安全生产的通知》中重新强调"加强劳动保护，搞好安全生产，保护职工的安全和健康，是我党的一贯方针。"各部委、省、自治区、直辖市人大或人民政府颁布了部门或地方劳动保护条例或规范性文件。1991—2000 年，全国人大相继通过《中华人民共和国劳动法》《矿山安全法》《消防法》等安全生产相关的法律。

2000 年年底，我国安全法律法规迎来了一个新的发展时期，如 2001 年颁布的《职业病防治法》和《特大安全事故行政责任追究规定》；2002 年实施《安全生产法》，2002 颁布的《危险化学品安全管理条例》；2003 年颁布《道路交通安全法》《特种设备安全检查条例》和《工伤保险条例》等 2004 年颁布的《关于加强安全生产工作的几点意见》和《安全生产许可证条例》等。

二、我国安全生产法律法规体系

安全生产工作是一项系统工程，需要建立在系统完善的法律法规体系之上。我国按照"安全第一，预防为主，综合治理"的安全生产方针，制定了一系列的安全法规，初步形成了结构比较完善的安全法规体系。目前，我国安全法规体系的层次结构如图2-3所示。

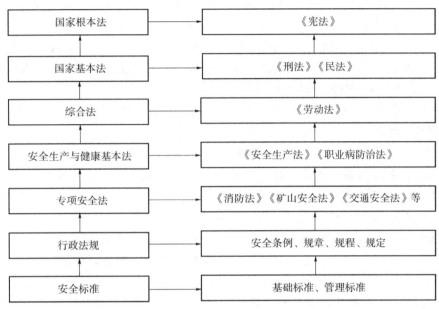

图2-3 我国安全法规体系的层次结构

三、安全生产相关法律法规

（一）《中华人民共和国宪法》

《中华人民共和国宪法》（以下简称《宪法》）是我国的根本法，具有最高的法律效力。《宪法》中对公民的劳动保护有明确的规定。

《宪法》第四十二条规定：中华人民共和国公民有劳动的权利和义务。国家通过各种途径，创造劳动就业条件，加强劳动保护，改善劳动条件，并在发展生产的基础上，提高劳动报酬的福利待遇。

这是《宪法》对生产经营单位进行安全生产和从事各种工作的总的原则、总的指导思想和总的要求。我国各级政府管理部门、各类企事业单位机构，都要按照这一原则，确立"安全第一、预防为主"的思想，切实保护从业人员的安全和健康。

《宪法》第四十三条规定：中华人民共和国劳动者有休息的权利。国家发展劳动者休息和休养的设施，规定职工的工作时间和休假制度。

保证了劳动者有充沛的精力进行劳动，防止积劳成疾或因疲劳发生人员伤亡事故。

（二）《中华人民共和国刑法》

《中华人民共和国刑法》（以下简称《刑法》）对安全生产方面构成的犯罪和违法行为的惩罚做了规定。《刑法》第一百三十一条至第一百三十九条，规定了重大飞行事故罪、铁路运营安全事故罪、交通肇事罪、重大责任事故罪、重大劳动安全事故罪、危险品肇事罪、工程重大安全事故罪、教育设施重大安全事故罪和消防责任事故罪等 9 种危害公共安全罪名。

刑事责任是对违法行为人的严厉惩罚，安全事故责任人或责任单位主管负责人构成犯罪的按《刑法》所规定的罪名追究刑事责任。

（三）《中华人民共和国民法通则》

《中华人民共和国民法通则》（以下简称《民法通则》）规定的特殊侵权民事责任中有 6 种属于安全事故民事责任范畴。例如，《民法通则》第一百二十三条规定：从事高空、高压、易燃、易爆、剧毒、放射性、高速运输工具等对周围环境有高度危险的作业造成他人损害的，应当承担民事责任；如果能够证明损害是由受害人故意造成的，不承担民事责任。

（四）《中华人民共和国劳动法》

《中华人民共和国劳动法》（以下简称《劳动法》）由 1994 年 7 月 5 日全国人民代表大会常务委员会第 8 次会议审议通过，1995 年 1 月 1 日起施行。

《劳动法》是调整劳动关系以及与劳动关系密切联系的其他关系的法律规范，该法明确规定了劳动者的各项权利和义务，对女职工和未成年工实行特殊劳动保护。

（五）《中华人民共和国安全生产法》

《中华人民共和国安全生产法》（以下简称《安全生产法》）于 2002 年 6 月 29 日经第九届全国人大常委会第 28 次会议审议通过，自 2002 年 11 月 1 日起施行。根据 2014 年 8 月 31 日第十二届全国人民代表大会常务委员会关于修改《安全生产法》的决定修正，自 2014 年 12 月 1 日起施行，《安全生产法》是我国第一部安全生产基本法律，在我国安全生产法律体系中，《安全生产法》的法律地位和法律效力是最高的，是各类生产经营单位及其从业人员实现安全生产所必须遵守的行为规范，是各级人民政府和各有关部门进行监督管理和行政执法的法律依据，是制裁各种安全生产违法犯罪行为的法律武器。《安全生产法》的颁布和实施是我国安全生产法制建设的重要里程碑。

（六）《中华人民共和国职业病防治法》

《中华人民共和国职业病防治法》（以下简称《职业病防治法》）于 2001 年 10 月 27 日第九届全国人民代表大会常务委员会第 24 次会议审议通过，自 2002 年 5 月 1 日起施行。《职业病防治法》第一条规定：为了预防、控制和消除职业病危害，防治职业病，保护劳动者健康及其相关权益，促进经济社会发展，根据宪法，制定本法。

《职业病防治法》规定劳动者享有的各种职业卫生保护权利。包括：获得职业卫生教育、培训的权利；获得职业健康检查、职业病诊疗、康复等职业病防治服务的权利；了解作业场所产生或者可能产生的职业病危害因素、危害后果和应当采取的职业病防护措施的权利；要求用人单位提供符合防治职业病要求的职业病防治设施和个人使用的职业病防护用品，改善工作条件的权利；对违反职业病防治法律、法规以及危及生命健康行为提出批评、检举和控告的权利；拒绝完成违章指挥和强令没有职业病防护措施的作业的权利；参与用人单位职业卫生工作的民主管理，对职业病防治工作提出意见和建议的权利。

《职业病防治法》规定了用人单位职业病防治的职责。包括：用人单位应当为劳动者创造符合国家职业卫生标准和卫生要求的工作环境和条件，并采取措施保障劳动者获得职业卫生保护；用人单位应当建立、健全职业病防治责任制，加强对职业病防治的管理，提高职业病防治水平，对本单位产生的职业病危害承担责任；用人单位必须依法参加工伤社会保险。

（七）和安全生产有关的相关条例

1. 《工伤保险条例》

为了保障因工作遭受事故伤害或者患职业病的职工获得医疗救治和经济补偿，促进工伤预防和职业康复，分散用人单位的工伤风险，《工伤保险条例》是2003年4月27日颁布，2004年1月1日起施行的，并于2010年12月20日修订后重新公布，自2011年1月1日生效。

该条例规定中华人民共和国境内的企业、事业单位、社会团体、民办非企业单位、基金会、律师事务所、会计师事务所等组织和有雇工的个体工商户（以下称用人单位）应当依照本条例参加工伤保险，为本单位全部职工或者雇工（以下称职工）缴纳工伤保险费。中华人民共和国境内的企业、事业单位、社会团体、民办非企业单位、基金会、律师事务所、会计师事务所等组织的职工和个体工商户的雇工，均有依照本条例的规定享受工伤保险待遇的权利。

2. 《生产安全事故报告和调查处理条例》

为了规范生产安全事故的报告和调查处理，落实生产安全事故责任追究制度，防止和减少生产安全事故，根据《中华人民共和国安全生产法》和有关法律，制定了《生产安全事故报告和调查处理条例》。2007年3月28日国务院第127次常务会议通过了该条例，并于2007年4月9日公布，自2007年6月1日起施行。

3. 《危险化学品安全管理条例》

为了加强危险化学品的安全管理，保障人民群众生命、财产安全，保护环境，2002年1月26日，中华人民共和国国务院颁布《危险化学品安全管理条例》，自2002年3月15日起施行。

4. 《特种设备安全监察条例》

鉴于原《特种设备安全监察条例》于2013年3月11日公布，自2003年6月1日起施行。于2009年1月24日公布了修订版《特种设备安全监察条例》，自2009年5月1日起施行。

5. 《国务院关于特大安全事故行政责任追究的规定》

为了有效地防范特大安全事故的发生，严肃追究特大安全事故的行政责任，保障人民群众生命、财产安全，《国务院关于特大安全事故行政责任追究的规定》已于2001年4月21日颁布实行。

四、城市轨道交通安全生产相关法律法规及规章

随着我国城市轨道交通发展规模的不断加大，城市轨道安全生产的法律法规不够完善的矛盾日益突出，很多城市轨道交通管理法规所规范的内容和范围需要重新界定和进一步明确，并需在此基础上进一步再立法，做到有法可依，有规可循。

1.《城市轨道交通运营管理办法》

为了加强城市轨道交通运营管理,保证城市轨道交通正常、安全运营,维护城市轨道交通运营秩序,保障乘客和城市轨道交通运营者的合法权益,2005年3月1日,建设部(现住房和城乡建设部)第53次部常务会议审议通过了《城市轨道交通运营管理办法》。《城市轨道交通运营管理办法》适用于城市轨道交通的运营及相关的管理活动,明确指出各级建设主管部门负责城市轨道交通的监督管理工作。2018年6月12日,由住房城乡建设部第1次部常务会议审议通过了《住房城乡建设部关于废止〈城市轨道交通运营管理办法〉的决定》,自2018年7月1日起施行。

2.《城市轨道交通运营管理规定》

为规范城市轨道交通运营管理,保障运营安全,提高服务质量,促进城市轨道交通行业健康发展,根据国家有关法律、行政法规和国务院有关文件要求,2018年5月14日中华人民共和国交通运输部第7次部务会议通过了《城市轨道交通运营管理规定》,自2018年7月1日起施行。本规定适用于地铁、轻轨等城市轨道交通的运营及相关管理活动。

3. 各地方制定的城市轨道交通管理条例

根据有关法律法规的规定,各地方人民代表大会或地方政府结合本地实际情况,制定了地方城市轨道交通管理条例(办法)。如2002年5月21日上海市第十一届人民代表大会常务委员会第39次会议通过的《上海市轨道交通管理条例》;2007年7月27日广东省第十三届人民代表大会常务委员会第3次会议审议通过的《广州市城市轨道交通管理条例》;2002年10月25日大连市人民政府颁布的《辽宁省大连市城市轨道交通管理办法》;2004年9月14日重庆市人民政府第39次常务会议审议通过的《重庆市城市轨道交通管理办法》等。

五、我国城市轨道交通安全法律法规、保障体系存在的问题

作为实现城市轨道交通建设、运营和管理法制化和规范化的基础,城市轨道交通安全的各项法律、法规也是实现城市轨道交通安全健康、持续发展的保障。由于我国城市轨道交通早期建设的规模较小,受社会和经济等条件的限制,规范城市轨道交通运营的法律法规体系仍存在以下几方面问题。

1. 城市轨道交通安全法律法规体系不够完善,城市轨道交通发展无法得到法制化保障

当今世界,发达国家和地区在市场经济条件下进行的城市轨道交通运营管理的法制化建设相当普遍和成熟,已经形成了系统性的与市场经济相适应的法律法规体系。而我国大多数城市的轨道交通运营管理仍然带有随意性和盲目性,法制化建设滞后于近年来城市轨道交通的发展,城市轨道交通的发展无法得到法制化保障。

2. 城市轨道交通安全标准规范尚未形成完整体系

城市轨道交通行业安全标准的建立,对规范企业的安全运营起着至关重要的作用。建立城市轨道交通行业安全标准,既要考虑城市轨道交通行业可能达到的水平,也要充分考虑乘客和社会各界的期望值和认可度。如何制定统一的安全标准,确定事故分类、事故等级及其划分办法,形成完整的安全标准体系,都是我国城市轨道交通行业尚未解决的问题。

3. 城市轨道交通运营执法机制不够清晰

依法管理城市轨道交通是我国依法治国方略在城市轨道交通行业和领域的具体实践，也是城市轨道交通各项事务管理的重要手段，是各级政府部门针对城市轨道交通运营管理的最普遍、最直接的具体行政行为。

其一，目前我国政府部门已经颁布了一系列针对城市轨道运营的法律法规，但是依法行政、执法机制仍然缺乏明确的、完整的实施机制，导致执法的实际操作常常流于形式；其二，实际执法中，执法者和被执法者法律意识淡薄也会影响到城市轨道交通运营执法的效果；其三，运营执法队伍建设滞后，执法人员执法为民意识不强，法律素质不高导致执法不规范，行政不作为，甚至执法以利益为标准，严重损害了执法部门的形象。

4. 城市轨道交通相关法制宣传欠缺，公民的法律意识尚需培养

加强城市轨道交通相关法律法规的普及宣传，是城市轨道交通法制化建设的有机组成部分。开展法制教育、普及城市轨道交通法律知识（以下简称普法），形成社会秩序良好，人民安居乐业的良好法制环境，是构建和谐社会、和谐城市轨道交通进程中不可或缺的重要环节。

切实推进普法规划的实施，可以在全社会形成遵纪守法的良好社会风气。在具体的普法工作中，注重以人为本，尊重和保障人权的宪法原则，增强普法工作时的亲和力、吸引力和感召力；讲究实效、避免形式主义，力求取得实实在在的宣传效果。

第三节　城市轨道交通安全技术保障体系

建立城市轨道交通安全技术保障体系是正确执行国家有关技术政策、标准、规程和城市轨道交通的主要技术政策。城市轨道交通安全技术保障体系为城市轨道交通运营安全提供可靠的技术依据和技术措施，充分发挥科技是第一生产力的作用，不断吸收现代科技先进成果，促进城市轨道交通运营安全管理科技含量日益提高。

设备的可靠性作为城市轨道交通运营安全的重要保障，对保证城市轨道交通运营安全起着十分重要的作用。因此，应该通过制定统一、完善的技术规范和标准，使来自不同国家和地区的各类交通运营设备符合接口的技术要求，切实满足交通运营的实际需要，为运营安全创造必要条件。同时，交通运营企业在引进国外先进设备和技术的同时，要充分发挥自身的技术优势和人才优势，在消化吸收国外先进技术的基础上加大国产化的推进力度，强化交通运营设施设备保障，不断提高交通运营安全质量。

交通安全技术保障体系主要通过改善生产流程工艺，改进生产设备以及增设安全防护设施来实现。城市轨道交通安全技术保障主要从两方面着手，即城市轨道交通硬件设备技术保障和城市轨道交通安全软技术保障的开发和应用。

一、城市轨道交通安全硬技术保障体系

城市轨道交通安全硬技术设备保障体系是指对运营基础设施和安全技术设备的研制、试验、引进、装配、维护和安全质量管理等。城市轨道交通安全硬技术设备保障体系主要包括设备安全技术、安全监控系统、基于维修维护的安全检测系统、安全信息系统、安全预警

系统。

1. 设备安全技术

随着社会的发展和科学技术的进步，现代技术已经渗透到各个领域，为城市轨道交通行业开发越来越安全的基础设备和越来越多的安全设备产品创造了有力的技术条件。城市轨道交通设备安全技术正朝着信息化、自动化、智能化方向发展，为提高城市轨道交通运输安全水平提供了强有力的支持，极大地改善了城市轨道交通的安全状况。

目前城市轨道交通设备安全从设备本身的设计入手，以系统化、自适应、自动控制为目标，从根本上解决城市轨道交通运营安全技术问题。自法国里尔无人驾驶地铁建成以来，多数新兴城市轨道各种设备和系统都具备自动化功能，减少人为因素的干扰和事故的发生。比如列车运行自动控制（Automatic Train Control，ATC）系统就具备了列车自动运行、列车自动防护、列车自动监控，从设备层面为城市轨道交通运营提供安全的体系保障。

2. 安全监控系统

计算机信息技术和现代通信技术的发展，为城市轨道交通安全监控系统带来了飞跃式进步。目前在城市轨道交通运营中，对移动设备、固定设备、环境等状态以及运输对象完全实现实时监控。它包括针对移动设备的监控系统，例如2005年在广州地铁1号线采用的车辆在线安全检测系统，运用微波技术、传感器技术、红外测温技术、声音信号分析技术及数据分析等技术，可以对城轨车辆的轮对踏面、轴承温度、车钩温度、走行部异响、受电弓异响、车号进行监控和识别；包括针对固定设备的监控系统，如城市轨道交通机电设备平台建筑自动化系统，可以对环控、电力、照明、电梯、屏蔽门等机电设备进行统一的管理和监控；另外还有针对环境进行检测和监控的环控系统和对火警进行监控的火警防灾报警系统（Fire Alarm System，FAS），以及对站厅和站台及人员进行实时监控的闭路电视监控系统（Closed-circuit Television，CCTV）等。

3. 安全检测系统

基于维护、维修移动设备和固定设备的各种安全检测系统为保证城市轨道交通安全、准点、平稳的运行提供了高效、科学的手段。

目前，城市轨道交通采用的安全检测系统已经应用了近年来新近发展的技术，如用于检测线路异常的图像处理技术，用于金属设备内部探伤的超声波探伤技术，用于测量隧道、转向架和钢轨等形变的激光光电技术，用于对测量结果进行统计分析的计算机技术，用于实时反馈设备状态的传感器检测技术，还有用于隧道衬砌、线路病害以及地质情况检测的雷达无损检测技术等。这些技术的应用已经出现系统化、集成化、高效化的趋势，如大型轨道检测者可以在高速形式状态下保证钢轨探伤，隧道衬砌检测、接触网检测、限界检查等任务一次完成。

4. 安全信息系统

城市轨道交通对行车安全性要求非常高，基于城市轨道交通的信号、车辆、供电和环境等各种控制网络的信息系统不能出现任何的差错和中断，必须保证全天候提供服务，并具备足够的持续性和适应性，所以安全的信息系统是保障城市轨道交通运营的基本设备基础。

5. 安全预警系统

随着科学技术的发展，人们越来越重视对危险信号的预警。预警技术在城市轨道交通中得到了广泛的应用，并保障了整个城市轨道交通运营系统的安全运行。

对电力、信号、环境等各种危险信号的预测与预警是被城市轨道交通安全应急预案确定的重要内容。各种隐患和事故苗头需要进行检测和监督，争取将可能发生的灾害消灭在萌芽状态。地铁火灾的早期预警，是及时疏散人员和抓住消防关键时机的必要条件。

建立安全预警系统可以实现对各种重点关键设备的动态巡检，对重要消防节点的温度和烟雾进行监测，跟踪各采集点和受控系统状态指标，及时分析反馈数据，发现可能出现的事故并加以处理。

二、城市轨道交通安全软技术保障体系

城市轨道交通安全软技术保障体系包括与运营安全有关的各种操作方法、管理办法、运营安全基础理论及安全科学技术方法的研究和应用。

1. 安全基础理论

20世纪70年代以来，发达国家就已经充分认识到安全软技术基础理论研究的重要性。随着理论和实践的不断发展，世界各国的交通工程专家对城市轨道交通运营安全进行了广泛和深入的基础理论研究，并围绕分析、评价、控制危险和应急4个方面探究了城市轨道交通运营安全的基本规律和基本特性。

（1）安全生产管理理论的进化史。安全生产管理理论的进化史大致可分为4个阶段：古代、18世纪中期（工业革命）、20世纪初至20世纪中期（法律、理论、模式）、20世纪末（现代安全生产管理理论、方法、模式、标准规范等更加丰富和成熟，逐渐被企业所接受）。

安全问题自古有之。古代人类"钻木取火"的目的是利用火来改善生存环境。如果不对火进行管理，火就会给人们带来灾难。古罗马和古希腊时代，维护社会治安和救火的工作由禁卫军和值班团承担。

12世纪，英国颁布了《防火法令》。到我国北宋时代，消防组织已相当严密。据《东京梦华录》一书记载，当时的首都汴京消防组织相当完善，消防管理机构不仅有地方政府，而且由军队担负值勤任务，保证用火安全。

18世纪中叶，蒸汽机的发明引起了工业革命，大规模的机器化生产开始出现，一方面大大提高了劳动生产率，另一方面增加了新的危害和危险。为了确保工人在生产过程中的安全与健康，一些学者开始研究劳动安全卫生问题。安全生产管理的内容和范畴有了很大发展。

从20世纪初开始，现代工业兴起并快速发展，重大生产事故和环境污染相继发生，造成了大量的人身伤亡和巨大的损失，给社会带来了极大危害。一些国家和地区已逐步认识到安全管理的重要性，一些企业开始设置专职安全人员对工人进行安全教育。20世纪30年代，很多国家设立了安全生产管理的政府机构，颁布了劳动安全卫生的法律法规，逐步建立了较完善的安全教育、管理、技术体系，初具现代安全生产管理雏形；20世纪50年代，随着经济的快速增长，一些工业化国家进一步加强了安全生产法律法规体系建设，在安全生产方面投入大量的资金进行科学研究，产生了一些安全生产管理原理、事故致因理论和事故预防原理等风险管理理论，以系统安全理论为核心的现代安全管理方法、模式、思想、理论基

本形成。

20世纪末,人们对职业安全卫生问题的认识发生了很大变化,以职业健康安全管理体系为代表的企业安全生产风险管理思想开始形成,现代安全生产管理的内容更加丰富,现代安全生产管理理论、方法、模式及相应的标准、规范更加成熟。

我国20世纪50年代引入,60—70年代吸收研究事故致因理论;80—90年代开始研究风险管理理论并尝试实践;20世纪末研究推行职业健康安全管理体系;21世纪初将风险管理融入安全生产管理。

(2)安全生产管理原理。安全生产管理是从生产管理的共性出发,对生产工作的实质内容进行科学的分析、综合、抽象与概括,最终得出的管理规律。安全生产原则就是在安全生产管理原理的基础上指导生产管理活动的通用规则。安全生产管理的原理有系统原理、人本原理、预防原理、强制原理和责任原理。

① 系统原理:是指人们要运用系统的观点从事管理工作,也就是要从系统论的角度来理解和解决管理中出现的问题。运用系统原理的原则主要有动态相关性原则、反馈原则、整分合原则、封闭原则。

② 人本原理:就是必须把人的因素放在企业管理活动的首位,彰显以人为本的指导思想。运用人本原理的原则主要有动力原则、激励原则、能级原则、行为原则。

③ 预防原理:是指通过有效的管理和技术手段,防止人的不安全行为和物的不安全状态出现,从而将发生事故的概率降到最低。我国的安全生产方针是"安全第一,预防为主,综合治理",这个安全生产方针实际上就是预防原理的具体体现。运用预防原理的原则主要有因果关系原则、偶然损失原则、3E原则、本质安全化原则。

④ 强制原理:是指采取强制管理手段控制人的意愿和行动,使个人的活动和行为等受到安全管理要求的约束,从而实现有效的安全管理。强制原理强调的是绝对服从,无须经过被管理者同意便可采取的控制行为。运用强制原理的原则主要有安全第一原则和监督原则。

(3)事故致因理论。

① 事故频发倾向理论。1939年法默(Farmer)和查姆勃(Chamber)等提出了事故频发倾向理论。该理论认为事故频发倾向者的存在是工业事故发生的主要原因,即少数具有事故频发倾向的工人是事故频发倾向者,他们的存在是工业事故发生的主要原因。如果企业中减少了事故频发倾向者,就可以减少工业事故的发生。

但是可以试想一下,在某一段时间里发生事故次数多的人,在以后的时间里由于劳动条件的改善,往往不再发生事故或发生事故次数大为减少,并非某人永远是事故频发倾向者。经过数十年的实验与研究,也很难找出事故频发者稳定的个体特征。也就是说,许多人发生事故是由于他们行为的某种瞬时特征引起的。许多研究结果表明,事故频发倾向者并不存在。

② 海因里希因果连锁理论。1931年,美国安全工程师海因里希在《工业事故预防》中论述了事故发生的因果连锁论,后人称其为海因里希因果连锁论。

海因里希把工业伤害事故的发生发展过程描述为具有一定因果关系事故的连锁性,即人员伤亡的发生是事故的结果。事故的发生原因是人的不安全行为或物的不安全状态。人的不安全行为或物的不安全状态是由于人的缺点造成的。人的缺点是由于不良环境诱发或者是由先天的遗传因素造成的。海因里希因果连锁论的核心思想是伤亡事故的发生不是一个孤立的事故，而是一系列互为因果的原因事故发生的结果，也就是伤害与各原因之间具有连锁性。

海因里希将事故因果连锁过程概括为 5 个因素：遗传及社会环境（M）、人的缺点（P）、人的不安全行为或物的不安全状态（H）、事故（D）、伤害（A）。海因里希用多米诺骨牌形象地描述了这种事故的因果连锁关系。在多米诺骨牌系列中，一枚骨牌被碰倒了，则将发生连锁反应，其余几枚骨牌相继被碰倒。如果移去因果连锁中的任一枚骨牌，则连锁被破坏，事故过程被中止，达到控制事故的目的。他认为，企业安全工作的重点就是防止人的不安全行为，消除物的不安全状态，中断事故连锁的进程，从而避免事故的发生。

这个理论的明显不足是对事故因果连锁的描述过于简单化、绝对化，也过多地考虑了人的因素。实际上，事故的发生过程是十分复杂的。

③ 能量意外释放理论。1961 年，吉布森（Gibson）提出了事故是一种不正常的或不希望或不期望的能量释放，各种形式的能量是构成伤害的直接原因。

1966 年，在吉布森研究的基础上，哈登（Haddon）完善了能量意外释放理论，提出"人受伤害的原因只能是某种能量的转移"，并提出了能量逆流于人体造成伤害的分类方法。其将伤害分为两类：第一类伤害是由于转移到人体的能量超过了局部全身性损伤预支所引起的，人体各部分对每一种能量都有一个抵抗能力，当施加于人体的能量超过这个抵抗能力时，就会对人体造成伤害。大多数伤害均属于此类。例如，在工业生产中一般都以不高于 36V 为安全电压，因为在正常情况下，当人与电源接触时，电压在 36V 以下，就不会对人体造成任何伤害或仅对人体造成轻微的伤害；而 220V 电压大大超过人体的损伤阈值，与其接触，就会对人体造成伤害。第二类伤害是由影响局部或全身性能量交换引起的，如因机械因素或化学因素引起的溺水、一氧化碳中毒等；因体温调节障碍引起的生理损害、局部组织损伤或坏死，如冻伤、冻死等。哈登认为，在一定条件下，某种形式的能量能否造成事故及伤害取决于人接触能量的大小、接触时间和频率以及能量的集中程度。根据能量意外释放理论，可以利用各种屏蔽来防止意外的能量转移，从而防止事故的发生。但是，由于意外转移的机械能是造成工业伤害的主要能量形式，因此按照能量转移观点对伤亡事故进行统计分类的方法尽管具有理论上的优势，但在实际应用上却存在困难，还需进一步对机械能的分类做更加深入细致的研究，以便对机械能造成的伤害进行分类。

④ 系统安全理论。20 世纪 50—60 年代，系统安全理论在美国研制洲际导弹的过程中应运而生。系统安全理论包括很多区别于传统安全理论的创新概念：在事故致因理论方面，改变了人们只注重操作人员的不安全行为，而忽略硬件故障的传统观念，开始考虑如何通过改善物的系统可靠性来提高复杂系统的安全性，从而避免事故的发生。系统安全理论提出，没有任何一种事物是绝对安全的，任何事物中都潜伏着危险因素。通常所说的安全或危险只不过是一种主观的判断。同时，系统安全理论还指出不可能根除一切危险源和危险，可以减少现有危险源的危险性。要减少总的危险性而不是只消除几种选定的危险。由于人的认知能力有限，有时不能完全认识危险源及其风险，即使认识了现有的危险源，随着生产技术的发展，新技术、新工艺、新材料和新能源的出现，又会产生新的危险源。安全工作的目标就是控制危险源，努力把事故发生概率降到最低，万一发生事故，把伤害和损失控制在较轻的程度。

事故发生有其自身的发展规律，只有掌握了事故发生的规律，才能保证生产系统处于安全状态，事故致因理论对事故原因的定性和定量分析，从理论上提供了一个科学的完整的依据。

（4）事故预防与控制的基本原则。

① 事故预防：是指通过采用技术和管理手段，使事故不发生。

② 事故控制：是指通过采用技术和管理手段，使事故发生后不造成严重后果或使后果严重性尽可能降低。

③ 安全技术对策：是指解决物的不安全状态。

④ 安全教育对策和安全管理对策：是指解决人的不安全行为。

⑤ 安全教育对策：是指使人知道哪里存在危险源，如何导致事故，事故的可能性和严重程度如何，面对可能的危险应该怎么做。

⑥ 安全管理措施：是指要求人们必须怎么做。

2. 安全评价方法

安全评价方法是采用系统工程原理和技术方法，定性和定量分析系统中固有的危险因素，得出系统发生危险的可能性及其后果严重性的评价，与评价标准进行比较，根据其结果判断是否需要改进系统运行方式和提出防范措施，抑制和消除危险性，技术上是否可行、经济上是否合理以及系统是否达到国家或行业制定的安全标准。

交通运输企业中常用安全评价方法有安全检查表评价法、作业条件危险性评价法、概率安全评价法和多指标安全综合评价法等。

3. 安全统计与分析

城市轨道交通安全调查统计主要是对城市轨道交通安全状况的统计研究活动，了解城市轨道交通的安全状况、查找隐患及预测发展态势、分析各种影响因素对运输安全的作用和相互关系、认识各种交通事故的本质和内在规律性。

城市轨道交通安全分析是从安全角度对城市轨道交通系统的危险因素进行分析，分析导致系统故障或者事故的各种因素及其相关关系，目前城市轨道交通行业广泛应用的安全分析方法主要有安全检查表、危险源分析、统计图表分析、因果分析图、事件树分析等。

4. 安全管理与操作规程

目前，我国城市轨道交通正处于蓬勃发展时期，安全管理和技术规程的标准都还不够完善，有待统一和改进。随着我国城市轨道交通逐步进入健康、有序、快速的发展阶段，我国许多特大城市如北京、上海、广州等都已先后进入到成熟的网络化、系统化运营阶段，城市轨道交通运营、建设及行业管理部门积极推出相关行业标准、技术标准、作业规程和规范化等，对城市轨道交通建设和运营有着重要的指导意义。

各城市轨道交通运营企业根据自身特点也制定了相关的企业安全技术标准和运营方案。有针对部门的运作体制，如《车站运作规则》《OCC应急处理程序》《车务安全应急处理程序》；有针对员工或岗位的工作规程和制度，如《行车调度手册》《员工安全行为守则》《客车司机手册》《职工伤亡事故处理规定》等；有针对具体业务的指导规程，如《运行图编制规则》《行车组织规则》《消防安全管理制度》《行车事故处理规则》等。

第四节　安全教育培训体系

完善的安全教育培训体系能够使安全教育更贴近和适应受教育者的接受能力，使其提高安全知识和安全意识。安全教育培训体系必须达到"五有"标准，即有完整的教育程序、有规范的安全教育培训教材、有适应于各层次人员的安全教育方法、有严密的安全教育考试标准、有显著的安全教育成果。通过安全教育将因人为而导致的事故比例大幅度下降，能够向实现本质安全、事故为零的目标更进一步。

一、对企业主要负责人的教育培训

1. 基本要求

按照国家相关规定，企业主要负责人必须进行安全生产培训，经培训单位考核合格并取得安全培训合格证后方可任职。所有企业主要负责人应进行安全生产再培训。

2. 安全生产教育培训的主要内容

（1）国家安全生产方针、政策和有关安全生产的法律法规及标准。
（2）安全生产管理基本知识、安全生产技术、安全生产专业知识。
（3）重大生产安全事故防范、重大危险源管理、应急管理和救援组织及事故调查处理的有关规定。
（4）职业危害及其预防措施。
（5）国内外的先进安全生产管理经验。
（6）典型生产安全事故和应急救援案例分析。
（7）其他需要培训的内容。

3. 安全生产再培训的主要内容

（1）有关安全生产的法律法规、规章、规程、标准和政策。
（2）安全生产的新技术和新知识。
（3）安全生产管理的经验。

4. 培训时间

在培训时间上，危险物品生产、经营、储存单位及矿山、烟花爆竹生产单位、建筑施工单位的主要负责人安全资格培训时间不得少于48学时，每年再培训时间不得少于16学时。其他单位主要负责人安全生产管理培训时间不得少于32学时，每年再培训时间不得少于12学时。

二、对安全生产管理人员的教育培训

1. 基本要求

建筑施工单位的安全生产管理人员任职前，必须经安全生产监督管理部门或法律法规规定的有关主管部门考核合格并取得安全资格证书。其他单位安全生产管理人员必须按照国家有关规定进行安全生产培训，经培训单位考核合格后并取得安全培训合格证后方可任职。所

有单位安全生产管理人员每年应进行安全生产再培训。

2. 安全生产教育培训的主要内容

（1）国家安全生产方针、政策和有关安全生产的法律法规及标准。

（2）安全生产管理、安全生产技术、职业卫生等知识。

（3）伤亡事故统计报告及职业危害的调查处理方法。

（4）应急管理、应急预案编制及应急处置的内容和要求。

（5）国内外的先进安全生产管理经验。

（6）典型生产安全事故和应急救援案例分析。

（7）其他需要培训的内容。

3. 安全生产再培训的主要内容

（1）有关安全生产的法律法规、规章、规程和政策。

（2）安全生产的新知识和新技术。

（3）安全生产管理的经验。

（4）典型生产安全事故案例。

4. 培训时间

见本节"一、对企业主要负责人的教育培训"。

三、对特种作业人员的教育培训

（1）对特种作业人员的培训、考核和取证的要求。特种作业人员在独立上岗作业前必须进行与本工种相适应的、专门的安全技术理论学习和实际操作训练并通过考核达到合格，取得特种作业人员操作证后方可上岗。特种作业人员操作证有效期为6年，在全国范围内有效。特种作业人员的培训实行全国统一培训大纲、统一考核标准、统一证件制度，《特种作业人员安全技术考核》由国家统一印刷，地、市级以上行政主管部门负责签发，全国通用。特种作业人员安全技术考核包括安全技术理论考试与实际操作技能考核两部分，以实际操作技能考核为主。

（2）特种作业人员重新考核和证件的复核要求。离开特种作业岗位达6个月以上的特种作业人员，应当重新进行实际操作技能考核，经确认合格后方可上岗作业。相关部门每3年对已经取得特种作业人员操作证的特种作业人员进行一次复审。连续从事本工种10年以上的，经原考核发证机关或者从业所在地考核发证机关同意，特种作业操作证可延长至每6年复审1次。复审的内容包括违章记录检查、健康检查、安全新知识管理教育、本工种安全知识考试。未按期复审或复审不合格的特种作业人员，其特种作业人员操作证自行失效。

四、对企业其他从业人员的教育培训

生产经营企业其他从业人员是指除了主要负责人和安全生产管理人员之外，该单位从事生产经营活动的所有人员，包括其他负责人、管理人员、技术人员和各岗位的工人，以及临时聘用的人员。

1. 对新从业人员

对新从业人员应进行企业级、车站（厂）级、班组级三级安全教育。

（1）企业级的培训的内容是：本企业安全生产情况以及安全生产基本知识；企业安全生产规章制度和劳动纪律；从业人员的安全生产权利和义务以及有关的事故案例。

（2）车站（厂）级的安全生产教育培训的主要内容是：本车站安全生产状况和规章制度；工作环境及危险因素；所从事工种可能遭受的职业伤害和伤害事故，所从事工种的安全设备设施、工人防护用品的使用和维护；预防事故和职业危害的措施以及应注意的安全事项；有关事故案例以及其他需要培训的内容。

（3）班组级的安全生产教育培训主要内容是：岗位安全操作规程；岗位之间的工作衔接配合的安全与职业卫生事项；有关事故案例，以及其他需要培训的内容。

对于新从业人员安全生产教育培训的时间不得少于 24 学时，每年接受再培训的时间不得少于 20 学时。

2. 对调整工作岗位或离岗以后重新上岗的从业人员

对于调整工作岗位或者离岗以后重新上岗的从业人员也需要进行培训。

从业人员调整岗位或离岗一年以上重新上岗时，应该进行相应的车站（厂）级和班组级安全生产教育培训。脱离原岗位半年以上重新上岗时，须重新接受班组级安全教育培训。

企业实施新工艺、新技术或使用新设备、新材料时，应对从业人员进行有针对性的安全生产教育培训。

3. 经常性的安全生产教育培训

企业要确立终身教育的观念和全员培训的目标，对在岗的从业人员应进行经常性的安全生产教育培训。其主要包括：安全生产新知识、新技术，安全生产法律法规，作业场所和工作岗位存在的危险因素、防范措施以及有关的事故案例，等等。

五、安全生产教育的形式和方法

安全生产教育的形式主要有三级安全教育、特种作业人员安全教育训练、经常性安全教育等。经常性安全教育形式又分为班前班后会、各类安全生产业务培训班、安全活动日、安全生产月、安全生产会议、事故现场分析会、张贴安全生产招贴画、宣传标语及标志、开展安全竞赛、安全考试、安全演讲等。

安全生产教育的方法有实操演练法、案例研讨法、课堂讲授法、读书指导法、宣传娱乐法等。

第五节　安全生产责任制

安全生产责任制，就是根据我国安全生产法规，按照"安全第一，预防为主，综合治理"的安全生产方针建立的各级领导、职能部门、工程技术人员、岗位操作人员在劳动生产过程中对安全生产层层负责的制度。

一、安全生产责任制的要求

必须做到"逐级分工、分工负责、系统负责、岗位负责"。各级干部、各个部门、各个岗位在安全管理中务必要明确责任,形成责权分明、运作有序、互相支持、互相保证的安全责任体系,从而把生产过程的每一个岗位和环节的安全责任都落实到位,形成一级抓一级、一级保证一级的安全生产责任制。

(1) 严格按照国家关于安全生产的法律法规和方针、政策,制订详尽周密的安全生产计划,层层落实全员安全生产责任制。

(2) 认真研究安全生产重大问题,加强事故预防工作,定期向职工代表报告安全生产工作情况,接受群众监督。

(3) 设置安全生产管理机构,配备安全生产管理人员,保持安全生产管理队伍的相对稳定。

(4) 新建、改建、扩建、技术改造和引进的工程项目,要实行"同时设计,同时施工,同时投入",即"三同时",必须符合劳动安全卫生规程、规范和标准的要求。

(5) 对特种设备和危险性大的工作场所进行定期检查,委托有资格的检验检测机构进行检验,接受安全生产监察部门的检查。

(6) 及时报告重大事故隐患,加强对重大事故隐患和危险源的整改和监控工作,制订重大事故隐患治理方案、应急计划和监控措施,尽快消除重大事故隐患。

(7) 生产设施、设备必须符合国家劳动安全卫生的有关要求,引进国外设备、工艺及原材料,要有配套与保障技术,确保安全生产,防止职业危害。

(8) 定期对职工进行安全生产教育,使他们树立安全生产意识,掌握安全生产技能。特种作业人员接受培训和考核,做到持证上岗。

(9) 按规定使用劳动保护用品,加强生产过程的个体安全防护,加强安全生产检查,减少伤亡事故和职业病的发生。

二、城市轨道交通运营企业安全生产组织

城市轨道交通运营企业的安全管理体系由三个层次组成,分别是决策层、管理层、执行层。决策层由企业内部负责人横向联合成立安全生产委员会(公司领导班子成员担任委员会主任和副主任,各部门、中心主要负责人为成员);管理层由公司安全部门和各职能部门分管安全的领导及专兼职安全员组成;执行层由各中心、班组(车站)分管安全的领导及兼职安全员组成。

城市轨道交通运营企业设立安全生产管理委员会,依照国家法律法规和企业规章制度,对安全生产工作实施监督管理。各部(室)、中心负责职责范围内的安全管理工作,建立、健全安全生产责任制度,完善安全生产条件,确保生产安全。

安全生产管理委员会设立办公室作为日常办事机构,具体工作地点设置在公司安全部门,负责企业安全生产的日常管理工作,对各部门及基层单位的安全生产负有检查、监督、指导、协调、服务等管理职能。

各部门、中心、车站、班组必须配备一名专(兼)职安全管理人员,协助领导负责本部门的日常安全生产管理工作。

企业工会必须设置专人，分管安全生产和劳动保护工作。

三、城市轨道交通运营企业安全生产职责

1. 企业安全生产委员会的安全生产职责

（1）贯彻执行安全生产和劳动保护的法律法规、方针、政策。

（2）贯彻执行上级有关安全生产和劳动保护工作的决定和部署。

（3）定期开会研究企业安全生产和劳动保护工作，制订计划并组织实施。

（4）组织、领导、协调各部门落实安全防范的各项措施，落实安全生产责任制。

（5）组织安全生产大检查，落实事故隐患的整改措施。

（6）研究解决企业安全生产的重大问题，并做出贯彻落实的决定。

（7）组织生产安全事故的调查分析，按"四不放过"的原则，制订整改措施，严肃认真处理。

（8）调查研究，总结经验，树立典型，表彰先进。

2. 企业负责人的安全生产职责

（1）负责组织建立健全本单位的安全生产责任制。

（2）负责组织制订本单位的安全生产规章制度和操作规程。

（3）负责组织本单位安全生产所需资金的有效投入。

（4）负责监督、检查本单位的安全生产工作，及时消除生产安全事故隐患。发生重大生产安全事故时，应立即组织抢救。

（5）负责组织制订并实施本单位的生产安全事故应急救援预案。

（6）及时、如实报告生产安全事故。

3. 安全职能部门的安全生产职责

（1）认真贯彻执行国家和各级政府有关安全生产的方针政策、法律法规、标准规程，在企业总经理的领导下，组织和推进企业的安全生产和劳动保护工作。

（2）建立健全企业的安全生产管理网络，做好安全基础管理工作。定期召开会议，分析研究安全生产和劳动保护工作，指导、帮助基层单位开展工作。

（3）制订和完善安全生产责任制，搞好监督检查，负责安全评比表彰工作。组织开展安全竞赛活动，推广安全管理的先进经验和安全技术。

（4）组织制订或修订安全管理制度，安全技术规程，制订预防伤亡事故和职业病的措施。

（5）督促有关部门做好安全装备及设施的使用、维修和保养工作。

（6）做好职工（含外聘职工）的安全教育和安全培训工作，组织开展各种安全宣传活动，与人力资源部配合，督促和协助有关部门做好特种作业人员的安全技术培训和考核，做到持证上岗。

（7）参加新建、改建、扩建和技术改造工程项目的"三同时"立项、可行性研究、初步设计审查，试车投产检查及竣工验收工作。

（8）根据国家规定，按照事故处理权限，组织或参与职工伤亡事故的调查处理，负责各类事故的汇总、统计及上报，建立健全事故档案，监督检查防止事故发生的措施的落实

工作。

（9）督促检查有关部门及时做好特种设备（包括厂内机动车辆、起重机械、压力容器、锅炉、电梯、避雷设施等）的安全管理及检测检验工作。

（10）组织现场安全检查，督促解决安全生产中的问题和隐患，及时纠正违章指挥、违章作业和违反劳动纪律的行为。遇到有危及安全生产的紧急情况有权责令其停止作业，立即报告有关领导并做出处理。

（11）督促有关部门合理组织生产，执行国家规定的工时制，做好劳逸结合工作。

4. 部门负责人安全生产职责

（1）贯彻执行《中华人民共和国安全生产法》和有关安全生产法规、标准、规程及本制度。

（2）组织制订本部门安全生产管理制度及操作规程。在编制生产（工作）计划时，要同时编制安全技术措施计划，从人员、技术、物资、资金等方面，确保其按期实施。

（3）实施安全生产责任制。

（4）针对本部门安全生产特点，对职工进行安全生产宣传教育，提高职工的安全生产意识。

（5）定期开会研究本部门安全生产工作，及时解决安全生产中发现的问题和隐患。

（6）组织本部门安全生产检查，落实隐患整改措施。

（7）及时、如实报告本部门发生的生产安全事故。

（8）建立健全安全生产台账档案，按规定要求填报安全生产报表。

5. 工会安全生产职责

（1）对企业违反安全生产法律法规、不提供安全生产条件的，工会应当代表职工与企业交涉，要求企业采取措施予以改正。

（2）工会依照国家规定对新建、改建、扩建和技术改造工程中的安全设施与主体工程同时设计、同时施工、同时投入使用进行监督和验收。

（3）对企业发生违章指挥、强令职工冒险作业，或者生产过程中发现重大事故隐患时，工会有权提出解决问题的建议。

（4）发现危及职工生命安全的情况时，工会有权向企业建议组织职工撤离危险现场，企业必须及时做出处理决定。

（5）参加涉及职工因工伤亡事故和其他严重危害职工健康问题的调查处理。

（6）工会对企业侵犯职工安全生产合法权益的问题进行调查，协调劳动关系，维护职工安全生产和劳动保护的合法权益。通过职代会和其他形式，组织职工参加安全生产的民主管理和民主监督，听取和反映职工的意见和建议，帮助解决存在的具体问题。

6. 站长（值班站长）安全生产职责

（1）认真贯彻执行国家有关安全生产的法规和企业安全规章制度。

（2）定期召开车站安全生产会议，研究、布置和检查车站的安全生产工作。

（3）落实各岗位安全生产责任制，经常对车站职工进行安全教育。

（4）运用广播电视、宣传栏、黑板报、警示、标语等形式，向乘客宣传文明、安全乘车的知识和规定。

（5）针对节假日、重大活动车站出现大客流时，要采取有效措施控制客流、疏导乘客、保持畅通、确保安全。

（6）生产事故隐患及时整改，如一时不能解决，应及时上报。

（7）发生事故，要及时上报，并组织人员维持现场秩序，疏散乘客，抢救受伤人员。

（8）建立健全安全生产台账档案，按规定要求填写安全生产报表。

（9）定期向站务中心领导和有关职能部门汇报安全生产情况。

7. 班组长安全生产职责

（1）负责班组安全生产管理工作，组织开展安全生产竞赛，总结、交流安全生产经验。

（2）认真贯彻执行各项安全管理制度和操作规程，编制实施安全技术措施计划，不断改善劳动条件。

（3）班前班后做好每日的安全预想和总结，班组每周开展一次安全生产检查，落实生产事故隐患整改措施，使设备和各种安全装置始终处于良好的运行状态。

（4）定期开展安全教育活动，增强员工的安全意识。

（5）发生事故，要立即抢救受伤人员，并及时报告上级。

（6）做好班组的安全生产台账记录。

8. 专（兼）职安全人员安全生产职责

（1）宣传贯彻执行有关安全生产的法规和企业各项规章制度，协助部门领导开展安全管理工作。

（2）参与制订本部门安全生产制度和安全操作规程，检查落实安全生产责任制。

（3）对职工进行安全教育，增强职工的安全意识。

（4）开展安全生产检查，制止违章，落实生产事故隐患整改措施。

（5）组织特殊工种进行培训、复审、考核工作。

（6）负责特种设备的安全管理工作。

（7）做好安全生产台账的登记工作。

（8）参与生产安全事故的调查工作。

（9）组织安全生产工作的考评。

9. 职工安全生产职责

（1）严格执行企业安全生产规章制度，遵守劳动纪律，服从管理，正确佩戴和使用劳动防护用品，在不违章作业的同时，劝阻和制止他人违章作业。

（2）根据安全技术规程和工艺要求精心操作，各种生产记录要准确、清楚、及时、完整可靠，正确分析、判断和处理事故。按时巡回检查，发现异常及时处理。

（3）接受安全生产教育和培训，掌握本职工作所需要的安全生产知识，提高安全生产技能，增强事故预防和应急处理能力。

（4）发现事故隐患或者其他不安全因素时，应立即向现场安全人员或者本单位负责人报告。

（5）发现直接危及人身安全的紧急情况，可以停止作业或者在采取可能的应急措施后撤离作业场所。

（6）加强设备维护，经常保持作业场所整洁，搞好文明生产，妥善保管和正确使用各种保护和操作工具。

（7）了解本岗位及作业场所的危险因素，防范措施及事故应急措施，对本单位的安全生产工作提出建议。

（8）对本单位安全生产工作中存在的问题，可以提出批评、检举、控告，有权拒绝违章程序和强令冒险作业。

思考题

1. 我国城市轨道交通安全法律法规主要存在哪些问题？
2. 举例说明城市轨道有哪些主要安全硬技术保障技术。
3. 举例说明城市轨道主要的安全软技术保障体系。
4. 什么叫"三级教育"？"三级教育"主要培训哪些内容？

第三章
城市轨道交通事故的处理

案例阅读

拥有亚洲最长城市地铁线路的国家是日本。日本地震灾难的频发性，促使该国将地铁作为受地震灾难影响最小的交通体系在国家交通体系中具有较高的地位。东京地铁建成通车以后，还曾被用作战争时期的民用避难场所和军用物资运送工具。日本地铁每年输送乘客46.93亿人次，相当于每个日本人平均每年乘坐地铁47次。日本主营地铁线路输送乘客24亿人次，仅次于莫斯科地铁，居世界第二位。日本自然灾害频发，因此日本人未雨绸缪的安全意识很强，在地铁安全方面采取了多项措施，其重点放在及时更新地铁设施设备、注重提高地铁科技含量与合理加强地铁应急措施3个方面。

在地铁应急措施方面，日本确定了消防应急的基本思路，即在加强地铁消防措施的同时，综合考虑发生火灾时如何确保乘客安全地回到地面。对于火灾发生的条件，不仅考虑了有人利用地下机器发出的火花或打火机放火等情形，还考虑了使用汽油在列车内和车站商店等位置放火引起火灾的情形。虽然目前日本地铁使用的列车符合现行的标准，具有一定的防火能力，但作为进一步的安全考虑，为了防止在应对发生易燃火源火灾时火势在列车内蔓延，将禁止在列车天花板上使用对易燃火源火灾防火能力差的材料以及燃烧时熔化飞溅的材料。在有关列车材料燃试验的规定中，除去追加了测定材料是否熔化飞溅这一项外，还增加了测定其在易燃火源火灾时防火能力的试验。另外，为防止火灾时浓烟向相邻车厢扩散，还要求在车厢连接处安装平时处于封闭状态的贯通门。作为地铁车站和地下道的火灾应对措施，现行规定要求必须设置两条以上安全通道；同时，在应对易燃火源火灾时，在确保乘客安全避难的条件下，为使消防工作顺利进行，个别车站必须装备确保乘客安全避难时间的排烟设备。测定有关排烟设备的排烟能力的现行标准是依据具有代表性的地铁车站为基准测定的。

基于个别车站结构复杂与深度不同，新标准中增添了面向个别车站的排烟设备排烟能力测定方法。另外，在排烟能力的测定方法中，还增添了在易燃火源火灾情况下的测定方法。在确保旅客安全避难的同时，为方便消防救援活动的进行，要求在建设月台和车站大厅时，设置能阻断从燃烧处产生的浓烟和火焰的防火门。为确保乘客的逃生路线，不在安全死角处设立商店，如果设立了商店，则必须设置火灾自动报警装置；如果是24小时营业型的商店则还要配备灭火装置。为了保证能顺利展开有组织的消防救助，还要配备无线通信辅助设备以保证消防队员和地面的通信。另外，根据地铁车站的规模，还要求配备消防器械的紧急电源插座。在有关引导乘客避难的应对措施方面，为能更为切实地进行乘客安全避难引导，要求采取印制完备的指导手册以及张贴路标等措施。指导手册中详细规定了火灾发生时驾驶方面的注意事项，比如在行驶过程中发生火灾时要继续将列车开到下一车站等；同时针对车站构造以及工作人员等情况编制了面向个别车站的指导手册，规定了乘客避难引导方法及火灾发生时负责人应该采取的措施；还统一了消防器械、紧急报警装置等标志在宣传画里的使用标准；在标明车站以及车辆内部的避难路线和消防器械配置图的同时，还要求平时在车站内和列车上广播有关内容以提高乘客的安全意识，在与消防部门的合作方面，要求将车站结构、各类防火设备位置等与消防有关的信息提交给消防部门，并定期与消防部门联合举行演习训练。

第一节 事故分类和构成条件

为了落实《中华人民共和国安全生产法》，贯彻"安全第一，预防为主，综合治理"的安全生产方针，落实生产安全事故责任追究制度，必须及时正确处理各类城市轨道交通运营事故，以维护城市轨道交通正常运营秩序，全面提高城市轨道交通运营安全管理水平。

一、基本概念

事故是指生产经营活动中发生的造成人身伤亡或者直接经济损失的事件。

城市轨道交通运营安全事故，广义上指的是城市轨道交通运营过程中产生的一切与城市轨道交通运营安全相关的事件；狭义上指的是城市轨道交通运营所造成的事故，即在运营生产过程中，凡因违反规章制度，违反劳动纪律，技术设备不良及其他原因造成人员伤亡、设备损坏、经济损失、影响正常运营生产或危及运营生产安全的事故均构成运营事故。

列车运行事故，一般是指城市轨道交通列车在运送乘客的过程中对行车人员、行车设备以及乘客产生作用和影响的事故。

城市轨道交通运输所提供的产品是乘客的位移，列车运行作为实现乘客位移的必要手段，是城市轨道交通运营系统的主要工作，也是最容易产生不安全因素的工作环节。实践表明，城市轨道交通运营过程中大部分的不安全现象都出现在列车运行过程中。因此，从某种程度上讲，保证城市轨道交通运营安全的关键就是要保证列车运行的安全。

二、事故分类和构成条件

从国家生产安全事故分类的大角度看，根据中华人民共和国国务院第493号令《生产安全事故报告和调查处理条例》，结合中华人民共和国国务院第501号令《铁路交通事故应急救援和调查处理条例》和各地方对城市轨道交通突发事件的分类，按照事故损失及对运营生产造成的影响和危害程度，事故可分为特别重大事故、重大事故、较大事故、一般事故、险性事故、一般事件和事件苗头等7类。

1. 特别重大事故

在运营生产中，出现下列情形之一的为特别重大事故。

（1）造成30人以上死亡（含失踪），或者100人以上重伤。

(2) 造成 1 亿元以上直接经济损失。

(3) 造成轨道交通运营中断 48 小时以上。

2. 重大事故

在运营生产中，出现下列情形之一的为重大事故。

(1) 造成 10 人以上 30 人以下死亡（含失踪），或者 50 人以上 100 人以下重伤。

(2) 造成 5 000 万元以上 1 亿元以下直接经济损失。

(3) 造成轨道交通运营中断 24 小时以上 48 小时以下。

3. 较大事故

在运营生产中，出现下列情形之一的为较大事故。

(1) 造成 3 人以上 10 人以下死亡（含失踪），或者 10 人以上 50 人以下重伤。

(2) 造成 1 000 万元以上 5 000 万元以下直接经济损失。

(3) 造成轨道交通运营中断 12 小时以上 24 小时以下。

4. 一般事故

在运营生产中，出现下列情形之一的为一般事故。

(1) 造成 1 人以上 3 人以下死亡（含失踪），或者 3 人以上 10 人以下重伤。

(2) 造成 100 万元以上 1 000 万元以下直接经济损失。

(3) 造成轨道交通运营中断 6 小时以上 12 小时以下。

5. 险性事故

在运营生产中，凡事故性质严重，但未造成损害后果或损害后果不够一般事故及其以上事故且符合下列条件之一的为险性事故。

(1) 运营线列车冲突。

(2) 运营线列车脱轨。

(3) 运营线列车分离。

(4) 列车冒进禁行信号。

(5) 列车反方向运行、未经引导自行进站。

(6) 未经允许列车载客进入非运营线。

(7) 列车擅自退行。

(8) 列车、车辆溜走。

(9) 列车运行中擅自切除车载安全防护装置。

(10) 列车错开车门。

(11) 列车未关闭车门行车。

(12) 列车运行中开启车门。

(13) 列车夹人行车。

(14) 列车运行中，齿轮箱吊挂装置、关节轴承销轴、空压机、牵引电机等重要部件脱落。

(15) 擅自向未具备封锁条件的区间接发列车或擅自向封锁区间接发列车。

(16) 电话闭塞出站，信号故障时无凭证发车。

（17）未办或错办闭塞接发列车。
（18）行车或电力指挥通信联络系统中断。
（19）供电系统操作中发生错送电、漏停电。
（20）信号升级显示。
（21）运营中车站照明全部熄灭。
（22）给水干管位移侵限、爆裂跑水。
（23）排水不畅，积水漫过道床。
（24）地铁排雨泵站设备故障，雨水不能排出，中断列车运行。
（25）运营中走行轨由轨头到轨底贯通断裂。
（26）运营线路几何尺寸超限。
（27）轨道线路发生胀轨跑道影响运营。
（28）擅自触动、移动站台电视监视车门设备，影响正常使用。
（29）未按规定撤除接地保护装置。
（30）漏检、漏修或维修不到位发生重大安全隐患，危及运营安全。
（31）其他（性质严重的运营故障、安全隐患，经公司运营安全委员会认定，列入本项）。

6. 一般事件

在运营生产中，造成下列后果之一，但损害后果不够险性事故及其以上事故条件时为一般事件。

（1）非运营线列车冲突。
（2）非运营线列车脱轨。
（3）非运营线列车分离。
（4）调车冒进信号。
（5）应停列车全列越过显示绿色灯光的出站信号机。
（6）应停列车在站通过。
（7）列车擅自在不具备条件的车站停车开启客室车门。
（8）地铁列车、轨道车作业时工作人员漏乘。
（9）列车车辆未撤除防溜铁鞋或止轮器开车。
（10）列车客室内或车站的设施、设备、器材松动脱落等异常情况，造成乘客受伤。
（11）运营线列车空气系统（空压机、风缸）安全装置失去作用，造成破损爆裂。
（12）车辆或车辆载物超出车辆轮廓限界。
（13）中断运营正线行车满20分钟。
（14）直接经济损失在1万元及以上。
（15）出站信号在中心和车站同时失控或紧急关闭信号失控。
（16）运营车站正常照明全部熄灭或侧式站台一侧正常照明全部熄灭。
（17）各类设施、设备、器材、物资等侵入车辆接近限界。
（18）线路检查维修不当，造成列车临时限速运行。
（19）无特殊工种操作证操作特种设备、车辆。

（20）漏报、误报重大安全隐患，危及运营安全。

（21）其他（经单位运营安全委员会认定的安全隐患及问题，列入本项）。

7. 事件苗头

在运营生产中，发生或存在安全隐患，但其性质损害后果不够事故条件且符合下列条件之一时为事件苗头。

（1）列车救援。

（2）在站应停列车部分冒进进行信号机。

（3）通过列车在站停车进行乘降作业。

（4）列车夹物走车。

（5）运行中列车超过规定的限制速度运行。

（6）列车在终点站未经允许进行带人折返作业。

（7）因对车辆故障隐患未查出、未彻底治理，造成盲目出库上线运行，影响运营。

（8）电动客车乘客报警装置作用不良。

（9）列车驾驶员与车长通话和指令装置同时失去作用。

（10）车长和副驾驶员在列车关门后起动时，未进行站车瞭望。

（11）执乘中未按规定要求执行呼唤制度。

（12）列车信号、通信设备故障，未及时报修。

（13）车辆、设备人为责任破损，经济损失2 000元以上。

（14）列车内行车备品不齐全。

（15）错发、错收、错传或漏发、漏收、漏传行车命令。

（16）因错办、漏办进路造成列车变更交路。

（17）擅自变更行车作业计划。

（18）调度电话或电台无录音或录音丢失。

（19）行车计算机系统监测功能无记录或记录丢失。

（20）私自听取或打印行车记录资料。

（21）漏开有关运营的技术设备。

（22）各类机柜门、检查孔盖未按规定锁闭或设施固定不牢。

（23）站台电视监控车门设备故障超过30分钟。

（24）站台、车辆、设施、设备、机房、班组或隧道内、车站内的站厅、站台、办公用房等处所（含非运营区域）发生初期起火冒烟的险情。

（25）设施、设备发生异常脱落，影响运营。

（26）施工、检修、清扫设备影响运营。

（27）电器、设备接线不符合安全规定。

（28）手摇道岔超过30分钟。

（29）轨道线路发生非正常临时更换钢轨。

（30）供电系统操作中发生漏送电、错停电。

（31）供电系统发生非正常单边供电。

（32）车站或区间的主通风设备发生运行故障，造成功能失效。

（33）车站出入通道的台阶或地面破损，影响乘客安全通行。

（34）车站大门破损，致使其失去防护作用。

（35）非吸烟区域吸烟。

（36）未按规定穿戴劳动防护用品。

（37）站厅、车厢乘客须知及安全标志不齐全。

（38）作业现场安全标志不齐全或不规范。

（39）未经审批许可擅自进行施工作业。

（40）进入地铁施工未登记或作业完毕未注销。

（41）在地铁线路上施工未认真落实安全措施，现场无甲方安全负责人。

（42）应撤除的设施、设备、装置、器材、材料、物品、备品、标志等未及时撤除。

（43）应急抢险救援预案不健全或不落实。

（44）应急抢险救援器材、备品、工具不完善，状态不良或不能正确使用。

（45）应急抢险救援演练不落实。

（46）消防设施、设备、器材、工具、备品未配置或状态不良。

（47）经检查发现的隐患问题未能按规定及时进行整治或整治不符合要求。

（48）对安全隐患未落实监控措施或责任人。

（49）单位安全隐患统计、分析、记录系统不健全。

（50）安全重点（要害）部位、处所、设备未落实相关制度，没有检查记录；没有故障记录；没有维修记录；没有交接记录。

（51）违反劳动纪律、规章制度、管理规定，发生严重违章、违纪、违制、失职、脱岗、当班饮酒、在岗位上打牌等。

（52）安全运营生产责任制或安全管理制度、档案、台账不健全或不完善。

（53）安全运营生产规章制度或安全操作规程未制定或制定不完善、不落实。

（54）其他（经单位运营安全委员会认定的其他安全问题和隐患，列入本项）。

需要说明的是，由于目前我国城市轨道交通行业还没有制定统一规范和标准，各城市在发展城市轨道交通时选用的设备、管理模式也各有不同，所以在城市轨道交通运营事故分类上，每个城市都有所不同，特别是对险性事故、一般事件、事件苗头的定性和分类有所不同，这就要求各单位在实际应用中要根据具体情况加以区别。

另外，从城市轨道交通行业特点和运营特性的角度看，根据城市轨道交通运营组织过程、运营特性和城市轨道交通运营客运服务危险、有害因素，结合国内外城市轨道交通运营多发事故案例实际情况，城市轨道交通安全运营事故也可分为设备设施类事故、行车类事故、自然灾害类事故、客运类事故和其他人为性事故等5大类。

第二节　事故调查处理

城市轨道交通发生运营事故时，要严格按"先通后复"的原则，快报告、快处理、快开通，积极采取措施，尽快抢救伤员，尽快恢复运营，尽量减少损失。在进行抢险救援的同时，事故调查处理相关工作也必须尽快启动。

一、事故报告

1. 事故（事件）汇报的原则

（1）迅速、准确、真实的原则。

（2）逐级报告的原则。

（3）内部、上级领导及协作单位并举的原则。

（4）行车控制中心是城市轨道交通运营单位的信息收发中心和通信联络中心，负责信息的收集、整理、分析和处理。

2. 重要应急信息报告时间要求

特别重大事故、重大事故、较大事故、一般事故以及重大治安情况、火灾事故等重要应急信息，事故现场有关人员应当立即向本单位负责人及相关安全管理部门报告，轨道交通运营单位应当于1小时内向事故发生地人民政府安全生产监督管理部门和负有安全生产监督管理职责的有关部门报告。

安全生产监督管理部门和负有安全生产监督管理职责的有关部门接到事故报告后应当依照下列规定上报事故情况，并通知公安机关、劳动保障行政部门、工会和人民检察院。

（1）特别重大事故、重大事故逐级上报至国务院安全生产监督管理部门和负有安全生产监督管理职责的有关部门。

（2）较大事故逐级上报至省、自治区、直辖市人民政府安全生产监督管理部门和负有安全生产监督管理职责的有关部门。

（3）一般事故上报至设区的市级人民政府安全生产监督管理部门和负有安全生产监督管理职责的有关部门。

安全生产监督管理部门和负有安全生产监督管理职责的有关部门依照前款规定上报事故情况，应当同时报告本级人民政府。国务院安全生产监督管理部门和负有安全生产监督管理职责的有关部门以及省级人民政府接到发生特别重大事故、重大事故的报告后，应当立即报告国务院。必要时，安全生产监督管理部门和负有安全生产监督管理职责的有关部门可以越级上报事故情况。

安全生产监督管理部门和负有安全生产监督管理职责的有关部门逐级上报事故情况，每级上报的时间不得超过2小时。

3. 事故报告的内容

（1）事故发生单位概况。

（2）事故发生的时间、地点以及事故现场情况。

（3）事故的简要经过。

（4）事故已经造成或者可能造成的伤亡人数（包括下落不明的人数）和初步估计的直接经济损失。

（5）已经采取的措施。

（6）其他应当报告的情况。

自事故发生之日起30日内，事故造成的伤亡人数发生变化的，应当及时补报。道路交通事故、火灾事故自发生之日起7日内，事故造成的伤亡人数发生变化的，应当及时补报。

二、事故的应急救援及现场保护

事故发生单位负责人接到事故报告后，应当立即启动事故相应的应急预案，或者采取有效措施，组织抢救，防止事故扩大，减少人员伤亡和财产损失。事故发生地有关地方人民政府、安全生产监督管理部门和负有安全生产监督管理职责的有关部门接到事故报告后，其负责人应当立即赶赴事故现场，组织事故救援。

事故发生后，有关单位和人员应当妥善保护事故现场以及相关证据，任何单位和个人不得破坏事故现场、毁灭相关证据。因抢救人员、防止事故扩大以及疏通交通等，需要移动事故现场物件的，应当做出标志，绘制现场简图并进行书面记录，妥善保存现场重要痕迹、物证。城市轨道交通运营企业安全管理机构应立即组织调查小组，重点做好以下工作。

（1）保护、勘察现场，详细检查车辆、线路及其他设备，做好调查记录。绘制现场示意图、摄影录像，如技术设备破损故障时，应保存其实物。

（2）若事发地点的线路破坏严重，无法检查线路质量，则应对地点前后不少于 50m 的线路进行测量，以作为衡量事故（事件）地点线路质量的参考依据。

（3）对事故（事件）关系人员分别调查，由本人写出书面材料。

（4）检查有关技术文件的编制、填写情况，必要时将抄件附在调查记录内。

（5）提高警惕，注意是否有人为破坏的迹象。

（6）必要时召开调查会。

（7）根据调查结果，初步判定原因及责任，及时向上级部门汇报。

三、事故调查

处理事故（事件）要以事实为依据，以规章为准绳，按照"四不放过"原则（事故原因没有查清不放过，事故责任者没有严肃处理不放过，防范措施没有落实不放过，广大职工没有受到教育不放过）处理事故，认真调查分析，查明原因，分清责任，吸取教训，制订对策，防止同类事故（事件）再次发生。

1. 事故调查的组织

特别重大事故由国务院或者国务院授权有关部门组织事故调查组进行调查。

重大事故、较大事故、一般事故分别由事故发生地省级人民政府、设区的市级人民政府、县级人民政府负责调查，也可以授权或者委托有关部门组织事故调查组进行调查。

未造成人员伤亡的一般事故，县级人民政府也可以委托事故发生单位组织事故调查组进行调查。

发生一般事故及以上事故的，可由城市轨道交通运营企业安全管理机构负责组织调查处理；若由上级部门组织调查处理的，由城市轨道交通运营企业安全管理机构负责组织相关配合工作。

险性事件由城市轨道交通运营企业安全管理部门负责组织调查处理；若上级部门组织调查处理的，由安全管理部门负责组织相关配合工作；若事件只涉及一个部门时，安全管理部门可以授权事件发生部门调查处理，安全管理部门负责监督。

一般事件、事件苗头由事故（事件）发生部门负责调查处理，并将处理情况报城市轨道交通运营企业安全管理部门备案。

2. 事故调查组的组成

事故调查组的组成应当遵循精简、效能的原则。根据事故的具体情况，事故调查组由有关人民政府、安全生产监督管理部门、负有安全生产监督管理职责的有关部门、监察机关、公安机关以及工会派人组成，并应当邀请人民检察院派人参加。

事故调查组可以聘请有关专家参与调查。事故调查组成员应当具有事故调查所需要的知识和专长，并与所调查的事故没有直接利害关系。

事故调查组组长由负责事故调查的人民政府指定。事故调查组组长主持事故调查组的工作。

3. 事故调查组的职责

（1）查明事故发生的经过、原因、人员伤亡情况及直接经济损失。
（2）认定事故的性质和事故责任。
（3）提出对事故责任者的处理建议。
（4）总结事故教训，提出防范和整改措施。
（5）提交事故调查报告。

四、事故调查报告

事故调查组应当自事故发生之日起 60 日内提交事故调查报告。特殊情况下，经负责事故调查的人民政府批准，提交事故调查报告的期限可以适当延长，但延长的期限最长不超过 60 日。

事故调查报告应当包括下列内容。
（1）事故发生单位概况。
（2）事故发生经过和事故救援情况。
（3）事故造成的人员伤亡和直接经济损失。
（4）事故发生的原因和事故性质。
（5）事故责任的认定以及对事故责任者的处理建议。
（6）事故防范和整改措施。

事故调查报告应当附具有关证据材料。事故调查组成员应当在事故调查报告上签名。事故调查报告根据负责事故调查的人民政府后，事故调查工作即告结束。事故调查的有关证据应当归档保存。

五、事故处理

对事故责任者，应根据事故性质和情节，予以批评教育、经济处罚、行政处分直到追究法律责任，事故性质、情节严重的，要按有关规定逐级追究领导责任。重大事故、较大事故、一般事故，负责事故调查的人民政府应当自收到事故调查报告之日起 15 日内做出批复；特别重大事故，30 日内做出批复；特殊情况下，批复时间可以适当延长，但延长的时间最长不超过 30 日。

有关机关应当按照人民政府的批复，依照法律、行政法规规定的权限和程序，对事故发生单位和有关人员进行行政处罚,对负有事故责任的国家工作人员进行处分。

事故发生单位应当按照负责事故调查的人民政府的批复,对本单位负有事故责任的人员进行处理。负有事故责任的人员涉嫌犯罪的,依法追究刑事责任。事故发生单位应当认真吸取事故教训,落实防范和整改措施,防止事故再次发生。防范和整改措施的落实情况应当接受工会和职工的监督。安全生产监督管理部门和负有安全生产监督管理职责的有关部门应当对事故发生单位落实防范和整改措施的情况进行监督检查。

事故处理的情况由负责事故调查的人民政府或者其授权的有关部门、机构向社会公布(依法应当保密的除外)。

第三节 城市轨道交通应急救援体系

应急预案又称应急计划,是针对突发事件或灾害,为保证迅速、有效地开展应急救援行动而预先制订的有关计划或方案。它是在辨识和评估潜在的重大危险、事件类型、发生的可能性及发生过程、事件后果及影响程度的基础上,为应急机构、人员、技术、装备、设施(备)、行动方案以及救援行动的指挥与协调等方面预先做出的具体安排,它明确了在突发事件发生前、发生过程中以及刚结束之后,谁负责做什么、何时做以及相应的策略和资源准备等,是应急救援准备工作的核心内容。

一、应急预案编制的依据和内容

1. 应急预案的编制依据

《中华人民共和国安全生产法》《生产安全事故报告和调查处理条例》《国务院关于特大安全事故行政责任追究的规定》《城市轨道交通运营管理规定》《国家处置城市地铁事故灾难应急预案》《国家突发公共事件总体应急预案》《突发公共卫生事件应急条例》及有关法律法规是编制应急预案的主要依据。

2. 应急预案的内容

(1) 应急预案的适用范围。
(2) 事件可能发生的地点和可能发生的后果。
(3) 事件应急救援的组织机构及其组成单位、组成人员职责分工。
(4) 事件报告的程序、方式和内容。
(5) 发现事件征兆或事件发生后应当采取的行动和措施。
(6) 事件应急救援(包括事件伤员救治)资源信息,包括队伍、装备、物资、专家等有关信息的情况。
(7) 事件报告及应急救援有关的具体通信联系方式。
(8) 相关的保障措施。
(9) 与相关应急预案的衔接关系。
(10) 应急预案管理的措施和要求。

二、应急预案编制的目的

城市轨道交通是市民出行的主要交通工具之一,一旦发生突发公共事件,往往处置难度大、损失大、影响大。为做好城市轨道交通运营突发事件的预防与处置工作，提高应对能力，确保应急组织指挥统一顺畅，处置及时妥善，最大限度地减少人员伤亡和财产损失，制订应急预案，以实现以下目的。

（1）整合现有轨道交通运营突发事件应急管理组织机构，建立健全应急工作的体制和机制，实现部门之间的协调联动；明确了应急救援的范围和体系，使应急准备和应急管理，尤其是培训和演练工作的开展有据可依、有章可循。

（2）整合现有轨道交通运营突发事件应急资源，建立分工明确、责任到人、优势互补、常备不懈的应急保障体系。当发生超过应急能力的重大事件时，便于与上级应急部门协调，有利于及时做出应急响应，降低突发事件危害程度。

（3）整合现有轨道交通运营突发事件的信息资源，实现信息共享，形成机制优化、反应迅速的信息支撑系统。

（4）规范轨道交通运营突发事件级别，明确各成员单位的分工和职责，确定不同级别事件的启动程序和相应措施，有利于提高各级人员的风险防范意识。

（5）成为各类突发事件的应急基础。通过编制应急预案，可保证应急预案具有足够的灵活性，对那些事先无法预料的突发事件，也可以起到基本的应急指导作用；针对特定危害，编制专项的应急预案，有针对性地制订应急措施，进行应急准备和演练。

三、应急预案的基本结构

城市轨道交通系统中可能发生的事件是多种多样的，但应急资源是需要共享的，如何针对多种事件类型进行应急预案的系统规划，保证各应急预案之间的协调，形成完整的应急预案文件体系，避免各应急预案之间的矛盾和交叉。这些问题在应急预案编制之初就应予以统筹考虑，否则将给应急组织机构职责、指挥及响应程序等带来不必要的内容重复，引起矛盾和混乱，也会给应急预案的维护和职责明确等带来一系列的问题。

城市轨道交通事件灾害大致可分为安全事件、自然灾害、人为突发事件三类。针对每一类灾害的具体措施可能千差万别，但其导致的后果和产生的影响却是大同小异的。这就意味着可以通过设计出一个基本的应急模式，由一个综合的标准化应急体系有效地应对不同类型危险所造成的共性影响。

城市轨道交通运营系统可以针对不同事件的特点，如爆发速度、持续时间、范围和强度等，制订具有较强针对性的专项应急预案。为了保证各种类型预案之间的整体协调和层次清晰，实现共性与个性、通用性与专业性结合，宜采用分层次的综合应急预案。从保证应急预案文件体系的层次清晰及开放性角度考虑，可划分为三个层次，即综合预案、专项预案和现场预案。

综合预案、专项预案和现场预案由于各自所处的层次和适用的范围不同，其内容在详略程度和侧重点上也有所不同，但都可以采用相似的基本结构，如采用基于应急任务或功能的"1+4"预案编制基本结构，即：应急预案 = 基本预案 +（应急功能附件 + 特殊风险预案 + 标准操作程序 + 支持附件）。

1. 基本预案

基本预案是应急预案的总体描述，主要阐述应急预案所要解决的紧急情况，应急的组织体系、方针、应急资源、应急的总体思路,并明确各应急组织在应急准备和应急行动中的职责以及应急预案的演习和管理等规定。

2. 应急功能附件

应急功能附件是对在各类重大事件应急救援中通常都要采取的一系列基本应急行动和任务而编写的计划,如指挥、控制、警报、通信、人群疏散、人群安置、医疗等,并应明确每一应急功能针对的形势、目标、负责机构、支持机构、任务要求、应急准备和操作程序等。

3. 特殊风险预案

特殊风险预案是在对城市轨道交通系统进行安全评价的基础上,针对每一种可能发生的重大风险事件,明确其相应的主要负责部门、有关支持部门及其相应的职责,并为该类专项预案的制订提出特殊的要求和指导意见。

4. 标准操作程序

标准操作程序用来规定在应急预案中没有给出的每一任务的实施细节,各个应急部门必须制订相应的标准操作程序,为组织或个人提供履行应急预案中规定的职责和任务时所需的详细指导,标准化操作程序应保证与应急预案的协调一致。

5. 支持附件

支持附件主要包括应急救援有关支持保障系统的描述及相关附图(表),如城市轨道交通系统主要危险有害因素登记表、重大事件影响范围预防分析表、应急机构及人员通信联络方式、消防设施分布图、疏散线路图、媒体联络方式、相关医疗单位分布图、交通管制范围图等。

城市轨道交通应急预案一般有特殊气象及自然灾害应急预案、防淹门故障应急处理程序、控制中心应急处理程序、疫情暴发应急预案、应急信息报告程序、处置大面积停电事件应急预案、保卫应急预案、地铁消防应急预案、机电设备(电梯、给排水、事件照明装置)应急处理措施及程序、供电专业抢修应急预案、工程建设专业应急预案、车辆专业应急处理办法、水污染应急处理预案、车辆安全应急处理程序、接触网有异物的应急处理程序等,这些预案都属于专项预案和现场预案的范畴。

四、应急救援机制

在城市轨道交通系统中,可能会发生或存在多种潜在的事故类型,例如,大面积停电、火灾、水灾、地震、危险物质泄漏、恐怖袭击、行车事故等。此外,城市在开展各类大型活动时也可能出现重大客流紧急疏散情况。因此,在建设城市轨道交通应急救援体系时,就必须进行合理规划,既要做到突出重点,准确反映城市轨道交通的重大事故风险,又要合理地编制各类应急预案,避免各类应急预案间相互孤立、交叉和矛盾,从而使任何可能发生的事故局部化,尽可能地消除、减少事故造成的人员伤亡和财产损失,尽快恢复城市轨道交通的正常运营。

应急救援活动一般分为应急准备、初级反应、扩大应急和应急恢复四个阶段。应急机制与这些应急救援活动密切相关。应急机制主要由统一指挥、分级响应、属地为主和公众动员四个基本机制组成。

1. 统一指挥

应急救援活动的最基本原则就是统一指挥。应急指挥一般可分为集中指挥、现场指挥、场外指挥、场内指挥几种形式。无论采用哪一种指挥系统都必须实行统一指挥模式；无论应急救援活动涉及单位级别高低和隶属关系如何，都必须在救援指挥中心的统一组织协调下开展相关工作，使各参与单位既能充分发挥自己的作用，又能相互配合，提高整体效能。

2. 分级响应

分级响应是指在初级响应到扩大应急的过程中，根据事故的严重程度、发展趋势采取相匹配的应急预案。扩大或提高应急响应级别的主要依据是：事故灾难的危险程度，事故灾难的影响范围，事故灾难的控制事态能力。而事故灾难的控制事态能力是"升级"的最基本条件，扩大应急救援主要是提高指挥级别，扩大应急范围等。

3. 属地为主

属地为主是强调"第一反应"的思想，强化属地部门在应急救援体制管理工作中的主导作用，以提高应急救援工作的时效。

4. 公众动员

公众动员机制是应急机制的基础，也是最薄弱、最难以控制的环节，是当事故超出本单位的处置能力时，向本单位外寻求其他社会力量支援的一种方式。

五、应急救援的内容

安全生产是一项系统工程，需要从系统的整体性出发，科学地规划和设计。应急救援属于安全生产系统工程的一个组成部分，它包括以下主要内容。

1. 事故预防

许多事故的发生都是因为正常条件发生偏差而引起的，如能事先确定某些特定条件及其潜在后果，就可利用相应手段减少事故的发生，或者减少事故对外界的影响，预防事故要比发生事故后再纠正重要得多。根据"安全第一、预防为主、综合治理"的安全生产方针，在城市轨道交通新线设计及旧线改造中，必须设计必要的安全装置和设施，以提高城市轨道交通运营系统的安全程度。另外，事故预防工作也不可忽视操作规程、应急规程和管理策略的建立及其定期的员工培训和设备维护。

2. 应急预案的准备

应急预案的准备包括：预测任何可能出现的紧急事故类型及其影响程度；制订紧急状态下的反应措施；确保应急救援系统在紧急情况下，做到准备充分和通信畅通，从而保证决策和反应过程有条不紊；救援人员应提前进行培训和演练；定期更新应急预案和重新评价其有效性。

3. 应急救援系统的组成

应急救援系统从功能上讲，可由应急指挥中心、事故现场指挥中心、后勤保障中心、媒体中心和信息管理中心五个运作中心组成。要做到快速、有序、高效地处理应急事故，需要应急救援系统中各部门之间相互的协调努力。

4. 应急培训与演习

主要测试应急救援预案的充分程度、应急培训的有效性和员工熟练程度、应急装置和设备供应的充分性，通过训练识别和弥补应急救援预案缺陷。

5. 应急救援行动

应急救援行动是在事故和灾害发生时，迅速调动并合理利用应急资源投入救援行动，针对事故灾害的具体情况，选择适当的应急对策和行动方案，从而能及时有效地进行应急救援，使人员伤亡和财产损失降低到最低程度和最小范围，并在最短时间内控制事故。

6. 事故的恢复与善后处理

重大事故、较大事故的恢复与善后处理包括事故现场清理、恢复期间的管理、事故调查、现场的警戒与安全、安全与应急系统的恢复、人员的救助、损失状况的评估、保险与索赔、相关数据收集、公共关系等。

六、应急预案的组织机构及职责

1. 指挥机构及职责

在城市应急委的统一领导下，由城市交通安全应急指挥部负责本市轨道交通运营突发事件的应对工作。

城市交通安全应急指挥部由总指挥、副总指挥和成员单位组成。总指挥由市政府分管副市长担任，负责本市轨道交通运营突发事件应急指挥的领导工作，对全市轨道交通运营突发事件应急工作实施统一指挥。副总指挥分别由市政府分管副秘书长、市交通委（住建委）主任担任，协助总指挥做好全市轨道交通运营突发事件应急工作。市政府分管副秘书长主要负责协调各成员单位应急处置及监督检查责任制落实工作。城市交通委（住建委）主任主要负责交通行业内各单位的应急处置、责任制落实工作和市交通安全应急指挥部办公室工作。

城市交通安全应急指挥部应对轨道交通运营突发事件职责包括以下几方面内容。

（1）研究制订本市应对轨道交通运营突发事件的政策措施和指导意见。
（2）负责指挥本市轨道交通运营事件的具体应对工作。
（3）分析总结本市轨道交通运营事件应对工作，制订工作规划和年度工作计划。
（4）负责市交通安全应急指挥部所属专业应急救援队伍的建设和管理。
（5）承办市应急委交办的其他事项。

2. 办事机构及职责

（1）城市交通安全应急指挥部办公室应对轨道交通运营突发事件职责。

城市交通安全应急指挥部下设办公室作为常设办事机构。办公室主任由市交通委（住建委）主任担任。根据市交通安全应急指挥部的决定，市交通安全应急指挥部办公室负责组织、协调、指导、检查本市轨道交通运营突发事件的预防和应对工作，其主要职责包括以下几个。

① 组织落实市交通安全应急指挥部决定，协调和调动成员单位应对轨道交通运营突发

事件相关工作。

② 组织制订、修订本市轨道交通运营突发事件专项应急预案和部门应急预案，指导市轨道交通指挥中心及轨道交通运营企业制订、修订相关处置类应急预案。

③ 负责发布蓝色、黄色预警信息，向市应急办提出发布橙色、红色预警信息的建议。

④ 负责本市应对轨道交通运营突发事件的宣传教育和培训工作。

⑤ 负责收集分析相关工作信息，及时上报重要信息。

⑥ 负责组织本市轨道交通运营突发事件的应急演练。

⑦ 负责本市轨道交通运营突发事件的隐患排查以及相关应急资源的管理工作。

⑧ 负责本市轨道交通运营突发事件应急指挥技术系统的建设与管理工作。

⑨ 负责市交通安全应急指挥部专家顾问组的联系工作。

⑩ 承担市交通安全应急指挥部的日常工作。

（2）城市轨道交通指挥中心职责。

在城市交通安全应急指挥部办公室的协调指导下，负责城市轨道交通运营突发事件的具体处置工作。

① 组织制订、修订轨道交通运营突发事件处置类应急预案，审查轨道交通运营企业突发事件处置类应急预案。

② 负责协调、指挥轨道交通运营企业，实施轨道交通运营突发事件应急处置。

③ 负责及时向市交通安全应急指挥部办公室报送突发事件应急工作信息，负责根据现场情况提出轨道交通停运、抢险增援等应急处置建议。

④ 参与配合轨道交通运营突发事件总结和调查评估工作。

⑤ 承办市交通安全应急指挥部办公室交办的其他事项。

3. 现场指挥部及职责

根据轨道交通运营突发事件处置工作需要，由市交通安全应急指挥部办公室组织相关成员单位成立现场指挥部。现场指挥部可由指挥处置组、社会面控制组、后勤保障组、医疗救护组、新闻发布组和专家工作组等组成，承担现场抢险救援任务，负责做好事发地区治安维护、交通保障、人员疏散、群众安置、后勤保障等各项工作。

第四节　常见事故处理

城市轨道交通作为一种大型载客交通工具，因设备故障或人为行为等因素，可能会发生突发事故。在突发事故发生后，有效的应急处理可以避免事故扩大并减少事故损伤。下面简单介绍突发事故发生后的一些基本处理要点。

一、列车应急设备

一般情况下，地铁列车上应配备的应急设备有紧急报警按钮或紧急对讲器、紧急开门装置、灭火器、逃生装置。

列车的每节车厢内至少要安装两个紧急报警按钮或紧急对讲器，列车的紧急报警按钮如图 3-1 所示。当车厢内发生意外事件、火警等紧急情况时，乘客可以立即使用紧急报警按钮或紧急对讲器通知列车驾驶员，以便列车驾驶员及时采取相关措施进行处理。

图 3-1　列车的紧急报警按钮

在列车的每个车门上都安装有紧急开门装置，如图 3-2 所示，其主要作用是列车在故障或紧急情况下，需要人工开门时使用。

图 3-2　列车的紧急开门装置

列车配置的灭火器如图 3-3 所示，是为预防地铁列车发生火灾情况配备的应急设备。每节车厢一般配有两个质量为 6 kg 的灭火器，放置于车厢两端的座位下。当列车发生火灾初期，乘客除通过车厢内的紧急报警按钮或紧急对讲器通知列车驾驶员外，还可以用列车内配备的灭火器进行灭火自救，尽量将火势控制、扑灭。

逃生装置一般安装在列车两端的驾驶室。如果该城市的轨道交通系统采取疏散平台方式进行疏散，列车的逃生装置则为客室门。列车的逃生装置一般在紧急情况发生后，必须通过人工疏散才能使用。

图 3-3　列车配置的灭火器

二、突发事故信息的报告

事故发生的区间时,列车驾驶员应立即报告行车调度。事故发生在车站或车厂内时,车站值班站长或车厂调度员应立即报告行车调度。

发生人员伤亡、火灾、爆炸、毒气袭击、聚众闹事、劫持人质及其他恐怖活动等事故,需要报告 110 匪警、119 火警或 120 急救中心时,由现场负责人或目击者在第一时间直接报告;如果无法直接报告,则应尽快向就近的车站或控制中心(车厂控制中心)报告。

三、乘客按压车厢内乘客报警按钮(DAB)的处理

1. 列车在区间运行中发生时

(1)驾驶员维持列车进站,广播安抚乘客,报告行车调度或直接报告车站。无法报告时,列车进站开门后,由驾驶员报告车站。

(2)车站接报后,值班站长亲自或立即安排员工到现场了解乘客按压 DAB 的原因,并进行相应的处理。

(3)组织乘客上车,关闭车门,准备发车。

(4)驾驶员确认站台岗"好了"信号,动车后报告行车调度。

2. 列车在站台停靠发生时

(1)驾驶员保持列车车门打开,播放广播安抚乘客,报车站处理,并报告行车调度。

(2)车站接报后,值班站长亲自或立即安排员工到现场了解乘客按压 DAB 的原因,并进行相应的处理。

(3)组织乘客上车,关闭车门,准备发车。

(4)驾驶员确认站台岗"好了"信号,动车后报告行车调度。

四、接触网(轨)有异物的处理

(一)接触网(轨)有异物的处理原则

发现接触网(轨)有异物后,一般情况下遵循以车站处理为主、专业人员处理优先的原则,即由车站组织进行现场处理,如供电专业或机电专业人员到达现场的,在事故处理主任的指挥下,由供电专业或机电专业人员具体负责处理。为此,发现接触网(轨)有异物时,应立即报告供电调度,通知事故处理主任、供电专业人员。

(二)接触网(轨)有异物的处理程序

1. 根据异物是否影响列车运行的情况分别处理

(1)若列车在站台停车,且异物不影响列车运行时,待本列车出清站台后再处理。

(2)若列车在站台停车,异物在前方进路上或列车顶上影响列车运行时,通知驾驶员停车待令,处理异物后再发车。

(3)若异物在列车顶上无法处理时,通知驾驶员限速 5km/h 动车后再处理;若列车尚未进站时,立即按压紧急停车按钮,阻止列车进入站台。

2. 根据异物是否缠绕接触网的情况分别处理

事故处理主任到达现场后,根据异物是否缠绕接触网的情况,分需要停电及不需要停电

两种情况进行处理。

（1）若发现异物与接触网（轨）没有缠绕在一起时，按不需要停电的程序处理：报告行车调度，申请不停车处理；确认已按压紧急停车按钮，阻止后续列车进入站台；穿戴防护用品（绝缘靴、绝缘手套、荧光衣等）后，使用绝缘工具清除异物。若供电或机电专业人员在现场时，应在事故处理主任的指挥下，由供电或机电专业人员将异物清除。确认线路出清、恢复紧急停车按钮后，报告行车调度，恢复列车运行。

（2）若发现异物与接触网（轨）缠绕在一起时，按需要停电的程序处理：报告行车调度，申请接触网（轨）停电（不挂地线）；停电后，穿戴防护用品（绝缘靴、绝缘手套、荧光衣等）后，使用绝缘工具清除异物。若供电或机电专业人员在现场时，在事故处理主任的指挥下，由供电或机电专业人员清除异物。确认线路出清、恢复紧急停车按钮后，报告行车调度，恢复列车运行。

五、大面积停电的应急处理

（1）城市轨道交通线路发生停电事故时，车站工作人员应沉着镇静，稳定乘客情绪，维持秩序，尽力保证乘客安全。控制中心根据停电影响情况，组织抢修抢险，发出列车停运、急救和车站关闭命令，并及时将灾情向上级报告。

（2）车站工作人员应加强检查紧急照明的启动情况，巡查各部位如电梯等是否有人被困，根据控制中心命令清站和关闭车站。

（3）列车驾驶员负责维持列车进站停车后，组织车上乘客向车站疏散。如果列车在区间隧道内或高架线上停车，则利用列车广播安抚乘客，要求乘客不准擅自操作车上设备，关好、管好车门，严防乘客下车并立即报告行车调度，按行车调度指令操作；如列车停在平面宽阔的线路上，可打开车门疏散乘客。

六、火灾的应急处理

1. 车站火灾的处理措施

（1）车站立即向乘客广播发生火灾情况，暂停列车服务，并指引乘客迅速有序地进行疏散，撤离车站。同时，立即向控制中心报告，视火灾情况报119和120。

（2）车站立即组织人员进行灭火和关闭各类电梯，开启环控系统火灾模式，进出闸机设置为紧急疏散模式，救助受伤的乘客。

（3）列车驾驶员接到车站火灾的通知后，听从行车调度指挥，如行车调度命令通过火灾车站时，应利用列车广播，说明通过前方站不停车的原因，安抚车内乘客。

（4）控制中心接到报告后，立即执行列车火灾应急程序，命令后续列车不得进入火灾车站，保持与列车驾驶员和车站的联系，并视情况报119和120。

2. 列车在站台发生火灾时的处理措施

（1）列车驾驶员开启列车全车门（屏蔽门），并通过列车广播引导乘客疏散和使用列车的灭火器进行灭火自救，确认火灾位置后向车站和控制中心汇报。

（2）车站接到报告后，立即广播通知站内候车乘客，列车发生火灾情况，暂停列车服务，组织站内候车乘客迅速向站外疏散。同时，组织人员进行灭火、开启环控系统火灾模式和引导列车上的乘客有序进行疏散,并视火灾情况报119和120。

(3) 控制中心接报后,立即执行列车火灾应急程序,控制好列车间的距离,保持与驾驶员和车站的联系,并视火灾情况报119和120。

3. 列车在区间(隧道)发生火灾时的处理措施

(1) 如车内火势不大,列车驾驶员可降低速度保持列车运行至前方车站后,开门疏散乘客。在运行途中通过列车广播安抚乘客,防止乘客因惊慌发生拥挤、踩踏。引导乘客使用车厢内的灭火器进行灭火自救,并确认火灾位置向车站和控制中心报告。

(2) 如列车在区间(隧道)不能运行或车内火势很大,驾驶员应立即通过列车广播安抚乘客,提醒乘客保持镇定,并将列车位置及现场情况报告控制中心及就近车站;确认疏散方向,打开列车的逃生装置,引导乘客有序地向就近的车站疏散。

(3) 车站接到报告后,立即开启环控系统隧道火灾模式,广播通知站内乘客列车发生火灾情况,引导站内乘客进行紧急疏散,并安排人员前往事故地点,协助驾驶员组织列车内乘客疏散。

(4) 控制中心接到报告后,立即执行列车火灾应急程序,命令车站禁止向该区间发车,通知后续列车驾驶员火灾发生地点,控制好列车间隔距离,保持与列车驾驶员和车站的联系,并视火灾情况报119和120。

七、城市轨道车站发生劫持人质事件时的应急处理

当车站站厅、站台发生员工或乘客被劫持事件时,应贯彻"救人第一,保证人质安全和保护企业财产同步进行"的原则,积极采取营救措施。及时疏散人员,避免人员伤亡,减小对运营的影响。一般可按以下程序进行。

(1) 车站车控室接到员工或乘客被劫持的报告后,确认站内无停留列车时,车站行车值班员应立即按压上、下行紧急停车按钮。

(2) 行车值班员立即报告行车调度车站发生员工或乘客被歹徒劫持事件,请求暂时封锁车站,通知车站值班站长,并报告公安部门。

(3) 行车值班员广播通知站厅、站台和设备房区域车站所有员工,站台(或站厅)发生员工或乘客被劫持事件,并宣布执行紧急疏散计划。

(4) 事件处理主任由值班站长担任,组织车站工作人员引导乘客从劫持现场的另一端疏散出站,尽量保持歹徒的情绪稳定,并安抚被劫持员工或乘客冷静,不要刺激歹徒的情绪,以免歹徒采取进一步的过激行动。

(5) 公安人员到达现场后,车站所有工作人员应配合公安人员进行处理。

(6) 在区间运行的列车驾驶员,接到行车调度"××车站发生员工或乘客劫持"事件的通知后,按行车调度命令行车。如行车调度命令通过前方站时,应向乘客广播告知前方站通过不停车的原因,做好安抚工作。

(7) 相邻车站接到邻站发生员工或乘客被劫持事件的通知后,对到达列车或即将到达列车按行车调度命令做好行车组织工作;按其指令准备好本站的支援人员,严密注视隧道内的动态。

八、突发大客流应急处理

（1）车站应及时了解产生突发性大客流的原因、规模、可能持续的时间，以及车站现有可支配人员。如车站现有人员无法应付突发性客流组织的需要时，值班站长应组织驻站人员参与客流控制，同时通知公安，报告行车调度并提出支援请求。

（2）利用广播系统做好乘客宣传引导，及时组织人员维持秩序，避免拥挤，防止发生踩踏事故。维持购票秩序，增设兑零点，对乘客做好疏导、服务工作。

（3）站台拥挤时，立即安排人员到站台维持候车秩序，利用广播提醒乘客注意安全，当列车进站时，应加强对站台乘客候车动态及站台屏蔽门工作状态的监控，防止上下车乘客互相拥挤，延误列车停站时间。开车前应确认乘客上下完毕后方可关闭车门。

（4）按照由上至下、由内至外的原则，在车站出入口、入闸机组、站厅与站台的楼梯扶梯处进行三级客流控制，防止站厅、站台拥挤。

（5）当列车运行故障，造成客车始发、到达晚点，车站乘客拥挤时，车站应及时通知公安协助，做好乘客广播（解释和引导）。售票员及厅巡岗分别在出入口、票亭及进闸机前摆放立柱告示，告知购票进闸的乘客列车延误信息，同时做好退票和公交接驳的准备工作。

（6）由于特殊气象（如暴雨）导致突发性大客流时，车站及时做好滞留在车站及出入口乘客的疏散，及时启动有关应急处理程序（预案），必要时请求公安部门协助，并调集站务、机电、保洁等所有驻站的工作人员做好抗灾准备。

九、特殊气象应急预案分类及处理

1. 特殊气象应急预案分类

根据特殊气象对城市轨道交通运营的影响，应急预案分为以下6个类别。
（1）台风、雷雨大风（含龙卷风）应急预案。
（2）暴雨应急预案。
（3）高温应急预案。
（4）大雾、灰霾应急预案。
（5）冰雹、道路结冰应急预案。
（6）寒冷应急预案。

2. 特殊气象应急预案启动原则

（1）特殊气象以当地气象台发布的上述6种气象预警信号为准。
（2）当某地区气象台发布相应的特殊气象预警信号后，由城市轨道交通控制中心下达命令，在受影响的线路范围内启动相应的特殊气象应急预案。

3. 相应的特殊气象应急预案解除原则

城市轨道交通控制中心必须在确认满足以下两个条件后，才可以解除相应的突发气象灾害应急预案，并向下令有关领导汇报。
（1）当地气象台解除相应的台风和雷雨大风、暴雨、高温、大雾和灰霾、冰雹和道路结冰及寒冷气象预警信号后。
（2）控制中心确认受相应的特殊气象影响的设备已全部恢复正常。

4. 应急预案启动及解除程序

（1）启动程序。当需要停止某段线路运营时，控制中心向城市轨道交通运营企业负责人汇报，由负责人下令启动。因特殊情况联系不上负责人时，分别依次由分管安全、行车组织的副职下令启动。

（2）解除程序。当达到恢复某段线路运营条件时，控制中心向城市轨道交通运营单位负责人汇报，由负责人下令恢复。因特殊情况联系不上负责人时，分别依次由分管安全、行车组织的副职下令。

（3）恢复因台风、雷电大风停运高架或地面路段恢复行车的程序。

① 恢复行车的条件。接到气象台取消橙色信号及在过去 1 小时内监测到的最高风速低于74km/h（8级）。

② 组织检查线路设备。恢复高架路段行车前，第一，组织空列车或工程车限速 25km/h 进行线路检查。第二，安排专业维修人员跟车检查相关设备设施。

③ 恢复运营。确认具备开通条件后，方可恢复正常运营服务。

十、列车脱轨应急处理程序

（1）列车脱轨后，驾驶员应立即报告行车调度和控制中心。控制中心接报后应立即扣停开往受影响区域的列车，命令已进入该区间的列车立即停车，有条件时可组织其退回车站。

（2）电力调度做好关闭脱轨区段的牵引电流和挂接地线的准备。

（3）车辆检修调度接行调通知后，立即命令车辆起复救援队赶赴事故地点进行列车救援起复。控制中心立即启动应急公交接驳预案。

（4）车站接命令后，值班站长担任事故处理主任，组织脱轨列车乘客疏散；暂停受影响方向的乘客服务，加强广播宣传。事故列车清客完毕后向行车调度汇报。确认具备停电条件后，控制中心组织停电。

（5）控制中心根据受影响区域清客组织好抢修期间的列车降级运营工作（小交路运营）。

（6）车辆起复救援队到达车站后向车站报到。起复救援队根据车站指示开始下轨道进行列车起复。起复后检查车辆状况，确认线路出清后向车站提出动车方案。

（7）起复后，必须执行以下的工作。

① 事故处理主任确认接地线拆除和线路出清后，报告控制中心通知电力调度送电，做好恢复运营的准备工作。

② 控制中心应组织一列空列车或工程车前往救援，连挂脱轨列车限速25km/h 运行进入就近的存车线，待运营结束后再安排事故列车回厂检修。

（8）确认恢复运营条件后，发布调度命令，全线列车恢复正常运营，必要时组织备用列车上线服务。

第五节　伤害急救常识

在实际生产活动中，常常会发生一些人身伤亡事故，城市轨道交通系统也不例外。事故发生后现场急救队抢救伤者非常关键，如果现场急救正确及时，不仅可以争取抢救时间，挽救人的生命，而且可以降低事故的严重程度。

一、触电伤害急救

触电事故往往是在一瞬间发生的，情况危急，不得有半点迟疑，时间就是生命。人体触电后，有的虽然心跳、呼吸停止了，但可能属于濒死或临床死亡，如果抢救正确及时，一般可以救活。触电者的生命能否获救，其关键在于能否迅速脱离电源和进行正确的紧急救护。

1. 脱离电源

当发生触电事故后，应当第一时间使触电者脱离电源，这是对触电者进行急救的关键。但在触电者未脱离电源前急救人员不可用手直接接触触电者，以防急救人员触电。为了使触电者脱离电源，急救人员应根据现场条件果断地采取适当的方法和措施。脱离电源的方法和措施一般有以下3种。

（1）低压触电脱离电源。

① 在低压触电附近有电源开关或插头，应立即将开关拉开或插头拔脱，以切断电源。

② 如电源开关离触电地点较远，可电线切断，切断电线时必须使用绝缘工具，同时必须切断电源侧电线，并应防止被切断的电线误触他人。

③ 当带电低压导线落在触电者身上时，可用绝缘物体将导线移开，使触电者脱离电源。但不允许用任何金属棒或潮湿的物体去移动导线，以防急救者触电。

④ 如果触电者身穿的衣服是干燥的，急救者可用随身干燥衣服、干围巾等将自己的手严格包裹，然后用包裹的手拉触电者干燥衣服，或用急救者的干燥衣物结在一起，拖拉触电者，使触电者脱离电源。

⑤ 若触电者距离地面较远，应防止切断电源后触电者从高处摔下来造成外伤。

（2）高压触电脱离电源。当发生高压触电时，首先应当迅速切断电源开关；如无法切断电源开关，应使用适合该电压等级的绝缘工具，使触电者脱离电源。急救者在抢救时，应对该电压等级保持一定的安全距离，以保证急救者的人身安全。

（3）架空线路触电脱离电源。当有人在架空线路上触电时，应迅速拉开关，或用电话告知当地供电部门停电。如不能立即切断电源，可采用抛掷短路的方法使电源侧开关跳闸。在抛掷短路线时，应防止电弧灼伤或断线危及人身安全。杆上触电者脱离电源后，用绳索将触电者送至地面。

2. 现场急救处理

当触电者脱离电源后，根据伤者的不同生理反应，急救者应进行现场急救处理。

（1）触电者神志清醒，但感乏力、心慌、呼吸急促、面色苍白时，应将触电者躺平就地安静休息，不要让触电者走动，以减轻心脏负担，并应严密观察呼吸和脉搏的变化。若发现触电者脉搏过快或过慢应立即请医务人员检查治疗。

（2）触电者神志不清、有心跳，但处于呼吸停止或极微弱的呼吸时，应及时用扶头抬额法使气道开放，并进行口对口人工呼吸。如不及时进行人工呼吸，将由于缺氧过久从而引起心脏停搏。

（3）触电者神志丧失、心脏停搏，但有微弱呼吸时，应立即进行心肺复苏急救法。不能认为尚有极微弱的呼吸就只做胸外按压，因为这种微弱的呼吸起不到气体交换作用。

（4）触电者心跳、呼吸均停止时，应立即进行心肺复苏急救，在搬移或送往医院途中仍应按心肺复苏规定进行急救。

（5）触电者心跳、呼吸均停，并伴有其他伤害时，应迅速进行心肺复苏急救，然后再处理外伤。对伴有颈椎骨折的触电者，在开放气道时，不应使头部后仰，以免高位截瘫，因此应用托颌法。

（6）当人遭受雷击时，由于雷电流将使心脏处及脑部产生一时性代谢静止和中枢性无呼吸。因此，受雷击者心跳、呼吸均停止时，应进行心肺复苏急救，否则将发生缺氧性心脏停搏而死亡。不能因为雷击者的瞳孔已放大，而不坚持用心肺复苏进行急救。

二、机械伤害急救

机械伤害造成的受伤部位可能遍及全身各个部位，有些机械伤害会造成人体多处受伤，后果非常严重。

1. 机械伤害急救基本要点

（1）发生机械伤害事故后，现场人员要保持冷静，迅速对受伤者进行检查。

意外伤害发生后，在接受专业医师治疗之前，一定要依照正确的医学理论，采用准确的医疗方法，给予伤者适当的应急处置，才能达到赢得时间、减少伤残、挽救生命的目的。

首先，现场人员不要被事故现场混乱的场面和危急的情况所干扰。沉着镇静地观察伤者的病情，在短时间内做出伤情判断，本着先抢救生命后减少伤残的急救原则首先对伤者的生命体征进行观察判断，包括神志、呼吸、脉搏、心跳、瞳孔、血压等（但在急救现场一般无条件测量），然后再检查局部有无创伤、出血、骨折畸形等变化，其具体检查顺序如下。

① 神志：伤员神志是否清醒是指伤员对外界的刺激是否有反应。如伤员对问话、推动等外界刺激毫无反应称为神志不清或消失，预示着病情严重；如伤员神志清醒应尽量记下伤员的姓名、住址、受伤时间和经过等情况。

② 呼吸：正常呼吸运动是通过神经中枢调节规律的运动。正常人每分钟呼吸15~20次。了解有无呼吸，可通过观察病人胸口的起伏来辨别。症情危重时出现鼻翼翕动、口唇发绀，张口呼吸困难的表现，并有呼吸频率、深度节律的异常，甚至时有时无。此时可用一薄纸片或棉花丝放在鼻孔前，观察其是否随呼吸来回摆动判断呼吸是否停止，并根据具体情况判断呼吸停止的主要原因。

③ 脉搏：动脉血管随着心脏节律性的收缩和舒张引起血管壁相应地出现扩张和回缩的搏动。手腕部的桡动脉、颈部的颈动脉、大腿根部的股动脉是最容易触摸到脉搏的地方。正常成年人心率为每分钟60~100次，大多数为每分钟60~80次，女性稍快。一般以手指触摸脉搏即可知道心跳次数。对于危重病人无法摸清脉搏时，可将耳紧贴伤员左胸壁听心跳。

④ 心跳：是指心脏节律性的收缩和舒张引起的跳动。心脏跳动是生命存在的主要征象，将耳紧贴伤员左胸壁可听到心跳。当有危及生命的情况发生时，心跳将发生显著变化，无法听清甚至停止，此时应立即对伤员进行心肺复苏抢救。

⑤ 瞳孔：正常人两眼的瞳孔等大等圆，在光照下迅速缩小。对于有颅脑损伤或病情危重的伤员，两侧瞳孔可呈现一大一小或散大的状态，并对光线刺激无反应或反应迟钝。经过

上述检查后，基本可判断伤员是否有生命危险，如有危险则立即进行心、脑、肺的复苏抢救。如无危险则对伤员进行包扎、止血、固定等治疗。

（2）迅速拨打急救电话，向医疗救护单位救援。

拨打急救电话时，要注意以下问题。

① 在电话中应讲清伤员的确切地点、联系方法（如电话号码）、行驶路线。

② 简要说明伤员的受伤情况、症状等，并询问清楚在救护车到来之前，应该做哪些救护工作。

③ 派人到路口准备迎候救护人员。

（3）在急救车到达之前，现场可以进行一些简单的现场急救。

现场急救遵循"先救命、后救肢"的原则，优先处理颅脑伤、胸外伤、肝、脾破裂等危及生命的内脏损伤，然后处理肢体出血、骨折等。

① 迅速使伤员脱离危险场地。

② 保持伤员呼吸畅通。检查伤者呼吸道是否被舌、分泌物或其他异物堵塞。

③ 如果呼吸已经停止，立即实施人工呼吸。

④ 如果脉搏不存在，心脏停搏，立即进行心肺复苏。

⑤ 如果伤员出血，进行必要的止血及包扎。

⑥ 让伤员平卧并保持安静，如有呕吐，同时无颈部骨折时，应将其头部侧向一边以防止噎塞。

⑦ 施救人员既要安慰伤员，自己也应尽量保持镇静，以消除伤员的恐惧。

⑧ 不要给昏迷或半昏迷者喝水，以防液体进入呼吸道而导致窒息，也不要用拍击或摇动的方式试图唤醒昏迷者。

⑨ 如果附近有医院，可以迅速将伤员送往医院。大多数伤员可以抬送医院，但对于颈部背部严重受损者要慎重，以防止其进一步受伤。

（4）专业救护人员到达后，协助医护人员抢救伤员。

2. 现场急救技术

（1）人工呼吸。口对口（鼻）吹气法是现场急救中采用最多的一种方法，可按以下步骤进行。

① 将伤员放在通风良好、空气新鲜、气温适宜的地方，解开伤员的衣领、裤带、内衣，清除口鼻分泌物、呕吐物及其杂物，保证呼吸道畅通。

② 使伤员仰卧，施救人员位于其头部一侧，捏住伤员的鼻孔，深吸气后，将自己的嘴紧贴伤员的嘴吹入气体，之后，离开伤员的嘴，放开鼻孔，以一手压伤员胸部，助其呼出体内气体，如此，有节律地反复进行，每分钟进行15次，吹气时不要用力过度，以免造成伤员肺泡破裂。

③ 吹气时，应配合对伤员进行胸外心脏按压，一般地，吹1次气后，做4次心脏按压。

（2）心肺复苏。胸外心脏按压是心脏复苏的主要方法，它是通过压迫胸骨，对心脏给予间接按摩，使心脏排出血液参与血液循环，以恢复心脏的自主跳动，其具体操作方法如下。

① 伤员仰卧在平整的地面或木板上。

② 施救人员位于伤员一侧，双手重叠放在伤员胸部两乳正中间处，用力向下挤压胸骨，使胸骨下陷 3~4cm，然后迅速放松，放松时手不离开胸部。如此反复有节律地进行，其按摩速度为每分钟 60~80 次。

胸外心脏按压时的注意事项：
- 胸部严重损伤、肋骨骨折、气胸或心包填塞的伤员，不应采用此法。
- 胸外心脏按压应与人工呼吸配合进行。
- 按摩时，用力要均匀，力量大小视伤员的身体及胸部情况而定；按压时，手臂不要弯曲，用力不要过猛，以免使伤员肋骨骨折。
- 随时观察伤员情况，做出相应的处理。

（3）止血。当伤员身体有外伤出血现象时，应及时采取止血措施。常用的止血方法有以下 3 种。

① 伤口加压法。这种方法主要适用于一般伤口，这种伤口出血量较小，通过对伤口的加压和包扎，减少出血，让血液凝固。其具体做法是如果伤口处没有异物，则用干净的纱布、布块、手绢、绷带等物或直接用手紧压伤口止血；如果出血较多时，可以用纱布、毛巾等柔软物垫在伤口上，再用绷带包扎以增加压力，达到止血的目的。

② 手压止血法。临时用手指或手掌压迫伤口靠近心端的动脉，将动脉压向深部的骨头上，阻断血液的流通，从而达到临时止血的目的。这种方法通常是急救中和其他止血方法配合使用，其关键是要掌握身体各部位血管止血的压迫点。

手压法仅限于无法止住伤口出血，或准备敷料包扎伤口的时候。施压时间切勿超过 15 分钟。如施压过久，肢体组织可能因缺氧而损坏，以致不能康复，继而还可能需要截肢。

③ 止血带法。这种方法适合于四肢伤口大量出血时使用。该法主要包括布止血带绞紧止血、布止血带加垫止血、橡皮止血带止血三种方法。使用止血带法止血时，绑扎松紧要适宜，以停止出血、远端不能摸到脉搏为好。使用止血带的时间越短越好，最长不宜超过 3 小时。并在此时间内每隔半小时（寒冷天气）或 1 小时慢慢解开，放松 1 次。每次放松 1~2 分钟，放松时可用指压法暂时止血。不到万不得已时不要轻易使用止血带，因为上好止血带能把远端肢体的全部血流阻断，造成组织缺血，时间过长会引起肢体坏死。

（4）搬运输送。输送是危重伤病员经过现场急救后由救护人员安全送往医院的过程，是现场急救过程中的重要环节，因此，必须寻找合适的担架，准备必要的途中急救力量和器材，尽可能调度振动相对较小、速度比较快的运输工具。同时，应注意掌握各种伤病员搬运方式的不同。

① 肢骨折的伤员托住固定伤肢后，可让伤员自行行走。
② 下肢骨折使用担架运送。
③ 脊柱骨折伤员，用硬板或其他宽布带将伤员绑在担架上。
④ 昏迷病人，头部可稍垫高并转向一侧，以免呕吐物吸入气管。

三、其他伤害的急救方法

1. 烧伤

引起的皮肤损伤烧伤的主要原因有火焰、沸液、电击、化学物质及放射等。烧伤的严重程度与烧伤面积大小及深度有密切联系。烧伤深度可分为三级：Ⅰ度、Ⅱ度、Ⅲ度。其中，Ⅰ度烧伤最轻，仅是表皮的烧伤，伤后皮肤红肿、灼痛，愈后无痕迹及色素沉着；Ⅱ度烧伤较重，伤及表皮和真皮，伤后皮肤出现水疱、红肿，创面有渗液、剧痛，愈后可短期遗有色素沉着或有瘢痕形成；Ⅲ度烧伤最重，伤及皮肤全层、皮下脂肪、肌肉及骨骼，受伤处皮肤呈焦炭，坏死，因神经烫坏无痛感，后期需进行植皮才能愈合，伤后呈瘢痕修复。

根据烧伤的不同类型，可采取以下急救措施。

（1）采取有效措施扑灭身上的火焰，使伤员迅速脱离开致伤现场。当衣服着火时，应采用各种方法尽快地灭火，如水浸、水淋、就地卧倒翻滚等，千万不可直立奔跑或站立呼喊，以免助长燃烧，引起或加重呼吸道烧伤。灭火后伤员应立即将衣服脱去，如衣服和皮肤粘在一起，可在救护人员的帮助下把未粘的部分剪去，并对创面进行包扎。

（2）防止休克、感染。为防止伤员休克和创面发生感染，应给伤员口服止痛片（有颅脑或重度呼吸道烧伤时，禁用吗啡）和磺胺类药，或肌内注射抗生素，并口服烧伤饮料，或饮淡盐茶水、淡盐水等。一般以多次喝少量为宜，如发生呕吐、腹胀等，应停止口服，要禁止伤员单纯喝白开水或糖水，以免引起脑水肿等并发症。

（3）保护创面。在火场，对于烧伤创面一般可不做特殊处理，尽量不要弄破水疱，不能涂甲紫（龙胆紫）一类有色的外用药，以免影响烧伤面深度的判断。为防止创面继续污染，避免加重感染和加深创面，对创面应立即用三角巾、大纱布块、清洁的衣服和被单等给予简单而确实的包扎。手足被烧伤时，应将各个指（趾）分开包扎，以防粘连。

（4）合并伤处理。有骨折者应予以固定；有出血时应紧急止血；有颅脑、胸腹部损伤员，必须给予相应处理，并及时送医院救治。

（5）迅速送往医院救治。伤员经现场简易急救后，应尽快送往临近医院救治。护送前及护送途中要注意防止休克；搬运时动作要轻柔；行动要平稳，以尽量减少伤员的痛苦。

2. 高空坠落伤

高空坠落伤是指人们日常工作或生活中，从高处坠落，受到高速的冲击力，使人体组织和器官遭到一定程度破坏而引起的损伤。高空坠落伤除有直接或间接受伤器官表现外，尚可有昏迷、呼吸窘迫、面色苍白和表情淡漠等症状，可导致胸、腹腔内脏组织器官发生广泛的损伤。高空坠落时，足或臀部先着地，外力沿脊柱传导到颅脑而致伤；由高处仰面跌下时，背或腰部受冲击，可引起腰椎前纵韧带撕裂，椎体裂开或椎弓根骨折，易引起脊髓损伤。脑干损伤时常有较重的意识障碍、光反射消失等症状，也可能有严重并发症的出现。

高空坠落的急救方法有以下几种。

（1）去除伤员身上的用具和口袋中的硬物。

（2）在搬运和转送过程中，颈部和躯干不能前驱或扭转，而应使脊柱伸直，绝对禁止一个抬肩一个抬腿的搬法，以免发生或加重瘫痪。

（3）创伤局部妥善包扎，但对疑似颅底骨折和脑脊液漏患者切忌做填塞，以免导致颅内感染。

（4）颌面部伤员首先应保持呼吸道畅通，撤除义齿（假牙），清除移位的组织碎片、血凝块、口腔分泌物等，同时松解伤员的颈、胸部纽扣。

（5）复合伤要求平仰卧位，保持呼吸道畅通，解开衣领纽扣。

（6）周围血管伤，压迫伤部以上动脉干至骨骼。直接在伤口上放置厚敷料，绷带加压包扎以不出血和不影响肢体血液循环为宜，比较有效。当上述方法无效时可慎用止血带，原则上尽量缩短使用时间，一般以不超过1小时为宜，做好标记，注明上止血带时间。

（7）快速平稳地送医院救治。

3. 中暑

（1）中暑的症状。

① 先兆中暑：出现大量出汗、口渴、头晕、耳鸣、胸闷、心悸、恶心、体温升高、全身无力。

② 轻度中暑：除上述病症外，体温38℃以上，面色潮红，胸闷，有面色苍白、恶心、呕吐、大汗、皮肤湿冷、血压下降等循环障碍的早期症状。

③ 重度中暑：除上述症状外，出现昏倒痉挛、皮肤干燥无汗、体温40℃以上等症状。

（2）急救措施。

① 迅速将中暑者移至阴凉通风处。

② 脱去或解开衣服，使患者平卧休息。

③ 给患者喝含盐清凉饮料或含0.1%~0.3%食盐的凉开水。

④ 用凉水或乙醇擦身。

⑤ 将重度中暑者立即送医院急救。

思考题

1. 什么是事故？什么是城市轨道交通运营安全事故？
2. 城市轨道交通安全事故如何分类？
3. 事故处理的程序是什么？
4. 事故报告的原则是什么？
5. 应急救援活动分为哪几个阶段？应急救援的内容包括哪些？
6. 发生触电伤害后现场急救的要点是什么？
7. 发生机械伤害后现场急救的要点是什么？

第四章
城市轨道交通运营行车事故的预防与处理

2009年12月22日7时左右,被称为中国最繁忙的城市轨道交通运营线路之一的上海市交通运营"大动脉"——上海地铁1号线发生事故,两辆列车相撞,本次事故导致上海地铁1号线瘫痪时间长达4小时。

8时40分和13时,就在轨道交通运营部门表示已全线恢复运营后,该线路再次发生两次故障。上海市委、市政府领导要求轨道交通运营部门认真排查安全隐患,加强轨道交通线路和车辆的检查及维修工作,确保轨道交通的正常运行,同时还要求上海市城乡建设和交通委员会(现上海交通委员会)立即成立由各有关部门和各方面专家组成的事故调查组,迅速查明事故原因,及时向社会公布。

申通地铁集团承认故障延误时间判断有错误,对广大乘客表示了歉意。

一、"史无前例"的大瘫痪

据轨道交通运营管理部门表示,在事发当日5时50分,1号线陕西南路站至人民广场站区间突发供电触网跳闸故障,造成该区段列车停驶。7时,由中山北路站开往上海火车站方向的1号线150号车运行至上海火车站折返站时,与正在折返的117号车发生侧面碰撞。1号线陷入被网友称为"史无前例"的大瘫痪,时间长达4小时。由于事发当天是冬至,事故还直接波及扫墓人群。

对于事发过程,轨道交通运营部门表示,由于车速较慢,而且驾驶员及时采取了紧急制动措施,没有造成人员伤亡,但事故对1号线的运营造成较大影响,轨道交通运营部门启动应急预案,一面派出抢修队伍,一面启动公交预案组织疏散乘客。上海市交通港口局也迅速启动应急预案,立即向巴士公司下达指令,组织增派公交车辆分赴地铁人民广场站、上海火车站、上海南站、汶水路站、莲花路站和徐家汇站等重要站点,疏散滞留乘客。其间,巴士公司迅速组织并安排了105辆应急车辆以疏散滞留乘客。11时48分起,上海地铁1号线逐步恢复运营。

二、工作措施

事故发生后,上海市委、市政府领导高度重视,要求市建设交通委员会立即成立由各有关部门和各方面专家组成的事故调查组。与此同时,市建设交通委、市交通港口局领导及相关职能部门迅速赶到现场,指导督促轨道交通运营部门做好应急处置工作,并会同相关部门对事故情况进行分析,明确了4项工作措施。

第一,成立事故调查组。组织市质量技术监督局等政府职能部门以及轨道交通运营车辆、信号等方面专家，调取技术记录、监控录像等相关资料，尽快查明事故原因，并及时向社会公布。

第二，责成申通地铁集团加强轨道交通网络调度指挥。对关键车站增派现场客运组织，安排各专业部门负责人及管理人员现场值守，确保列车正常运行。

第三，要求申通地铁集团在全公司范围内立即召开事故通报会，通报有关情况。各轨道交通运营企业要从中吸取教训，加强检查，采取切实有效措施，确保地铁运营安全。

第四，要求申通地铁集团在12月22日轨道交通运营结束后，组织力量对1号线全线的供电、车辆、信号等主要设备进行全面排查，及时排除安全隐患。

市建设交通委副主任、市交通港口局局长表示，事故调查组将分析事故原因，查找问题，采取有效措施，确保全市轨道交通正常运营。

三、故障时间表

5时50分，供电触网跳闸。1号线陕西南路至人民广场区间突发供电触网跳闸故障，故障区段停运。

7时06分，供电故障基本排除。

7时左右，冒进，发生碰撞。大约7时，即在运营调整恢复的过程中，由中山北路站开往上海火车站的1号线150号车，根据调整后的小交路模式运行至上海火车站折返站时，由于该车冒进信号，与正在折返的117号车侧面碰撞，150号车的头部撞到了117号车的中后部车厢。据了解，当时两车速度较慢，且150号车驾驶员采取了紧急制动措施，被撞的117号车为空车。150号车上的乘客无人受伤。

9时，地面公交接驳，1号线将运营方式调为莘庄站至徐家汇站、汶水路站至富锦路站小交路运行，同时对客流较大的上海马戏城站至衡山路站区段进行限流，并实施地面公交接驳方案。

10时11分，经现场抢修，117号车驶离现场。

11时，150号车清客完毕（150号车车厢内部分车厢清客时间较长，11时左右，在公安人员的协助下清客完毕）开始实施起复救援。

11时48分，运营逐步正常、150号车完成交接，1号线全线运营逐步恢复正常。

12时15分，1号线全线恢复正常。

13时左右，陕西南路站隧道供电不稳。在早晨发生触网故障的陕西南路隧道，又出现了供电不稳定现象，轨道交通短暂停运并进行检修。

14时15分，1号线全线再次贯通。

20时40分，陕西南路站变电间起火。起火部位疑似为该站站厅乘务工作区域内的一个变电间。据了解，此次事故原因为外网供电波动，1号线衡山路站至上海火车站区段再次受影响停运。

20时48分，火被扑灭。

第一节 列车运行事故的原因分析

关于事故的定义很多。我国《辞海》中将事故定义为意外的变故或灾祸；英汉《牛津词典》中，把事故解释为意外的、特别的有害事件；国际劳工组织编撰的《职业卫生与安全百科全书》将事故定义为一起可能涉及伤害的、但非预谋性的意外事件。一般认为，事故是指人们在进行有目的的活动过程中发生的违背人们意愿的，可能会造成人们有目的活动暂停或永远终止，同时可能造成人员伤亡或财产损失的意外事件。而列车运行作为城市轨道交通运营的重要组成部分，其安全直接关系到乘客安全和城市轨道交通系统安全。

一、事故特性

事故本身有其特有的一些属性，即特性。掌握这些特性对认识事故、了解事故及预防事故具有指导性作用。概括起来，事故主要有以下 5 种特性。

1. 因果性

因果性是指一切事故的发生都是由各种危险因素相互作用的结果。生产中的意外事故是由人的不安全行为、物的不安全状态、管理缺陷以及对突发的意外事故处理不当等原因引起的。掌握事故的因果关系，采取适当的措施中断事故因素的因果连锁，就消除了事故发生的必然性，从而可能防止事故的发生。

2. 偶然性

偶然性是指事故的发生是随机的，但是偶然性寓于必然性之中，事故的随机性表明它服从于统计规律，因此可用物理统计法进行分析和预测，找出事故发生和发展的规律，从而为预防事故提供依据。

3. 潜伏性

潜伏性是指事故在尚未发生或还未造成后果之前，是不会显现出来的，但生产中的危险因素是客观存在的，只要这些危险因素未被消除，它们随时都有可能演变为事故。

4. 可预防性

无论是工业生产系统还是运输系统，都是人造系统，因此，从理论上和客观上讲其中任何事故都是可以预防的。认识这一特性，对坚定信念、防止事故的发生有促进作用。各种合理的对策和手段，可以从根本上消除事故隐患，把事故发生的概率降到最低。

5. 复杂性

现代的生产系统和运输系统等都是很复杂的系统，涉及的要素非常多，要素之间的相互关系非常复杂。事故的发生可能是由方方面面的原因造成的，这就决定了事故具有复杂性。

二、事故的预防

当生产系统在运行中出现问题时，首先要从几个方面分析其原因，即人为操作不当导致的、操作技术达不到要求、周边生产环境比较恶劣、管理过程中存在问题，等等。其中最后一个方面既与领导层的不重视有关，也与一线员工的安全意识淡薄有关：没有对安全责任进行具体分配，导致事故发生后，各个负责人之间相互推诿；员工没有将企业规定的安全守则放在心里，操作时随意性比较大；对于整个系统中的风险排查没有一个固定的标准，使得排查过程不能逻辑性的涵盖各个方面；有些企业过于追求利益，对于员工的安全不够注重，不愿意花费更多的金钱购买保护设备；不能及时和定期对员工进行安全知识培训，对于出现过的问题不能及时总结经验教训，导致二次事故的发生。安全问题是企业必须重视的一个方面，对于各类风险要及时发现，探讨其发生原因并给出解决措施，避免类似情况再次出现，这就是事故的预防。

具体来讲，事故的预防就是对可能发生的问题采取一些方法使其消失或减轻，这与事故的管理是不同的。事故的管理可以说是事故预防的依据，以及在事故发生之后对其发生的原因和产生的影响进行总结、记录、上交、归档，等等，最终实现整个生产系统安全且高效的运行。

事故的预防是管理的第一步，是企业进行正式生产活动首先要考虑和培训的事情。此外，事故预防还是事故管理的最终目标，无论是已经发生过的事故还是可能发生但未发生的事故，都是为企业生产积累经验，最后也都要归类于事故的预防。总之，事故的预防和管理并不是彼此独立的，它们之间是有很大联系的，只有把这两者都完成好，才能保证生产活动安全有效地进行。

（一）事故预防的原则

事故预防遵循以下原则。

1. 连贯原则

事故发展的各个阶段具有连续性和稳定性，采用这种连贯原则进行分析和研究可以从过去和现在推测未来，进行准确的预防。

2. 系统原则

把预防对象及其所涉及的各种事故或因素视为一个系统，进行综合考察和研究，可以全面地分析问题，从而克服片面性，提高事故预防的科学性。

3. 实事求是原则

在事故预防过程中，应从客观事实出发，尊重历史资料，认真分析研究现状，如实反映可能出现的问题和结果。只有从客观事实出发，参照以往事故的发展变化规律，分析未来发展趋势，才能获得比较准确的预防结果。

4. 大量调查原则

预防要从大量调查和研究中求得一般的规律，避免以偏概全。

（二）事故预防的过程

事故预防的对策是提前预防、及早发现、果断处理、防止蔓延。

1. 提前预防，尽早发现征兆

企业的预防人员应该经常注意那些可能对企业生产和经营造成较大影响的事故，争取尽可能早地发现其发生的征兆。当出现征兆时，需要预防可能发生的事故是否会出现以及会在什么时候出现。

2. 及早发现，采用合适的方法

对事故进行分析和预防，主要是利用得到的资料和信息，根据日常经验，采用因果关系分析和逻辑推理的方法。

3. 果断处理，向专家请教

企业员工由于所处环境和地位的限制，往往对许多事情的了解和认识有局限性。为了能够对事故的发生及其造成的影响做出正确判断和预防，可采取专家调查法，向有关专家请教，请他们根据自己的知识、经验、智慧和判断能力，帮助企业进行事故的分析和预防。

4. 防止蔓延制定对策

企业不但应预防意外事故对本身生产经营造成的影响，而且要制定相应的对策。

（1）不同的意外事故对企业生产经营在时间上的影响有差别。有些意外事故对企业生产经营的影响是暂时的，过一段时间就不存在了，如自然灾害、一般性工伤事件、一些临时性的政策和法令，等等。对它们进行分析和预防时，应考虑发生影响的长短，并且预防当它们的影响消失时给企业带来的新影响。有些意外对企业生产经营的影响是长久的，如特别重大的伤亡事故、科技新成果的应用，等等。

（2）注意事故的间接影响。有些事故起初看起来对企业不会造成影响，但由于这些事故对与事故发生企业生产经营有关的其他企业或某些方面有影响，那些企业或某些方面发生的变化又会把影响传递给事故发生企业。这种间接影响的传递往往不只是一级传递，还可能是多级传递。这种间接影响的传递一般需要一个传递的时间过程，因此，对于处在间接过程中的企业来讲，这种意外事故是有前兆的。在考虑意外事故时，要把视野放开阔些。

（三）事故预防的方法及应用

据统计，事故预防的方法目前已经超过150种，常用的也有20~30种。在事件预防中常用方法主要有以下几种。

1. 直观预防法

直观预防法将专家作为信息索取对象，是一种依靠专家的知识和经验进行预防的定性预防方法。它多用于社会发展预防、宏观经济预防和科技发展预防等方面。

直观预防法的准确性很大程度上是由专家知识的广度、深度和经验来决定的。专家主要指在某个领域中或某个预防问题上有专门知识和特长的人员。直观预防法典型的代表方法有头脑风暴法和德尔菲法等。在事故预防中，中长期安全发展规划和系统安全评价指标等可依靠专家知识，参考头脑风暴法和德尔菲法等直观预防法来确定。

2. 事故隐患辨识预防法

企业生产过程中的事故隐患辨识预防法主要有经验分析法、故障树分析法、事件树分析法、因果分析法、人的可靠性分析法、人机环系统分析法等。在优选方法时，可在初步分析的基础上，采用人—机—环与事故树分析相结合的方法进行分析预防。

这种方法的预防对象是以人为主体的人—机—环分析预防，能直接分析人的不安全行为、物的不安全状态、环境的不安全条件等直接隐患；同时还能揭示深层次的本质原因，即管理方面的间接隐患。借助故障树分析技术对存在危险的事故隐患进行定性定量分析，预防其导致事故发生的定性定量结论，并得出直接隐患之间的逻辑层次关系。

3. 趋势外推法

趋势外推法是以统计学为基础，应用大数据理论与正态分布规律的方法，以前期已知的统计数据为基础，对未来的事故数据进行相对精确定量预防的一种实用方法。这种方法对于具有一定生产规模和事故样本的系统具有较高的预防准确性。

（四）事故预防原理

事故的发生和发展都遵循一定的规律，除了不受人类控制的自然因素造成的事故（如地震、洪水、泥石流等）以外，在人类生产和生活中发生的各种事故都是可以预防的。

1. 工业安全公理

美国安全工程师海因里希在《工业事故防止》中对事故预防工作进行了深入研究，提出了工业事故预防的十项原则，称为海因里希工业安全公理（Heinrichs Axioms of Industrial Safety）。

（1）具体内容。

① 工业生产过程中人员伤亡的发生，往往是处于一系列因果连锁之末端的事故的结果；而事故常常起源于人的不安全行为或（和）机械、物质（统称为物）的不安全状态。

② 大多数工业事故发生是人的不安全行为造成的。

③ 由于不安全行为而受到伤害的人员，几乎重复了超过300次没有造成伤害的同样事故。换言之，人员在受到伤害之前，已经数百次面临来自物方面的危险。

④ 在工业事故中，人员受到伤害的严重程度具有随机性。大多数情况下，人员在事故发生时可以免遭伤害。

（2）人员产生不安全行为的主要形成原因。

① 不正确的态度——个别职工忽视安全，甚至故意采取不安全行为。

② 技术、知识不足——缺乏安全生产知识，缺乏经验或技术不熟练。

③ 身体不适——生理状态或健康状况不佳，如听力、视力不良，反应迟钝，疾病，醉酒或其他生理机能障碍。

④ 物的不安全状态及不良的物理环境——照明、温度和湿度不适宜，通风不良，强烈的噪声，物料堆放杂乱，作业空间狭小，设备和工具缺陷等，以及操作规程不合适、没有安全规程和其他妨碍贯彻安全规程的事物。

这些原因是采取预防不安全行为产生措施的依据。

（3）防止工业事故发生的四种有效方法。

① 工程技术方面的改进。

② 对人员进行说服、教育。

③ 人员调整。

④ 惩戒。

防止事故发生的方法与企业生产管理、成本管理及质量管理的方法相似。

企业领导者有进行事故预防工作的能力，并且能把握进行事故预防工作的时机，因此，其应该承担事故预防工作的责任。

专业安全人员及车间干部、班组长是预防事故的关键，他们工作的好坏对能否做好事故预防工作有重要影响。

除了人道主义动机之外，下面两种强有力的经济因素也是促进企业事故预防工作开展的动力。

① 安全的企业生产效率高，不安全的企业生产效率低。

② 事故发生后用于赔偿及医疗的费用，即直接经济损失仅占事故总经济损失的20%。

随着时代的前进和人们认识的深化，该"公理"中的一些观点已经不再是"自明之理"

了。许多新观点和新理论相继问世。但是该"公理"中的许多内容仍然具有强大的生命力,在现今的事故预防工作中仍有着重大影响。

2. 事故预防的 3E 准则

根据海因里希的工业安全公理,对于事故的预防,应从安全技术、安全教育和安全管理三个方面入手,采取相应措施。由于工程技术、教育和管理三个英文单词的第一个字母均为 E,因此称为 3E 准则,如图 4-1 所示。

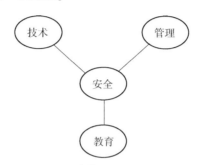

图 4-1　事故预防的 3E 准则

(1) 工程技术(Engineering)。运用工程技术手段消除不安全因素,实现生产工艺,机械设备等生产条件的安全。

(2) 教育(Education)。利用各种形式的教育和训练,使员工树立"安全第一"的思想,掌握安全生产所必需的知识和技能。

(3) 管理(Enforcement)。借助于规章制度和法规等必要的行政乃至法律的手段约束人们的行为。

安全技术对策着重解决物的不安全状态问题,而安全教育对策和安全管理对策则主要针对人的不安全行为的问题。安全教育对策主要使人知道应该怎么做,而安全管理对策则要求人必须怎么做。

通常来讲,在选择安全对策时应该首先考虑工程技术措施,然后是教育和训练。实际工作中,应针对不安全行为和不安全状态的产生原因,灵活地采取对策。例如,针对员工的工作态度不正确这一问题,应该考虑工作安排上他们在心理学和医学方面的要求,要认真挑选关键岗位上的人员,并且加强教育和训练,如能从工程技术上采取措施,则应该优先考虑;对于技术和知识不足的问题,应该加强教育和训练,提高其知识水平和操作技能;尽可能地根据人机工程学的原理进行工程技术方面的改进,降低操作的复杂程度。为了解决身体不适的问题,在分配工作任务时要考虑他们在心理学和医学方面的要求,并尽可能改进工程技术,降低对人员素质的要求。对于不良的物理环境,则应采取恰当的工程技术措施来改进。

即使在采取了工程技术措施,减少、控制了不安全因素的情况下,仍然要通过教育、训练和强制手段来规范人的行为,避免不安全行为的发生。

为了防止事故发生,不仅要在上述三个方面实施事故预防与控制的对策,而且还应始终保持三者间的均衡,合理地采取相应措施,综合使用上述措施,才有可能做好事故预防工作。

案例:北京市城市轨道交通运营列车车站起火,启动应急预案,无人员伤亡。

事故概况：2005年8月26日早上，正值交通早高峰，北京地铁2号线内环轨道一列车车厢顶冒出烟雾，载客行驶至崇文门站时，乘客被全部疏散，列车空驶到和平门站时蹿出火苗，被迫停靠站内进行灭火急救。

事故通报：起火原因是车厢内一电风扇发生短路，由于应急预案启动及时，事故没有造成人员伤亡，但导致地铁2号线内环全线停运近50分钟，地铁2号线沿线的地面交通部分路段出现拥堵。

事故过程及处理：崇文门站疏散乘客。

7时左右，2号线内环一列车运行到建国门站时，第4节车厢顶部冒出烟雾，乘客按响报警器，驾驶员查看后，马上让第4节车厢的乘客转移到其他车厢中。列车短暂停留后继续前行，到达崇文门站时，烟雾越来越浓，车站内广播也响起，要求有关人员以最快速度疏散。驾驶员下车查看后，发现起火原因是电风扇短路，列车中所有乘客被疏散下车，经请示后，驾驶员将清空列车回库检修。列车空驶过了前门站，到达和平门站时，烟雾变成火苗，列车被迫在该站停靠。地铁轨道等已经断电，和平门站内一名地铁工作人员用灭火器扑救了约10分钟，随后赶来的消防员很快将火彻底扑灭。其间，公安部门封锁了和平门地铁站各进出口。

8时30分，地铁内的现场基本清理完毕后，和平门站重新开放。几分钟后，双向列车驶入站内，运营恢复正常。

事件影响：由于处理及时，地铁2号线停止运营近50分钟，其他地铁线路未受影响，在此期间，只在内线与平门站采取暂时封站措施，外环各站保持正常运营。

3. 事故预防工作的五阶段模型

海因里希定义事故预防是为了控制人的不安全行为、物的不安全状态而开展的以某些知识、态度和能力为基础的一系列相互协调的综合性工作。

掌握事故发生及预防的基本原理，拥有对人类、国家、劳动者负责的基本态度，以及从事事故预防工作的知识和能力，是开展事故预防工作的基础。在此基础上，事故预防工作包括以下五个阶段。

① 建立和健全事故预防工作组织，形成由企业领导牵头的，包括安全管理人员和安全技术人员在内的事故预防工作体系，并切实发挥其效能。

② 通过实地调查、检查和观察及对有关人员的询问，以及对事故原始记录的反复研究，收集第一手资料，找出事故预防工作中存在的问题。

③ 分析事故及不安全问题产生的原因。包括弄清人员伤亡事故发生的频率、严重程度、场所、工种、生产工序、有关的工具、设备及事故类型等，找出其直接原因和间接原因，主要原因和次要原因。

④ 针对分析事故和不安全问题得到的结论，制定恰当的改进措施。改进措施包括工程技术方面的改进，对人员进行调整、说服教育，制定及执行规章制度等。

⑤ 实施改进措施。通过工程技术措施实现机械设备和生产作业条件的安全，消除物的不安全状态；通过人员的调整、教育和训练，消除人的不安全行为。在实施过程中要对改进措施进行监督。

以上对事故预防工作的认识被称为事故预防工作五阶段模型。该模型包括了企业事故预防工作的基本内容。但是，它以实施改进措施作为事故预防的最后阶段，不符合"认识—实践—再认识—再实践"的认识规律以及事故预防工作永无止境的客观规律，因此，对事故预防工作五阶段模型进行改进，得到如图 4-2 所示的模型。

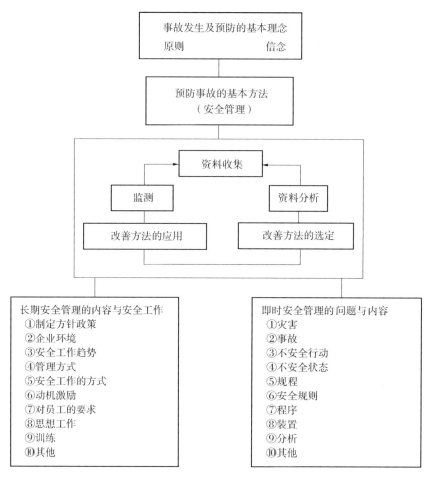

图 4-2　事故预防的五阶段模型

事故预防工作是一个循环进行、不断提高的过程，不可能一蹴而就，更不可能一劳永逸。在这里，预防事故的基本方法是安全管理，它包括收集资料并对其进行分析，以便查找原因；也包括选择和实施改进措施，并对实施过程及结果进行监测和评价；还包括在监测和评价的基础上再收集资料，发现问题，等等。

事故预防工作的成败，取决于是否有计划、有组织的采取改进措施，特别是执行者工作的好坏。因此，为了获得事故预防工作的成功，必须建立和健全事故预防工作组织，采用系统的安全管理方法，唤起和维持广大干部、员工对事故预防工作的关心，做好日常安全管理工作。

海因里希认为，事故预防工作的第一原则是建立并维持员工对事故预防工作的兴趣，第二原则是要不断地分析问题和解决问题。

改进措施可分为直接控制人员操作及生产条件的即时改进措施，以及通过指导、训练和教育逐渐养成安全操作习惯的长期改进措施。前者对现存的不安全状态及不安全行为立即采取解决措施；后者用于解决隐藏在不安全状态及不安全行为背后的深层问题。

如果运用技术手段能消除危险状态，实现本质安全，则不管是否存在人的不安全行为，都应该首先考虑采取工程技术方面的对策；当人的某种不安全行为引起了事故或可能引起事故，而又没有恰当的工程技术手段防止事故发生时，则应立即采取措施防止不安全行为重复发生。这些即时的改进措施是十分有效的。然而，绝不能忽略了所有造成员工不安全行为的背后原因，否则，改进措施仅仅解决了表面问题，而事故的根源没有被消除，以后还会发生事故。

三、造成列车运行事故的原因

列车运行事故，一般是指城市轨道交通列车在运送乘客的过程中对行车人员、行车设备以及乘客产生作用和影响的事故。

城市轨道交通运输的产品是乘客的位移，而列车运行则是实现位移的必要手段。列车运行是城市轨道交通运营系统的主要工作，也是最容易产生不安全因素的工作环节，城市轨道交通运营过程中所出现的大部分不安全现象都在列车运行过程中，因此，从某种程度上讲，保证列车运营安全的同时也就保证了城市轨道交通运营安全。

对以往所发生行车事故的分析表明，造成列车运行事故的主要原因有以下几个。

① 行车纪律松弛、制度执行不严。纪律松弛，出乘标准化作业不落实，责任制贯彻不力。

② 疲劳行车、带情绪行车。相关工作人员睡眠不足和将受外界环境影响而产生的情绪带入运行作业中，会产生生理、心理的疲劳，从而精力不济、精神不集中，给安全行车带来隐患。

③ 业务素质不高。由于技术问题及缺乏经验，行车人员业务水平不精，不能及时处理列车运行中的突发事故。

④ 安全意识不强。行车人员情绪不稳定、思想波动大、责任心不强、行车纪律观念淡薄、臆测行车。

⑤ 行车技术、设备不完善。行车设备老化，技术结构不合理，使之不能适应实际行车的需要。

⑥ 风、雪、雷、雨等恶劣气候及环境的影响。风、雪、雷、雨等恶劣天气对列车安全运行的影响是不可低估的，列车驾驶员对气候环境变化及突发事故能否进行正确处置直接影响城市轨道交通运营的安全。

⑦ 安全管理及相关制度、规章的适用性存在缺陷。安全管理归根结底是对人员的管理，而各项制度的健全与完善是行车安全的基础和保证，没有完整有效的制度与规定是制约安全行车的重要因素。

第二节　列车运行事故预防

列车运行安全工作，一般是指城市轨道交通列车在运送乘客过程中对行车人员、行车设备以及乘客产生作用和影响的安全工作。列车运行安全工作包括行车调度安全，列车驾驶安全和车站作业安全等。

一、行车调度安全

整个城市的轨道交通系统是一个非常复杂的系统，保证其顺利运行仅靠某一个部门是无法完成的，必须由多个部门共同合作才能完成，这就要求指挥调度系统具有高效、精准和联系紧密的特点。其中，各个部门的合作是非常关键的一个环节，只有精准执行才能使地铁等交通工具顺利运转。

行车调度简称行调，是一种用于统一指挥大型复杂轨道交通系统中车辆运行情况的指挥方式，是维持地铁等交通工具正常运行的关键因素。这一工作主要是由调度控制中心完成的，其对各个站点的系统和工作人员进行任务分配，使他们之间能够密切配合，进而控制列车的正常运行。调度的质量是可以从车辆运行情况反映出来的。

（一）行车调度工作的基本任务及作用

1. 行车调度工作的基本任务

（1）组织指挥各部门、各工种严格按照行车运行图工作。

（2）监控列车到达、出发及途中运行情况，确保列车运行秩序的正常。

（3）当列车运行秩序不正常时，及时采取措施，尽快恢复正常运行秩序。

（4）及时、准确地处理行车异常情况，防止行车事故发生。

（5）及时掌握客流情况，及时调整列车运行方案。

（6）检查监督各行车部门执行行车运行图的情况，发布调度命令。

（7）当发生行车事故时，按规定程序及时向上级主管部门汇报，并采取措施防止事故扩大，积极参与组织救援工作。

2. 行车调度工作的基本作用

行车调度贯彻集中领导、统一指挥的原则，组织协调行车有关部门、各单位和各工种的工作，指挥和监督行车工作的全过程，保证行车工作均衡协调和安全准确的进行。

行车调度在安全工作中的作用主要有以下几个方面。

（1）指挥行车人员完成各项行车作业，保证列车安全正点运行。

（2）组织、协调、监督、检查行车各有关部门的安全生产，纠正各种违章现象，及时处理行车中发生的问题，消除事故隐患，防止发生行车事故。

（3）发生行车事故后，积极组织救援，减少事故损失。

（二）行车调度安全指挥工作的基本要求

调度指挥必须坚持安全生产，正确及时地指挥列车运行，防止因指挥不当造成事故隐患。遇突发紧急情况时，要冷静、正确、及时处理；要加强学习，勇于实践；努力提高业务水平，提高应变能力。

为保证行车调度工作安全，调度指挥应做好以下各项工作。

（1）必须严格执行单一指挥原则。行车各有关部门必须服从所在区段行车调度的集中统一指挥，各级领导对列车运行的指示必须通过行车调度下达，坚决禁止令出多口或多头指挥，维护调度命令的严肃性和权威性。

（2）熟悉主要行车人员和设备，组织列车按图行车。行车调度必须熟悉主要行车人员情况，掌握车辆、线路、通信信号、牵引供电等方面的知识；熟悉各种规章制度和各种行车作业的秩序，掌握与其他调度的工作衔接；组织行车有关人员协调动作，保证列车按照列车运行图安全正点运行；掌握处理各种意外情况和行车事故的方法，做到调度指挥胸有成竹、沉着冷静。

（3）加强与现场行车人员的联系。

（4）发布调度命令要正确、完整、清晰。调度命令是城市轨道交通运输工作实行集中领导和统一指挥的具体体现和保证之一，其具体要求如下。

① 凡是指挥列车运行的命令和口头指示，只能由行车调度发布，有关行车人员必须坚决执行，不得违反。

② 发布调度命令前应详细了解现场情况，听取有关人员意见。发布调度命令时应严格按行车相关规章办理，必须先拟后发，不得边拟边发。

③ 采用电话发布调度命令必须严格按照"一拟、二审核、三签、四发布、五复诵核对、六下达命令号码和时间"的程序办理。发布和接受调度命令应在命令本上进行登记。

④ 使用计算机发布调度命令时，必须严格遵守"一拟、二审核、三签、四发布、五确认签收"的程序。

⑤ 制订常用行车调度命令格式和统一用语，使调度命令格式规范化，用语标准化，保证调度内容更加准确、精练、清晰、完整。

⑥ 调度命令书写不正确时，应重新书写；已发出的命令有错漏时，应取消前发命令，重新发布命令的全部内容。

二、列车驾驶安全

列车驾驶安全是整个城市轨道交通行车安全工作的关键环节之一，是把握好行车安全的最后一道关口。

（一）影响列车驾驶安全的主要因素

（1）行车纪律松弛。制度执行不严，纪律松弛，出乘标准化作业不落实，责任制贯彻不力，是影响行车安全的一大顽症。

（2）疲劳行车，带情绪行车。列车驾驶员睡眠不足和将受外界环境影响而产生的情绪带入运行作业中，会产生生理、心理的疲劳，从而精力不济，精神不集中，给安全行车带来隐患。

（3）作业素质不高。由于技术问题及缺乏经验，列车驾驶员业务水平不精，不能及时处理运行中的突发事故。

（4）安全意识不强。列车驾驶员思想波动大，情绪不稳定，责任心不强，行车纪律观念淡薄，臆测行车等。

（5）行车技术，设备不完善。行车设备老化，技术结构不合理，使之不能适应行车的要求。

（6）风、雪、雷、雨等恶劣气候及环境的影响。风、雪、雷、雨等恶劣天气对安全运营的影响是不可低估的。列车驾驶员对气候环境变化对突发事件能否正确处置直接影响城市轨道交通运输的安全。

（7）安全管理及制度、规章的实用性存在缺陷。安全管理归根结底是对人的管理，而各项制度的健全和完善是行车安全的基础和依据,没有完善有效的制度与规定是制约安全行车的重要因素。

(二) 预防列车行驶事故发生的措施

列车在行驶时会出现各种问题,并且这些问题发生的原因不仅限于某一种,鉴于其十分重要的作用,所以需要从以下几个方面进行事故发生前的预估。

(1) 目前的技术手段还不能制造出一种机器或者一个系统能够完全代替人的驾驶功能,因此列车的行驶仍然是以人为中心。实际上,人为操作不当是造成事故的首要原因,所以应该定时、定期对列车驾驶员开展培训,提高他们的知识水平,并对其进行考核,促使驾驶员们在每一次行车过程中都能集中精力。

(2) 列车的科技含量越来越高,采用的控制系统也越来越先进,因此列车驾驶员的技能也要与时俱进,专门开设课程对其技术进行培训,遇到突发事故也会有专业的紧急解决措施,而不会影响列车安全。

(3) 在列车发生事故之后一定要对车辆相关系统进行仔细排查,对于已经损坏或可能损坏的部件进行维修或更换;对于已经老化的车体要及时更新。所有部件的质量要以满足安全规定为标准。

(4) 要对列车驾驶员的心理和身体进行适当的培训,其身体健康是避免事故的首要条件,一旦列车驾驶员因身体不适而不能集中精力驾驶车辆,则车辆出现问题的概率将会大大增加。至于列车驾驶员的心理方面,需要培养其临危不乱和沉着冷静的心态,因为车辆运行过程中难免有事故发生,只有列车驾驶员能够及时有效地应对事故,才能保证车辆行驶的安全性。

(三) 列车驾驶员值乘的基本前提

(1) 列车驾驶员必须牢记"安全第一"的宗旨,严格按照安全制度、行车规则执行驾驶任务,驾驶列车时做到"三严格"。

① 严格遵守各种规章制度,正确执行各种作业程序,确保列车运行安全。

② 严格按照运营时刻表及信号显示行车,工作时严守岗位,不得擅自离岗。

③ 严格遵守动车前认真确认"行车三要素",即进路、信号、道岔。

(2) 列车驾驶员必须掌握列车(车辆)的基本构造、性能,具有一般的故障处理能力,熟悉城市轨道交通路线和站场等基本设施情况,包括必须牢记驾驶区段、站场线路纵断面等情况。

(3) 列车驾驶员必须掌握其他相关的业务知识并具有一定的应变能力。城市轨道交通列车在运行过程中,一般情况下只有列车驾驶员一人值乘,而运行中的事故有不可预见性,在事故的初期往往只有驾驶员能够最早发现,所以一名职业素质良好的驾驶员应该而且必须掌握有关事故初期的处理方法,减少损失,稳定现场局面。

(4) 列车驾驶员上岗值乘的必要条件。鉴于列车驾驶员在整个运行过程中的重要作用,城市轨道交通管理部门规定了列车驾驶员上岗值乘的必要条件。首先,列车驾驶员必须考试合格,并取得列车驾驶证后方准独立驾驶列车;其次,列车驾驶员脱离驾驶岗位6个月以上,再次驾驶列车时必须对其进行业务知识和安全运行知识等培训,考核合格后,其纪律和身体状况由相关部门有关领导做出鉴定。

(四) 列车安全驾驶的基本要求

1. 列车运行方式

(1) 列车运行方式分为自动驾驶模式（ATO）、人工驾驶模式（ATP）和限制人工驾驶模式（RMO/CLOSE）。改用 ATP 与 RMO/CLOSE 方式运行时，必须经行车调度准许。

(2) 运行的相邻列车之间的安全距离由 ATP 自动保护，行车间隔不受站间区间限制。

(3) 列车在区间运行中，遇危及安全的险情时，列车驾驶员应采取紧急制动停车，并报行车调度，待险情排除后，列车以 ATP 继续运行至前方站停车，在车站将 ATP 转化为 ATO。

(4) 列车收到目标速度 0km/h 时的行车规定。

① 列车收到目标速度 0km/h 停车，列车驾驶员应立即报行车调度员，并按行车调度员下达的命令执行。

② 列车运行中收到目标速度 0km/h，无线系统又发生故障不能使用时，允许列车加强瞭望以 CLOSE（或 RMO）方式运行至就近车站，用车站应急电话向行车调度报告后，按行车调度命令执行。遇防护信号机时，须按信号机显示要求执行。

③ 车载 ATP 故障（主、备 ATP 均不能使用）时，行车调度应命令该列车切除车载 ATP，限速 30km/h（遇道岔防护信号机时，需按信号机显示要求执行）运行至终点站。再凭行车调度命令以"双区间"的行车间隔限速 60km/h 运行至终点站，进折返现或入库，退出运营。

(5) 列车运行途中，若有人拉下车上的紧急停车拉手或车门打开等情况导致列车在站台区域迫停，列车驾驶员应先报行车调度，确认无影响运行安全的情况后将拉手复原，列车可继续运行。

(6) 列车上个别车门的门控装置发生故障，列车驾驶员要及时切除故障车门，并张贴故障指示牌，以免耽误乘客上、下车。

(7) 一个及以上站间区间出现红光带故障时的运行规定。

① 列车行车凭证为行车调度下达的命令。

② 列车以切除 ATP 方式运行。

③ 该区段只允许一列列车占用运行。

④ 行车调度要重点做好监控工作，确保安全。

⑤ 若遇列车晚点，列车凭总调命令，列车切除 ATP 运行，到前方站定位后，重新以 ATO 运行。

2. 列车折返

(1) 终端模式。折返信号机为自动模式，即按照选定的折返模式，根据目的地码排列进站。

(2) 循环模式。在折返站和有岔中间站，相应的信号机为普通模式时，可以设循环模式。在折返站设置循环模式后，当列车占用信号机外方第一段轨道电路后，连锁设备自动排列进入岔区的第一进路，并开放信号；当列车完全进入折返区段，第一条进路解锁，信号关闭；当列车踏上折返区段轨道进路 45s 后，并且第一条进路解锁，第二条折返进路自动被排列，信号机自动开放。列车顺序出清折返进路所有轨道电路后，折返进路自动解锁，信号关闭，完成一次作业。

（五）列车驾驶员驾驶作业过程中的安全要求

列车驾驶员驾驶列车在正常情况下应确保"准确"，在非正常情况下确保"安全"，所有操作均须动作娴熟、快速正确。列车驾驶作业包括调车作业、整备作业、正线作业、折返作业、站台作业等。

1. 调车作业时预防事故的措施

（1）放置铁鞋防溜时，不取出铁鞋不动车。

（2）凭自身动力动车时，没有制动装置或制动装置故障不动车。

（3）机车、车辆制动没有缓解不动车。

（4）调车作业计划不清不动车。

（5）调车作业没有联控不动车。

（6）没有信号显示或信号显示不清不动车。

（7）调车进路无联锁失效时，扳道员未显示道岔开通手信号或岔开通不正确不动车。

（8）侵限、侵物不动车。

2. 整备作业时预防事故的措施

（1）整备作业前必须了解列车停放位置及列车状态。

（2）检查列车走行部时，必须确认列车已降下受电弓。

（3）严禁跨越地沟，进行车底检查时戴好安全帽，应注意空间位置，避免碰伤。

（4）受电弓升起后，严禁触摸电气带电部分、进行地沟检查及攀登车顶。

（5）检查列车时必须佩带检查灯，一字旋具，并严格按要求整备列车，列车没有经过整备严禁动车。

（6）车库内动车前，必须确认地沟无人和两侧无侵限物后方可动车。

3. 列车运行时预防事故的措施

（1）列车驾驶员在取得驾驶证并鉴定合格后，方准独立驾驶。

（2）严格遵守各种规章制度，按照要求操作设备，正确执行各项作业程序，确保列车运行安全。

（3）严格按照运行时刻表动车，动车前必须确认行车凭证。列车退行或推进运行时和运行前端必须有人引导。

（4）班前注意休息，班中集中精力，保持不间断瞭望。严禁在列车运行中打盹、看书或做与工作无关的事。

（5）接受调度命令或行车指示时，列车驾驶员必须逐句复诵并领会内容。

4. 折返作业时预防事故的措施

（1）严格遵守交接班制度。

（2）关门前必须确认行车凭证、道岔、进路正确。

（3）动车前确认所有人员均在安全区域。

5. 站台作业时预防事故的措施

（1）开关屏蔽门、车门时，必须严格执行开关作业程序。

(2) 列车到站停稳后，应先确认列车停在规定的范围内。

(3) 跨出站台开关屏蔽门、车门时，应注意列车与站台间的间隙，避免摔伤。

(4) 关屏蔽门、车门前应先确认车载信号或进路防护信号开放或者具有行车凭证。

(5) 动车前，列车驾驶员应确认屏蔽门、车门关好，同时确认屏蔽门与车门间空隙无人无物，方可进入驾驶室。

6. 人身安全保证

(1) 升弓前，必须确认所有人员均在安全区域。

(2) 严禁擅自带无关人员进入驾驶室，因工作需要有人登乘驾驶室时必须确认其相关登乘证件。

(3) 在正线或出库线，未经行调同意禁止擅自进入线路。

三、车站作业安全

车站的行车组织工作是在调度统一指挥下，合理运用车站的各项技术设备，负责车站行车控制指挥、施工及其他任务。

(一) 车站作业工作的基本任务

(1) 建立健全各类行车作业、管理的规章制度。这些制度包括：车站行车控制室的管理、交接班制度和行车值班员岗位责任制等。对车站的行车组织工作进行规范管理，确保行车安全。

(2) 进行车站各项安全检查，检车车站安全隐患并落实整改。

(3) 建立各类事故预案，开展演练，以提高车站员工的应急处理能力，有效处理车站突发事故。

总之，明确职责、落实责任、加强安全管理，可以确保车站行车、施工、治安、消防等工作顺利进行，以及车站员工、乘客的人身安全和车站所辖设备的运行安全。

(二) 车站行车安全工作的基本要求

车站工作包括列车运行控制、车站的施工组织和接发列车作业等，各项作业均涉及行车安全。其具体要求如下。

1. 列车运行控制

车站的列车运行控制根据整个系统列车运行控制方式的变化而变化。

(1) 在调度集中控制方式下，车站行车组织的主要工作是监控行车运营状态。

(2) 在自动控制方式下，车站除了对列车的运营状态进行监控外，还要对中央控制因故放权而进行控制，而有集中控制设备的车站应负责对列车的折返和进路排列等人工作业。

(3) 在半自动控制方式下，车站负责列车运行控制工作。在正常情况下，由人工操作信号设备进行接发车、调车等行车作业，并根据行调指令对列车进行调整；在非正常情况下，车站根据调度的指令，按规定的作业办法要求负责列车在车站的接车、发车和调车等作业。

2. 设备施工组织

在车站管辖范围内，任何施工作业均应在车站行车控制室登记，在得到行车值班员的签字确认后方可进行；影响运营的施工检修作业（如信号设备检修、道岔检修等），必须得到行车调度的同意方可进行。

3. 接发列车作业

车站员工应确保在各种控制方式下，车站的接、发列车组织工作安全、有序。

【案例1】

广州地铁列车在长寿路—陈家祠上行区间溜逸事故

一、事故经过

2008年7月23日21时24分，广州地铁1326次列车进长寿路站上行站台，对标停车后，列车驾驶员按压"左门开"按钮后车门无法打开，进驾驶室发现"左口开"按钮指示灯不亮。列车驾驶员认为无开门使能信号，按压强行开门按钮给出开门使能信号，但左门开指示灯仍然不亮。

21时27分，1326次列车驾驶员关钥匙后切除ATP，"左门开"指示灯仍不亮。

21时29分，1326次列车驾驶员报行调切除ATP后仍然不能开门。行车调度询问列车驾驶员停车标是否对准，列车驾驶员表示列车已经对准停车标。行车调度命令驾驶员使用继电器开门。

21时30分，1326次列车驾驶员到车厢打开设备柜后，用钥匙按压8K01/8K07继电器，车门仍不能打开。

21时30分，行调命令1326次列车驾驶员解锁车门清客并与车站联系，驾驶员在进行清客广播后解锁了1A28次列车的2个车门。此时车站值班站长通过驾驶室进入列车车厢内，解锁紧急开门手柄，手动开启车门。因前两节车厢乘客较多，每节车厢手动开启两个车门，其他车厢每节开启一个车门。共解锁8个车门，疏散乘客800余名。

21时30分，2410次列车驾驶员以ATO模式正点到达黄沙上行站台，开门后行调要求列车驾驶员开门清客待令，列车驾驶员按命令执行。

21时32分，行车调度询问1326次列车驾驶员清客情况，驾驶员回答没有清客完毕；行调命令驾驶员清客完毕后，动车不停站到广州东站进行退出服务。

21时32分，长寿路站行车值班员通知值班站长及车站全体员工列车晚点延误信息，大约延误15分钟左右。行车值班员放自动广播，内容为"一号线往东站延误10分钟以上"，车站安排工作人员在边门处引导乘客，告诉乘客如何处理手中的单程票以及已经刷卡进站的羊城通；通知客运值班员做好退票工作，并及时向乘客解释。

21时33分，1326次列车驾驶员清客完毕后报行车调度。

21时33分，黄沙上行2410次清客完毕后，行车调度命令改开602次列车担当救援任务；以ATO到达前方长寿路站故障车前自动停车后，做好救援连挂准备工作。

21时34分，1326次站驾驶员报列车关不上门，行车调度命令列车驾驶员按压强行开门关门。

21时34分，602次列车以ATO动车，自动停车后转换RM运行到距离故障车1m处停车。

21时36分，行车调度询问1326次列车驾驶员是否动车，列车驾驶员报正在尝试动车；行车调度命令其动车沿途不停站通过，到广州东站。列车驾驶员按命令执行，因当时列车已切除 ATP，就操作了车门旁路 2S13，当时列车驾驶员台旁路指示灯亮。

21 时 36 分，602 次救援列车驾驶员使用对讲机联系故障列车驾驶员，但对方无应答。

21 时 37 分，1326 次列车驾驶员发现旁路车门后，推牵引手柄时发现保压制动不能缓解，4 个 DCU 中等故障，列车驾驶员将方向手柄回零，重新牵引一次，仍然不能动车，并马上报告行车调度。

21 时 37 分，行车调度决定救援，此时长寿路站值班站长上车给 1326 次驾驶员提供了另一条方孔钥匙，列车驾驶员和学员一起去切除 B09（未施加停车制动），其切除了 1A28、1C28、1B27 车的 B09 后返回 1A28 列车驾驶员室报告行调列车已切除 B09；学员切除了 1B28、1C27、1A27 车的 B09 跟随驾驶员返回 1A28 驾驶室。

21 时 41 分，行车调度询问 602 次救援列车驾驶员连挂好没有，驾驶员说未见到故障车，不清楚故障车的防护情况。

21 时 42 分，1326 次列车驾驶员到达 1A28，报告行调已切完 B09，行调命令：开行 602 次，与救援列车驾驶员做好连挂后，推进运行到公园前站，上行经渡线到下行经坑口站回厂。

21 时 43 分，1362 次列车发生向前溜动并加速，但 1326 次列车驾驶员误认为列车已经连挂并在推进运行中，未采取任何停车措施。

21 时 43 分，602 次列车驾驶员发现前方故障车以 3km/h 的速度向前移动后，马上报行车调度。

21 时 44 分，行车调度询问故障列车驾驶员目前列车的状态如何、故障列车驾驶员回答，后面的车推进运行，其在前面监控。

21 时 45 分，行车调度询问故障列车连挂情况（故障列车驾驶员反馈当时列车移动的速度达到 15km/h）时，命令列车驾驶员马上拉停列车，其马上施加驻车制动，并恢复 1A28、1B28 的 B09。

21 时 46 分，行车调度询问故障列车是否停车，列车驾驶员回答已经停车。行车调度随后命令列车驾驶员恢复三节 B09 后，限速 30km/h 到广州东站退出服务。列车驾驶员回复行调是否再恢复两个 B09，行车调度再重新命令列车驾驶员只恢复（列车）两个 B09 后限速 25km/h 到广州东站退出服务。

21 时 47 分，行车调度要求 602 次列车驾驶员动车到进长寿路站上行站台不开门待令。

21 时 49 分，行车调度询问故障列车驾驶员动车没有，故障列车驾驶员报列车出现 4 个 DCU 严重故障，不能动车。行车调度命令故障列车驾驶员切除车上的 B09，到后端与救援列车驾驶员做好连挂后报行车调度。

21 时 51 分，行车调度命令 602 次列车驾驶员动车到长寿路站—陈家祠站区间担当救援任务。

21 时 53 分，连挂完毕后故障车驾驶员换端，切除 1A28、1B28 车的 B09。

21 时 55 分，到达 1A28 驾驶室指挥救援车驾驶员动车。

21 时 13 分，到达公园前站上行站台。

22 时 16 分，救援列车经过公园前站渡线到达公园前站，下行线后换端以 SM 限速 45km/h 运行。

22 时 39 分，602 次救援列车在车厂 XK 信号机前停稳报信号楼后回厂。

二、事故分析

1. 列车故障处理方面

（1）列车故障信息未做交接。1326次列车（27+28）"左门关"指示灯不亮的故障情况在1324次列车上已出现，但1324次列车驾驶员未做好交接，造成1325次列车驾驶员也没有交接给1326次列车驾驶员。

（2）1326次列车驾驶员未认真查阅《客车状态记录卡》。1324次列车驾驶员在填写《客车状态记录卡》故障信息时已将"左门关"指示灯不亮登记，但1326次列车驾驶员本人未查阅，导致其不清楚该列车有此故障。

（3）1326次列车以SM模式运行到长寿路站时，由学员负责驾驶，由列车驾驶员负责开门，没有执行驾驶列车、开门等作业程序由同一人操作的规定。

（4）1326次列车驾驶员在长寿路站开门时，没有按压1A28左侧开门按钮，造成该列车左侧车门未打开（列车回厂后，按压1A28左侧开门按钮，该列车左侧车门可以正常打开）。

（5）1326次列车驾驶员发现左侧开门灯不亮时，没有按压试灯按钮，误认为没有开门使能信号，造成按压强行开门按钮和切除ATP都不起作用，一直未按压开门按钮尝试开门。

（6）1326次列车驾驶员切除ATP后，多次按压强行开门按钮（强行开门按钮只有在具备AP功能的情况下才有效），反映了该驾驶员缺乏车辆业务基本知识。

（7）1326次列车驾驶员采用操作继电器的方式开门时，其错误操作了继电器（回厂后要求驾驶员用继电器开左门时，却错误按了下一行的2K03继电器）。

（8）1326次列车驾驶员操作车门旁路尝试动车，但未实现，需请车辆中心调取相关数据进行分析。

2. 列车救援方面

（1）长寿路站当时已安装屏蔽门，但尚未投入使用，1326次列车驾驶员在清客完毕准备动车前，没有按规定先将已解锁的车门复位，此举存在乘客人身安全隐患。

（2）1326次列车驾驶员在切除B09时未按规定（切除五节车厢的B09，保留连挂端B09）由本人完成，而是擅自安排学员前去切除（其本人未做监督），造成在没有连挂前，将最后一节车的B09也切除，列车驾驶员也没有按规定到达1A27端指挥连挂，而是返回了1A28端。

（3）当学员切除B09返回1A28端，告诉列车驾驶员已切除完B09时，列车驾驶员没有意识到连挂端的1A28车的B09已被切除，没有意识到学员所做的与其最初安排事项的差异。

（4）1326次列车溜逸后，列车驾驶员没有意识到该车未与救援列车连挂，自己也没有给出动车指令，误认为列车已连挂后被推进运行。

（5）1326次列车溜逸过程中，行车调度询问列车驾驶员情况时，要求列车驾驶员停车，列车驾驶员还是认为列车被推进运行，没有意识到列车已在溜逸。

（6）行车调度组织第二次连挂时，驾驶员也没有到1A27端指挥连挂，而是在学员通知和行调要求下，才由1A28端前往1A27端指挥连挂，这是严重失职的行为。

（7）长寿路站在救援信息发布后，发现列车有移动，只简单的报行车调度"被连挂的列车没关车门，现在已经动车"，没有将救援列车还停留在站外的信息一同上报，造成信息失真。

（8）长寿路站行车值班员在收到救援信息后，用对讲机报值班站长，在值班站长没有回应的情况下，没有通过广播等方式联系值班站长。

三、事故定责

在此次处理车辆故障的过程中，发生了列车溜逸事故，根据《运营事故（事件）调查处理规则》第6.6条第16款规定，本次事故定性为险性事故，车务中心车务一部负全部责任。

四、整改措施

（1）从7月24日下午起，从乘务一、二分部共抽出4名一级列车驾驶员，到控制中心值班，现场指导列车驾驶员有效处理车辆故障，为控制中心值班主任提出专业（车辆、信号）咨询以及提供处理建议（是否救援、退出服务等）。

（2）从7月24日停止乘务学员在一、二号线正线上的培训，在奥运会结束前，列车在正线采用ATO驾驶。

（3）乘务分部组织对所有列车驾驶员进行救援和故障处理培训两周，确保人人过关。

（4）严格管理服务分部"列车状态记表卡"的交接，要求接班列车驾驶员必须认真查阅"列车状态记表卡"的内容，并与交班列车驾驶员交接清楚。

（5）当列车救援时故障列车驾驶员必须到达连挂端指挥连挂，以提高连挂的效率与质量。

第三节　调车作业事故预防

调车作业是指除列车在车站（车厂）到达、出发、通过及在区间内运行以外，凡机车、车辆进行的一切有目的的移动。它包括列车的解编、转线，车辆的取送、调移等。在调车作业中发生的事故，称为调车作业事故。

一般来说，调车作业事故分为"撞、脱、挤、溜"四种类型，即冲撞、脱轨、挤道岔、机车车辆溜逸。

一、调车作业事故的常见原因

（1）调车作业计划不清或传达不彻底。调车作业计划是信号员、调车组等调车作业相关人员的统一行动计划。如果调车作业计划本身不清，造成调车进路排错、机车车辆进入线路，或调车作业计划传达不彻底，造成信号员及调车驾驶员行动不一致，都极易发生事故。

（2）作业前检查不彻底，准备不充分。调车作业前，必须按规定提前排风、摘解风管、核对计划，确认进路，检查线路、道岔和停留车辆情况，手闸制动时要选闸，铁鞋制动时要准备足够、良好的铁鞋。

（3）误排进路或未扳、错扳、临时扳动道岔或错误转动道岔。信号员误排进路或未扳、错扳、临时扳动道岔或错误转动道岔，调车员和驾驶员不认真确认信号及道岔位置，极易造成冲撞、脱轨和挤岔事故。

（4）调车手信号显示不标准。调车手信号显示不标准有三种情况：一是未按规定的要求显示信号；二是错过了显示信号的时机；三是错误地显示信号。上述情况都可能导致调车作业事故的发生。

（5）前端无人引导推进运行或推进车辆不试拉。推进作业时，若前端无人引导，由于调车驾驶员无法确认线路和停留车情况，极易造成撞车和挤岔事故。若推进车辆不试拉，一旦车辆中有假连接，制动或停车时因车辆脱钩而发生溜逸，也容易发生撞车、脱轨、挤岔和溜逸事故。

（6）没按规定采取防溜措施。调车作业在线路上停放车辆时，如不按规定采取防溜措施，极易发生车辆溜逸事故。一旦车辆溜逸入车间，后果不堪设想。

二、调车作业事故的预防措施

城市轨道交通的调车作业包括停车站场内调车作业和正线调车作业两种。

（一）站场内调车作业事故的预防

1. 做好调车作业前的准备工作

（1）调车作业必须按照调车作业计划及调车信号机或调车手信号的显示要求进行。没有信号不准动车，信号不清立即停车。

（2）特殊情况使用无线对讲机联络进行调车作业时，驾驶员与调车人员必须保持联络通畅，联络中断立即停车，采取措施。

（3）调车组人员不足时，不能动车。

2. 正确及时地编制及传递调车作业计划

（1）运输值班室值班员要根据生产作业有关部门提出的要求，正确、合理地编制调车作业计划，并将计划向信号室值班室、调车组等参加调车作业的人员传达清楚。

（2）参加调车作业的有关人员在接受调车计划时必须复诵，核对正确无误后执行。

（3）调车作业时调车指挥人员应将接受的作业计划向调车驾驶员及有关人员传达，并讲清作业方法与安全注意事项。

（4）调车作业中需要变更作业计划时要停止作业，由运转值班员将变更后的计划向调车指挥人员及信号楼值班室重新布置、传达清楚，调车指挥人员要重新向调车驾驶员及有关人员传达清楚。

3. 正确及时地显示信号

（1）调车作业时，调车人员必须正确及时地显示信号，驾驶员要认真确认信号，并鸣笛回示。

（2）连挂作业时，调车人员必须向驾驶员显示三、二、一车的距离信号。没有显示三、二、一车的距离信号不准挂车；没有驾驶员的回示，应立即显示停车信号。

（3）当调车指挥人员确认车辆停留车位置有困难时，应派可胜任此工作的人员显示车辆停留位置信号。

（4）连挂车辆前驾驶员必须一度停车，检查被连挂车辆状态；连挂车辆后必须先确认连挂是否妥当，确认后方可启动。

（5）摘挂后的车辆，必须按规定安放止轮器，采取制动措施防止溜车。

4. 认真确认调车进路

（1）单机运行或牵引运行时，前方道路的确认由驾驶员负责。

（2）推进车辆运行时，前方道路的确认由驾驶员负责，如调车指挥人员所在位置确认前方进路有困难，可指派参加调车作业的其他胜任人员确认。

（3）取消调车作业进路时，操作进路人员应确认列车、车组或单车尚未启动，并通知调车指挥人员和调车驾驶员后，再关闭信号机，然后取消调车进路。

5. 严格、准确掌握运行速度

（1）在空线上运行应严格按照线路、道岔的允许速度运行，瞭望条件不良或气候条件不好时应适当降低速度。

（2）调车作业中，车辆进入车库和厂房时以 5km/h 的速度运行。

（3）接近被连挂车辆时以 3km/h 运行。

（4）电动列车在停车场内限速 20km/h 运行。

6. 尽头线调车必须保持必要的安全距离

在尽头线上调车作业时，距离线路终端应有 10m 的安全距离。遇特殊情况，距离必须小于 10m 时，要严格控制车辆运行速度，以随时能停车的 3km/h 以下速度进行。

7. 做好车场内调车作业与接发列车之间的协调

车场在列车运行图规定的接发列车以外时间，运转值班员可以确定场内的调车作业；但与行车调度布置的临时接发列车计划有抵触时，以接发列车作业为主；必须先进行调车作业时，应得到行车调度员的批准。

（二）正线调车作业事故的预防

（1）正线调车由调车指挥人员提出调车申请，行车调度在接到申请后确认不影响正常运营时方可同意调车申请，并做好相应记录。调车进路的排列由车站操作，但行车时行车调度必须加强对进路及调车全过程的监控。

（2）遇到正线调车时，行车调度应事先取消相关进路的自动进路功能。

（3）正线调车遇到轨道电路压不死等不正常现象时，必要采取单锁道岔的方式，必要时需现场加钩锁器以确保安全。

（4）如涉及越出站界调车，行车调度应该发布调度命令，令相关车站办理闭塞后方可进行。

第四节　接发列车作业惯性事故预防

接发列车是城市轨道交通行车工作中最重要的环节之一。接发列车的作业安全直接关系到城市轨道交通的行车安全，因此，所有参与接发列车的工作人员，均应以高度的工作责任感，严格执行规章制度，保证接发列车作业安全。

一、接发列车作业安全基本知识

接发列车作业主要是指对列车的车次、行驶时长和频率以及行驶方向进行安排，这一环节也是列车运行过程中很关键的一个环节。

1. 列车车次与行车安全

在整个轨道交通系统中行驶的列车是非常多的，因此，需要指挥人员进行周密安排，列车的车次一旦被误判，则很可能发生变轨错误的情况，导致撞车事件的发生。填报人员要细心耐心，如果出现记忆不明的情况应该马上核实，绝对不能有"差不多"的心理。

2. 列车行运方向与行车安全

列车的行驶方向也是很重要的信息，同样不能有丝毫差错，特别是遇到同一条线路上有两个及以上的列车行驶的情况，对于其行驶方向应该以醒目的标志进行提醒，并报告下一站的站名，避免列车驶向错误的方向。

3. 列车行运指挥与行车安全

指挥的级别应该从总部向分部发展，由总部进行统一指挥，再逐级下发至各分部，这一过程需要遵守的原则是正确性和服从性。

正确性的含义很明显，即指挥过程中应该自始至终保证指挥内容的正确，一旦出现指挥命令有误、指挥内容不全、指挥方法不科学或者分站人员对指挥命令理解错误、对指挥内容记忆不全以及使用错误的方法进行安排等情况，很容易导致危险的发生，所以在进行指挥之前，要对将要指挥的内容进行理解和记忆，对实际应用场所进行考察，积极收集相关人员的意见和建议，这样才能在指挥过程中做到准确无误。

分站工作人员应该严格服从指挥命令，不做规章制度规定以外的事情。

二、非正常情况接发列车作业事故的种类及主要原因

城市轨道交通一般均为双线，信号系统普遍采用中央级控制（ATS），列车实行自动驾驶运行。正常情况下，车站原则上并不办理闭塞及接发列车。车站对列车运行情况进行监控，并负责向行车调度报告，各站间相互报点；当发生意外事件时，向行车调度请示，经同意后暂不报点；站台服务员按有关规定迎送列车，只在停电、调度集中、信号连锁设备等出现故障，需要人工排列进路组织列车运行及列车开到区间因故障要退回车站等非正常情况下，车站才能办理闭塞，接发列车。

车站在办理接发列车和列车通过作业程序中发生的一切行车事故称为接发列车事故。

1. 非正常情况下接发列车事故的种类

（1）向占用区间发出列车。

（2）向接入线路发出列车。

（3）未准备好进路接发列车。

（4）未办或错办电话闭塞发出列车。

（5）列车冒进信号或越过警冲标。

（6）错误办理行车凭证发车耽误列车。

2. 发生接发列车作业事故的主要原因

（1）车站值班员离岗，或做与接发列车作业无关的事情。

（2）办理电话闭塞时没有确认区间处于空闲状态。

（3）不按规定检查确认接发列车进路。
（4）不认真核对行车凭证。
（5）错办或未及时办理信号。
（6）取消、变更接发列车进路时联络不彻底。

三、非正常情况接发列车作业事故的预防

接发列车作业从办理闭塞、准备进路到开放信号、交递凭证直至列车由车站发出或通过，其间任何一个环节的漏洞都有可能埋下事故隐患，任何一项差错都可能危及列车运行安全。因此，日常办理每一趟列车接发，均须高度重视，认真作业。

1. 办理电话闭塞不能简化作业过程

办理电话闭塞是接发列车的首要作业环节，是列车取得区间占用权的重要环节，也是易发生列车事故的关键环节。

（1）办理电话闭塞前，必须认真确认区间空闲。车站值班员在办理电话闭塞时，为防止向占用区间发出列车，在确认区间空闲时必须认真做好以下工作。

① 检查确认前一列车是否完整到达前方站。
② 通过闭塞设备确认区间空闲，检查确认区间是否有列车占用。
③ 检查确认区间是否封锁。
④ 检查有关记录，检查确认其他占用区间的情况。

（2）办理闭塞时，车次必须准确清晰，用语必须简洁完整。现场作业时，有的车站值班员承认闭塞时，仅简化回答"同意"两字而未复诵，未起到与相邻互控，联控的作用，极易错办车次，为此，办理闭塞及承认闭塞时，均需完整按照行车标准用语执行。

2. 认真检查确认接发列车进路

准备接发列车进路，是指将列车经由车站所运行的线路安全开通。它是接发列车工作中一项极为重要的作业环节，在准备接发列车进路时，应重点检查以下事项。

（1）确认接车线路空闲。没有到发线的车站准备接车进路或通过进路时，首先必须确认接车（通过）的线路空闲，以防止线路上存有机车、车辆及其他危及列车运行安全的障碍物等，为此，车站值班员和现场作业人员必须对接车（通过）进路线路是否空闲进行检查和确认。检查的方法有设备检查，即没有轨道电路及控制台上设有股道占用标识的，通过控制台对股道是否占用进行确认；目视检查，即车站值班员（助理值班员）现场目视检查线路空闲；分段检查，即在天气不好或瞭望条件不良、小曲线半径或联锁设备失效的情况下，车站（车厂）值班员（助理值班员）和现场人员按划分地段分别检查确认。

（2）确认接发列车进路正确无误。接发列车进路的正确与否，直接关系列车运行是否安全。因此，在接发列车作业中，对列车进路的确认极为重要，切不可疏忽。联锁设备正常时车站可通过信号设备的显示来确认接发列车进路；遇联锁设备停用时，对列车进路的现场检查则更需严密细致，对进路上的道岔逐个确认，确认其位置正确及按照要求加锁后，方可报告接发列车进路准备妥当。

（3）确认影响进路的其他作业已经停止。

3. 确认行车凭证的办理及交付正确无误

行车凭证是列车占用区间的依据，包括信号机显示、路票、调度命令后等。有关作业人员办理行车凭证时，必须认真严谨，防止因差错而造成行车事故。

（1）防误操作信号设备。信号是指列车运行的命令。信号正常时，信号机上显示的准许列车运行的各种信号均为列车行车凭证。信号的开放和关闭至关重要，因此，车站值班员、信号员在操作信号设备时，必须全神贯注，精力集中，遵章守纪，严格坚持"眼看、手指、口呼"一致的确认操纵制度，确保信号指示准确无误。

（2）防误填写行车凭证。使用路票、调度命令等书面凭证办理行车时，对其使用日期、区间、车次、地点、电话记录号码或调度命令号码等应特别注意。书面凭证填写后，必须逐字逐项复诵，认真进行核对，确保信号指示准确无误。

4. 严格执行接发列车作业程序、规范用语

为确保接发列车作业的安全稳定，尤其是在迎接处理中，车站接发列车作业应按规定程序办理，并使用规定用语。随意简化，甚至颠倒或遗漏作业程序及用语，将危及行车安全。

5. 必要时立岗监督接送列车并指示发车

接送列车及指示发车直接关系到接发列车作业的安全。在信号正常的情况下，车站原则上不办理接发列车作业；遇特殊情况（指信号联锁故障需要人工排列进路口组织列车运行时，或列车开到区间因故障要退回车站等情况）需要接发列车时，车站接发列车人员应严格执行接发列车作业程序。

（1）确认列车整列到达。

（2）严密监视列车运行安全状态。站台岗人员随时注意站台乘客动态，当列车进站时应于站台扶梯口靠近紧急停车按钮附近站岗，防止乘客在列车关门时冲上车而被车门或屏蔽门夹伤，维护站台秩序，监督驾驶员按规范动作关门。发车时，站台岗（或驾驶员）若发现站台或屏蔽门异常，应立即用对讲机通知驾驶员（或站台岗人员）并及时处理。

（3）确认列车发车条件无误后，方可指示发车。

第五节 检修施工作业事故预防

作为城市轨道交通运营工作的重要组成部分，为保证日常运营生产工作能安全而有序地进行，城市轨道交通运营企业必须对各种运营设备进行全面的检修施工作业和更新维修保养。轨道交通系统作为一个技术含量高、专业分工多的全封闭运作系统，有相当一部分施工检修作业直接或间接地影响着日常运营秩序，甚至会影响运营安全，而这些施工检修作业又可能受到时间与空间的制约无法及时完成。只有做好检修施工安全工作，确保行车设备和设施维修保养符合技术要求，才能使城市轨道交通顺利开展运营。一旦施工安全出现问题，使城市轨道交通运输的秩序混乱，严重影响乘客出行安全，将会给人民生命造成伤害，给国家和企业财产造成严重损失，因此，要高度重视检修施工作业安全，为城市轨道交通的安全运营打下良好基础。

检修施工作业应树立"安全第一"和"检修施工为运营"的思想，必须保证施工时不

耽误运营。总调度所负责检修施工计划的审批与实施，并按《铁路行车组织规则》中的有关内容和《施工检修管理办法》的具体规定安排临时施工计划和抢修作业。为提高维修和施工效率，保证设备维修质量，确保维修和施工安全工作，要成立有效的施工管理组织，加强对维修和施工作业的管理。

一、施工计划的制订

（一）施工计划

施工计划可按计划的时间不同进行划分，也可按计划施工作业的地点和性质不同进行划分，例如是否影响正线、是否影响车厂等。

（1）属于正常修改规程内的作业应结合设备检修计划进行，加强计划性。

（2）如在轨道交通运营时间内对设备进行临时抢修，须在运营停止后继续安排临时性的设备补修。

（二）施工计划申报程序

1. 向总调度所提出施工计划申请

必须向总调度所提出计划申请的施工检修作业范围。

（1）施工检修作业在列车运营线路（含出入库线）及其封闭区域以内。

（2）施工检修作业在列车运营线路（含出入库线）及其封闭区域以外但对地铁运营组织工作有直接关系与影响的。

（3）施工检修作业在停车场内影响列车正常出入库的。

（4）电力调度所管辖范围内的所有供电设备的清洁、保养、检修和改扩建等工作。

（5）在各种施工检修作业中，由于与电力设备的安全距离不够，威胁到人身安全而需要相关的电力设备停役的施工检修作业。

（6）与正线行车安全直接相关的通信、信号系统设备的清洗、保养、检修和改扩等工作。

（7）其他经公司认定需要申报的施工检修作业。

2. 向总调度所提出电力施工计划申请

施工涉及城市交通供电系统的，必须向总调度所提出电力施工检修计划申请的施工检修作业范围。

（1）电力调度所管辖范围内的所有供电设备的检修和清洁、保养工作。

（2）在各种施工检修作业中，由于与电力设备的安全距离不够，威胁到人身安全而需要相关的电力设备停役的施工检修作业。

（3）在电力调度管辖范围内，凡可能影响正常运营和安全的供电设备的施工检修作业。

（4）凡涉及电力调度管辖和许可范围内的新建、扩建、改造工程，依旧要接入地铁供电系统的供电设备。

3. 向总调度所提出环控施工计划申请

施工涉及城市轨道交通消防环控系统的，必须向总调度所提出环控施工检修计划申请的施工检修作业范围。

（1）影响环控调度系统的中央主机系统网络施工检修作业。

(2) 影响消防报警系统以及各自动气体灭火系统的施工检修作业。

(3) 影响车站设备自控系统的施工检修作业。

(4) 影响给排水系统的施工检修作业。

(5) 影响事故冷却风机系统的施工检修作业。

(6) 在环控调度管辖范围内，凡可能影响日常运营秩序和安全的站内施工检修作业。

4. 特殊情况下的计划申请

在城市轨道交通运营时间内原则上不安排与运营设备有关的施工检修作业。因施工检修作业组织工作中的特定要求等特殊情况，须在运营时间内进行施工检查作业，各施工检修单位必须提供书面或详尽的安全保障方案，并由主管安全服务的职能部门确认后，向总调度所提出计划申请。施工计划申报单位应包括作业日期、作业部门、作业时间、作业区域、作业内容、供电安排、申报人、防护措施、备注（列车编组、配合部门及详细配合要求、联系电话）等。

5. 检修施工计划的批复

(1) 施工检修单位提供计划申请后，总调度所在三个工作日内批复计划并具体执行安排。

(2) 每月15日和30日前，总调度所分别下达当月以及次月上半月的施工检修通告。

(3) 根据施工检修计划调整变化情况，总调度所在每周五发布下周的调整施工检修报告。

(4) 施工检修作业计划的实施以调整后的施工检修通告为准。

（三）施工计划的编制

1. 计划编制原则

(1) 在确保安全的前提下，考虑均衡安排，避免集中作业。

(2) 处理好列车开行时间和密度、施工封锁等几方面的关系，避免抢时和争点现象出现。

(3) 经济、合理地使用机车和车辆，避免浪费资源。

2. 施工现场作业令

(1) 凡进行计划施工，都必须领取施工进场作业证，以此作为请点施工的凭证。

(2) 施工计划编制部门负责施工进场作业证的管理工作。

二、施工安全管理

（一）施工责任人制度

每项施工作业须设立一名施工负责人，辅站另设立施工负责人。两者须经过培训并取得安全资格证书后，方可按制度持证上岗。

1. 施工负责人（施工责任人）职责

(1) 负责作业人员（设备）的管理。

(2) 办理请（销）点手续。

(3) 作业过程的组织指挥。

(4) 及时与车站、车厂联系作业有关事项。

(5) 组织设置（撤销）作业安全防护设施。

(6) 出清作业区域（设备状态恢复正常）。

2. 施工负责人（施工责任人）任职条件

(1) 熟知行车规章制度及有关规定。

(2) 熟悉该项作业的性质、内容、方法、步骤、要求等。

(3) 具备与该项作业相关的安全知识和技能。

(4) 经过培训并考试合格，取得相关资格证书。

（二）施工防护要求

(1) 接触网停电检修或需接触网停电配合挂地线时，在该作业地段两端挂接地线。

(2) 站内或站间线路施工时，须在施工区域两端轨道上设置红闪灯防护。

(3) 在折返线、存车线和联络线施工时，须在作业区域的可能来车方向处设置红闪灯防护。

(4) 车站值班人员到站台检查红闪灯是否按规定摆放，并监督红闪灯状态是否良好。

(5) 施工作业时除严格执行以上规定外，还要按施工部门的有关施工操作程序的防护规定执行。

(6) 凡在运营时间内进行作业的，必须做好防护措施，确保城市轨道交通乘客的安全，最大限度地减少对乘客的影响。

（三）现场施工要求

人和工程车在同一区域作业时，由施工负责人与车长根据现场情况协调。

(1) 按施工前进方向，列车在前，人员在后。原则上不得颠倒顺序或列车运行前后皆有人员作业。

(2) 非随车施工人员与列车应有一定的安全间隔，原则上列车不得随便后退，如需要动车时，须向施工负责人和车长协商后才能动车，确保人身安全。

(3) 作业人员应在现场作业区的来车方向设置红闪灯防护。

(4) 组织工程车运行时，在工程车运行的到达站前方必须保证至少有一个站台区间空闲。

(5) 在开行工程车进行作业的封锁作业区的前后方必须保证至少有一个站台区或站间区间空闲。

(6) 在开行高速调试列车的封锁作业区的前后方必须保证至少有一个站间区间空闲。

(7) 凡进入线路施工的施工作业人员必须按照要求穿荧光衣，并根据作业性质及作业要求使用其他安全防护用品。

(8) 施工作业过程中如要进行动火作业，必须事先办理有关动火手续，严禁在未办理动火手续的情况下进行动火作业。

(9) 外单位施工由主办部门或配合部门负责安全管理、安全监督。

(10) 各施工单位和部门在申报施工计划时应严格按照相关规定，结合施工作业过程中的实际情况，提出安全防护要求和配合要求。在施工作业过程中，施工单位和部门应严格遵守安全规定和施工进场作业令中的要求。

三、施工组织

（一）施工时间的安排

（1）如有施工车运行时须等工程车过后才能开始施工。

（2）严格按照施工计划按时完成施工作业。

（3）每日末班车离开起点站后，可由车站根据施工登记表向行车调度请点。

（4）车厂内施工（作业）时间安排应严格按照施工计划的要求执行，车厂调度、维修调度和派班员应根据当日施工计划提前做好线路空间，车辆和驾驶员配合准备。

（二）施工的组织

1. 各施工单位及部门的施工，检查作业，严格控制作业区范围及作业时间

（1）外单位施工负责人（责任人）须持相关安全资格证件，方可在城市轨道交通范围内进行施工。

（2）施工负责人持相关安全资格证件，方有资格申请城市轨道交通施工。

（3）持有相关安全资格证件的施工负责人，向施工计划编制部门申请报施工计划。

（4）以主办部门或主配合部门名义申请的外单位作业，由外单位人员担任施工负责人，主办部门或主配合部门协助办理请（销）点。

2. 施工人员进出站规定

（1）施工负责人持作业令在作业规定的施工开始时间前到达主站。施工责任人及维修人员在作业令规定的施工开始时间前到达辅站和相关车站，按规定程序办理施工作业手续。

（2）向内部相关部门配发车站紧急出入口的钥匙。施工人员遇特殊情况需在收车后到达车站的，施工负责人到内部相关部门申请领取车站出入口钥匙，经各站指定的紧急出入口进出车站，及时将出入口锁上。

（3）外单位施工人员进出车站须提前与车站值班人员联系，并于关站前进站。如遇特殊情况确须关站后进入的，应提前与车站预约，车站根据其预约的地点和时间，检验手续后开门放行。

3. 施工组织规定

（1）每日运营结束后，维修部门计划对设备系统进行检修作业，并应于规定时间内完成运行线路巡道和施工线路出清程序。

（2）在正线及辅助线施工开始前，施工负责人应进行施工登记，经行车调度批准，发布封锁命令。车站签认以后，通知施工负责人设置防护信号，并送维修施工人员到站站台端墙，确保施工人员进行正确的施工区域。

（3）对维修、调试、施工等作业按性质、地点分别组织。涉及正线的施工作业须经行车调度批准方可进行；涉及车厂内的施工作业须经车厂调度员同意方可进行，如影响正线行车须报行车调度批准；涉及车站的施工作业须经车站批准方可施工。

（4）在两站之间作业需要开行工程车时，由行车调度指定的车站值班员掌握施工情况，监督施工安全。

（5）施工结束后，负责线路出清，人员撤离现场，经检查确认撤除防护后，办理注销施工登记手续。车站报告行车调度取消封锁线路的命令。

（6）需由多个车站进入施工的作业项目，施工负责人除到主站办理外，还须核实辅站情况。辅站施工负责人在作业令规定的施工开始时间前到达辅站办理登记手续，辅站值班员向主站值班员核实施工事项并清点，主站接到行车调度允许施工的命令后，传达给施工负责人及辅站，辅站值班员允许施工责任人开始该作业点的施工。

（7）当多点销点时，辅站施工责任人负责本段线路出清并报施工负责人后，在辅站销点；辅站值班员向主站值班员销点；施工负责人负责该项作业区域全部出清后，方可报主站值班员销点，然后主站值班员向行车调度销点。

（8）有外单位作业时，由指定的施工主办部门或配合部门人员协助办理清点后，方可开始作业。

四、工程列车开行

施工过程中，工程列车开行对城市轨道交通的行车安全有较大影响。因此，工程列车开行必须保证其运行安全。

1. 行车调度统一指挥

行车调度负责指挥工程车开行，在进行作业安排时，有关人员应注意以下几点。

（1）工程车按正常列车办理，尾部必须挂有标志灯。工程列车中所有车辆的制动机电全部加入列车的制动系统，编入工程列车的车辆不准有关门车。工程列车挂有高度超过轨面一定高度的货物时，接触网必须停电。

（2）工程列车进路排列由行车调度负责，行车调度在指挥工程车运行时要严格确认工程车运行前后有无施工作业。

（3）安排工程列车作业时，必须严格按照划分的区域安排作业。

（4）工程列车离开作业区返回时，车长、驾驶员负责观察工程列车返厂途中的前方线路出现情况，保证车上物品及部件不掉落，工程列车在回库前应向行车调度汇报。

（5）封锁区域工程列车运行由施工负责人指挥。

（6）涉及接触网停电挂地线且须工程列车配合的作业时，工程列车到达作业后，经行车调度同意后才可挂地线。作业完毕，拆除地线，得到行车调度命令后驾驶员方可动车回厂。

2. 工程列车开行

（1）工程列车在进入运营前必须保证无线通信畅通，并按照规定对列车技术状态进行全面检查，以确保行车和设备安全。

（2）工程列车的开行根据调度命令办理，严格按申报批准的运行经路、运行方式开行，推进运行在列车前部设专人引导，遇异常情况立即通知驾驶员停车。工程列车在地面线路运行限速 60km/h，隧道内限速 45km/h，进站限速 15km/h，侧向过岔道限速 30km/h。

（3）工程列车在进站、出站，运行至曲线前、站内或区间动车前，应按规定鸣笛示警。

（4）工程列车在车站装卸物料时，车站要负责监控，查看是否有物品侵限。

3. 工程列车、教授列车进出封锁区间

（1）维护调度负责向行车调度提出使用工程列车的计划（上人、设备地点和数量），由行车调度向车厂调度员发布调车指令。

(2) 车厂调度员按行车调度的要求组织工程列车开行到车厂内指定地点。

(3) 抢修工作执行部门原则上在工程列车到达后10分钟内完成装载设备、物品等工作,并安排跟车人员上车。

(4) 行车调度负责组织工程列车或救援列车从车厂至封锁区间前一站的运行,在封锁区间前一站把工程列车或救援列车交给维修调度,并命令该站向列车或救援列车交付进入封锁区间的调度命令。

(5) 维修调度负责通知现场指派一名联络员登乘工程列车或救援列车驾驶室,将进入区间的计划交给车长,由车长引导进入封锁区间,按照计划指挥动车。

(6) 如封锁区间内有道岔、辅助线时,由车长与车站联系调车进路计划,车站安排好进路后通知车长,由车长指挥动车。

五、车站在施工期间的管理

1. 施工登记

(1) 夜班行车值班员接班后,应仔细阅读《检测施工通告》,了解车站当天有关的施工内容及夜间施工车开行情况。

(2) 施工负责人必须在施工前15分钟与行车值班员取得联系,行车值班员核对等级内容与《检测施工报告》上的内容无误后给予登记。

(3) 行车值班员将施工登记内容向行调报告,并得到行调同意及调度命令号码。

(4) 行车值班员再次核对施工等级内容无误后,将调度命令号码记录在"施工单位"一栏内并签名确定同意施工。施工结束为异地注销的,行车值班员应将施工登记内容通报注销站行车值班员。

2. 施工注销

(1) 施工结束后,施工负责人到车控室注销,行车值班员需让直供负责人在"施工结果"一栏内写清"人员、工具清,设备正常"。

(2) 行车值班员向行车调度报告检修施工完毕,由行车调度下达注销调度命令号码。行车值班员将调度命令号码记录在"施工结果"一栏内,并签名确认施工已注销。

(3) 异地注销:由注销站行车值班员向登记站行车值班员通报注销时间及注销调度命令号码(以下简称调令号);登记站行车值班人员应在"施工注销"一栏内写清注销时间并用××站行车值班员×××电话通知施工注销。

3. 延长施工

(1) 行车值班员应注意施工时间,施工时间已过且施工负责人未注销的,应及时汇报行车调度,根据行车调度命令执行。

(2) 施工需延长时间的,施工负责人应在原定截止时间前20分钟与行车值班员联系,由行车值班员向行车调度汇报、经同意后方可进行。

(3) 施工时间延长,不对原施工登记进行注销,由施工负责人另行登记,其调令号不变。

(4) 待施工结束后,由施工负责人对两次施工分别进行注销(前次施工注销时间为后次施工的开始时间）。行车值班员汇报行车调度后，用同一调令号注销，按施工作业规定要求对两次施工进行签字、确认和注销。

4. 注意事项

（1）涉及行车设备的施工，在注销时，行车值班员须试验设备完好后，方可同意施工单位注销。

（2）如夜间有施工车开行的，行车值班室须特别注意施工登记内容，严防施工区段与施工车开行区间发生冲突。

（3）运行期间的站区一切施工，都要到行车值班室登记，对影响行车的施工（如下站线施工、在站台侵入限界的施工、施工动用行车设备）要经过行调同意方可进行。

（4）行车簿册登记时要笔迹清晰、内容完整，严禁涂改。

思考题

1. 什么是列车运行事故？造成列车运行事故的主要原因有哪些？
2. 如何保证行车调度工作安全？
3. 预防列车驾驶发生事故的措施主要有哪些？
4. 车站行车安全工作的基本要求有哪些？
5. 发生调车作业事故的原因是什么？如何预防调车作业事故？
6. 发生接发列车作业事故的原因是什么？如何预防接发列车作业事故？
7. 施工期间如何开行工程列车？

第五章

城市轨道交通人身伤亡事故的预防

案例阅读

2003年2月18日9时55分左右,韩国东部著名的纺织服装城市大邱,已经过了上班的早高峰时间,第1079号地铁列车上乘坐的大部分是老人和孩子。他们或翻看手中的书报,或闭目养神。除了车轮的声音,车厢里显得非常安静。他们做梦也没有想到,一场巨大的灾难即将降临到自己的头上。列车刚停在市中心的中央路车站,第三节车厢里一名56岁的男子就从黑色手提包里取出一个装满易燃物的绿色塑料罐,并拿出打火机试图将其点燃。车内的几名乘客立即上前阻止,但这名男子却摆脱了乘客的阻拦,把塑料罐内的易燃物洒到座椅上,点着火并跑出了车站。

车厢内起火后,车站的电力系统立刻自动断电,站内一片漆黑。列车门因断电而无法打开。车厢内没有自动灭火装置。当大火烧起来的时候,刚好驶进站台对面的一趟列车也因停电而无法动弹。大火迅速蔓延过去,两趟列车的12节车厢全被烈火和浓烟包围。人们乱作一团,有的拼命撬门,有的四处寻找逃生出口。

慌乱中,许多乘客因浓烟窒息而死。浓烟不仅从地铁出口向地面上的街道扩散,而且顺着通风管道蔓延至地下商场。200多家商店纷纷关门。当地警方和消防部门在2分钟内接到了火警警报,迅速调集1 500多名人员和数十辆消防车前往救援。军队也加入了救援队伍。一时间,大邱市中心区警笛声响成一片,警察封锁了通往现场的所有路口。许多市民闻讯后赶到现场寻找自己的亲属。事故现场周围哭声不断,交通陷入瘫痪。

大火并未停止住它吞噬一切的势头,因为3分钟之后,另一趟对开的1080号列车"不合时宜"地到达了车站。第二波灾难接踵而至。

1080号列车驾驶员崔相烈像往常一样驾驶机车驶入中央路站,在此之前,他只接到指挥室"注意运行"的通报,直到列车进站后,他才接到对面列车发生火灾的消息。望着烟雾弥漫的站台和慌乱的人群,崔相烈这才意识到事情不妙。或许出于自我保护的意识,列车车门开启后瞬间又关上了。

恰在这紧急关头,更为要命的事情发生了:因为浓烟和大火,地铁站内的电源自动切断,整个站台顿时漆黑一片。此时的1080号列车车厢内,电灯突然爆裂,但并未引起乘客惊慌失措的骚动。车厢内的广播说,"发生了火灾,请暂时等候。"于是,乘客们在不知情的情况下呆坐在座位上,茫然地等待着下一步通知。这时,29岁的大学讲师柳镐正也在地铁内,他用了两卷胶卷,将在平静中等待死亡的人们真实地记录了下来。

浓烟开始在车厢内弥漫,一些乘客因烟雾而剧烈咳嗽起来,有人急忙用手捂住了口鼻。

但在随后的5分钟里，列车就这样紧闭着车门停在站台上，既没有广播通知，也没有开门让乘客逃生。大火很快就紧逼上来，浓烟渐渐布满了整个车厢。这时，车厢内的乘客才如梦初醒般地慌乱起来，一些妇女拨通了亲友的手机，哭着说"着火了，不能出去。"在面临死亡的时刻，很多人立刻想到了自己的亲人。

慌乱中，女子高中的三年级学生李美英拨通了母亲的手机："地铁起火了，门打不开，救命啊！"急促的声音将她的母亲朴氏吓坏了，她刚刚喊出"不要惊慌，小心行动，要注意"的叮嘱，手机中便传来凄厉的惨叫和哭喊声，紧接着，女儿的手机信号断掉了。此时，1080号列车的6节车厢已燃起了熊熊大火，充满绝望的呼救声和哭喊声连成一片。黑暗加剧了人们的恐慌，一些乘客吸入有毒气体倒下去，其余的人则互相拥挤踩踏着，一窝蜂地涌向地铁出口。事故发生时，庆北永川市邑琴湖车站站长、45岁的权春燮正在1080号列车的4号车厢内。在听到车厢内广播发生火灾的消息后，他感到情况不妙，于是打开了门边座椅下的紧急开关，准备用手开门。在车厢灯熄灭、只有紧急照明灯亮着的情况下，他轻松地用手打开了车门，因为，曾任10年列车长的他熟知紧急情况下的应变要领。

当权春燮走出车门后，车厢内的其他乘客也开始纷纷逃出。当时，为避开4号车厢内的浓烟而涌到其他车厢的乘客也奔回4号车厢，随后，有60多人接连从4号车厢逃了出来。在另一些车厢，乘客因为无法打开车门而活活地窒息而死。权春燮走出列车后，盲目地走在漆黑的地铁站内，后因吸入过多的烟雾而昏迷，被随后赶来的救援人员送往岭南大学医院接受治疗。而涉嫌纵火的金大汉，则在入院疗伤时被同车的乘客认出，马上被警方逮捕。

车站外，浓浓的黑烟从地铁的各个通风口冲向蓝天，毫不知情的行人和驾驶员被满街的浓烟惊得目瞪口呆。交警立即封锁了主要交通干道，为火速赶来的救护车辟出专用车道。此时，在中央路车站第四出口前经营便利店的周某也看到了喷出的滚滚浓烟，但令他奇怪的是，很长一段时间过去了，却看不到因受到惊吓而大喊着跑出来的乘客。周某或许并没有想到，那些惊慌失措的乘客正为寻找出口而苦苦挣扎着。两辆列车在黑暗中继续燃烧着，产生了大量令人窒息的浓烟和有毒气体；由于站内通风不畅，一些人在站台上便被浓烟熏倒，随后被后面的人所践踏；另一些人好不容易摸到了地铁出口，却也未能逃出高浓度有毒气体的魔掌，纷纷昏倒在出口的台阶上。

事故发生后，大邱市消防部门立即赶往火灾现场进行灭火救人工作。当66辆消防车和救护车尖叫着冲往事发现场时，附近街道的正常交通几乎陷入了瘫痪，所有地铁也停止运行。有关方面还在地铁附近建立了紧急救护中心，大约有3 200名警察及消防人员投入了救援工作。

据悉，韩国大邱市地铁中央路站火灾，造成198人死亡，146人受伤，298人失踪。

大邱市地铁全长28.3km，1997年投入运行，每天运送乘客14万多人次。火灾发生时两列地铁列车上共有约600名乘客，这次火灾虽然是有人故意纵火而造成的，但为什么造成了如此严重的伤亡呢？韩国专家们认为，是多种原因导致了此次灾难的发生。

据韩国专家和媒体的分析，目前韩国地铁大致存在三个方面的问题。

首先是设备方面的隐患，车站和车厢内安全装置不足。韩国的地铁车站内虽然安装了火灾自动报警设备、自动淋水灭火装置、除烟设备和紧急照明灯，但是这些安全装置在应付严重火灾时能力仍明显不足，尤其是自动淋水灭火装置。由于车厢上方是高压线，为了防止触电，车厢内均没有安装这种装置，因此，大邱市地铁发生大火时，不可能尽早扑救。车站断电后，四周一片漆黑，紧急照明灯和出口引导灯均没有生效。此外，车站内的通风设备容量不大，只能保障平时的空气流通，难以排除大量浓烟。车厢内的座椅、地板等虽然采用耐燃材料，可一旦燃烧起来仍会散发出大量有毒成分。韩国媒体报道说，火灾的死亡者中有许多是跑出车厢后找不到出口，吸入含有有毒成分的浓烟窒息而死的。

其次是法律不健全。韩国专家们特别指出，韩国现行的《消防法》只注重固定的建筑和设备，而飞机、船舶、火车等移动的大众交通工具在《消防法》中是个死角。韩国媒体报道说，大邱市地铁1997年开通时采用的有关防火安全的标准，还是20世纪70年代韩国首次开通地铁时的标准，已经不适合当前的情况。

再次是安全教育流于形式。韩国每年都进行"民防训练"，让人们学习在紧急情况下逃生和保障安全的知识。韩国媒体和专家指出，这些民防训练"大多流于形式"，人们在慌乱时全然不知使用现有的灭火器材进行灭火。

除了上述原因外，韩国专家们还认为，地铁公司平时麻痹大意、安全意识不强、安全保卫人员不足以及通信联络不完备等，也是造成此次地铁火灾大批人员伤亡的重要原因。特别是当时车站的中央控制室管理不力，没有及时阻止另一趟列车进入已经失火的车站，更造成了伤亡人员的增加。韩国警方2月19日表示，他们对大邱地铁纵火事件的初步调查结果认为，地铁工作人员未能采取适当措施处理紧急情况，是造成大量人员伤亡的主要原因之一。

第一节 电气事故的预防

电气安全主要包括人身安全与设备安全两个方面。人身安全是指在从事工作和电气设备操作使用过程中人员的安全；设备安全是指电气设备及有关其他设备和建筑的安全。

一、电气安全基本知识

（一）电气事故分类

（1）电气事故按发生事故时的电路状况，可分为短路事故、断线事故、接地事故和漏电事故等。

（2）电气事故按发生灾害的形式，可分为人身事故、设备事故、电气火灾和爆炸事故等。

（3）电气事故按事故严重程度划分，可分为特大事故、重大事故和一般事故。

（4）电气事故按事故的基本原因，可分为下面4种。

① 触电事故。指人身触及带电体（或过分接近高压带电体等）时，由于电流流过人体而造成的人身伤害事故。触电事故是由于电流能量施于人体而造成的。触电又可分为单相触电、两相触电和跨步电压触电三种。

② 雷电和静电事故。指局部范围内暂时失去平衡的正负电荷在一定条件下，将电的能量释放出来，对人体造成的伤害或引发的其他事故。雷击往往会伤及人畜，摧毁建筑物，还可能引发火灾；静电放电的最大威胁是引起火灾和爆炸事故，也可能造成人身伤害。

③ 射频伤害。指电磁场的能量对人体造成的伤害，也就是电磁场伤害。在高频电磁场的作用下，人体因吸收辐射能量，各器官会受到不同程度的伤害，从而引起各种疾病。除高频电磁场外，超高压的高强度工频电磁场也会对人体造成一定伤害。

④ 电路故障。指电能在传递、分配和转换的过程中由于失去控制而造成的事故。线路和设备故障不但威胁人身安全，而且也会严重损坏电气设备。

上述四种电气事故，最常见的为触电事故。任何一种事故，都是由于各种类型的电流、电荷与电磁场的能量不适当释放和转移而造成的。

(二) 电气事故的特点

(1) 电气事故一旦发生，其引发的结果将会非常严重，造成的损失也会很大，轻则对生产进度造成影响，重则对工作人员的生命安全产生严重威胁。

(2) 电气事故的特点是隐蔽性比较强。电是一种无法接触到的能源，不能通过直接观察发现其存在的问题，所以电力事故发生之前往往不被人所察觉，一旦发生就已经达到风险极限，一般来说其所造成的损失是很难挽回和减少的。

(3) 由于电能是现代社会人类利用最广泛的一种能源，其适用范围是非常广阔的。除了日常的用电，还可能在电能作用的空间产生火花和磁场，可以说用电风险存在于我们生活的方方面面，因此必须引起人们的关注。

(三) 电气安全的要素

对于轨道交通系统来说，电的使用是不可避免的，所以应该在使用之前就做好相应的安全培训。定期组织讲座和安全演习，有针对性地写出安全守则和操作规范，保证相关岗位的工作人员都能具备应对电气安全的能力。

1. 电气绝缘

由于人不可直接接触电，但又要使用电，所以为了安全，在大多数用电设备上都有一层绝缘保护层。绝缘保护层必须是完好的。对于电的隔绝能力要反复进行验证才可以投入使用，并且有一系列的专业数据可以衡量。

2. 安全距离

有时候人并不需要直接接触电，但一定会在有电存在的空间中活动，而人体与所处空间的电流之间有一个安全距离。在安全距离之外的人是不会受到安全威胁的，但在这个距离之内的人面临的风险则是非常大的，因此，在实际用电体的配置方面应该尽量在避免人活动的高发区。在检测人员对其进行维护和检测时也要留出一定的空间。

3. 安全载流量

载流量是指导电物体能够在不影响自身功能的前提下允许经过的最大电流量，如果经过的电流量高于允许值，则会导致物体发热，最终无法使用，甚至造成严重的安全事故，所以，在进行用电体配置时必须遵循物体的载流量守则，不能出现超载运行的现象。

4. 标志

鉴于电能的种种风险，需要人们特别注意，因此要在用电体和需要工人操作的显著位置进行标注。标注的特点一般是简洁、醒目、符合规定的。对于不同的情况有着不同的图案和色彩，操作人员要对这些标志的含义做到心中有数。

(四) 电气安全常识

1. 常见电气事故的主要原因

(1) 电气线路和设备安装不符合安全要求。

（2）电气线路和设备在检修中措施没有落实。

（3）接线错误。

（4）非电工任意处理电气事务。

（5）操作漏电的机器设备和使用漏电电动工具，包括设备、工具无接地和接零保护测试。

（6）设备和工具已有的保护线中断。

（7）带电源移动设备时因损坏电源绝缘。

（8）电焊作业者穿背心短裤、不穿绝缘鞋、汗水浸透手套，焊钳误碰自身、湿手操作机械按钮等。

（9）因暴风雨、雷击等自然灾害导致。

（10）现场临时用电管理不善导致。

2. 防止电气事故的措施

要想有效防止电气事故，不仅要有技术措施还要有组织管理措施，总结起来有以下6个方面。

（1）防止接触带电部件，常见的安全措施有绝缘，屏护和安全间距。

① 绝缘：即用不导电的绝缘材料把带电体封闭起来，这是防止直接触电的基本保护措施。

② 屏护：既采用遮拦、护罩、护盖、箱闸等把带电体与外界隔离开来。

③ 安全间距：为防止物体触及或接近带电体，防止车辆等物体碰撞或过分接近带电体，在带电体与带电体、带电体与地面、带电体与其他设备和设施之间，均应保持相应的安全距离。

（2）防止电气设备漏电伤人，保护接地和保护接零，是防止间接触电的基本技术措施。

① 保护接地：即将正常运行的电气设备不带电的金属部分和大地紧密连接起来。其原理是通过接地把漏电设备的对地电压限制在安全范围内，防止触电事故。保护接地适用于中性点不接地的电网中，电压高于1kV的高压电网中的电气装置外壳，也应采取保护接地。

② 保护接零：在380/220V三相四线制供电系统中，在正常情况下把用电设备不带电的金属外壳与电网中的零线紧密连接起来。

（3）采用安全电压。根据生产和作业场所的特点，采用相应等级的安全电压，是防止发生触电伤亡事故的根本性措施。国家标准《安全电压》（GB 3805—83）规定，我国安全电压额定值的等级为42V，36V，24V，12V和6V，应根据作业场所、操作员条件、使用方式、供电方式和线路状况等因素选用。

（4）漏电保护装置。漏电保护装置又称触电保安器，在低压电网中发生电气设备及线路漏电或触电时，它可以立即发出警报信号，并迅速自动切断电源，从而保护人身安全。

（5）合理使用防护用具。在电气作业中，合理匹配和使用绝缘防护用具，对防止触电事故，保护操作人员在生产过程中的安全健康具有十分重要的意义。绝缘防护用具可分为两类，一类是基本安全防护用具，如绝缘棒、绝缘钳、高压验电笔等；另一类是辅助安全防护用具，如绝缘手套、绝缘鞋（靴）、绝缘台和橡皮垫等。

（6）安全用电组织措施。防止触电事故，固然技术措施十分重要，但组织管理措施亦必不可少。其中包括制定安全用电措施计划和规章制度，进行安全用电检查、教育和培训，组织事故分析，建立安全资料档案等。

二、城市轨道交通电气安全

1. 相关电气设备

（1）接触网。沿轨道线路架设，向电客车供给电能的特殊形式的输电线路，包括架空刚性接触网、架空柔性接触网和接触轨。

（2）牵引轨。用来流回牵引电流的钢轨。

（3）隔离开关。用来在接触网无负荷的情况下切断或闭合供电回路的电气设备。

（4）接触线。接触悬挂中与受电弓接触的传导电流的导线。

（5）承力索。接触悬挂中用来承受接触悬挂重量的缆索。

（6）接触轨区域。安装有接触轨的执行区。

2. 预防电气化线路电气事故的措施

（1）接触网的各导线（如接触线、承力索、馈线、吊弦等）及其相连部件（如腕臂、定位器、定位管、拉杆、避雷器等）都带有高压电，禁止直接或间接触地（指通过任何物件，如棒条、导线、水流等）与上述设备接触。

（2）当接触网的绝缘不良时，在其支柱、支撑结构及其金属结构上，在回流电缆与钢轨的接触点上，都可能出现高电压，因此，平常应避免与上述部件接触，当接触网绝缘损坏时，禁止与之接触。

（3）为保证人身安全，任何人员及其携带的物品（经检验合格的工具除外）应与带电接触网、受流器保持足够的安全距离。1 500VDC 接触网的安全距离为 700mm。

（4）进行在接触网上或接触网距离小于其安全距离的作业前，接触网必须停电并做好安全措施后方可工作。一般来说，其安全措施是停电、验电、挂接地线和悬挂标志牌。

（5）接触网断线及其部件损坏或接触网上挂有异物时，不得与之接触，并应对该处加以防护，任何人员均应与断线落下点保持 8m 以上的距离，以防跨步电压触电。

（6）当行人持有木棒、竹竿、彩旗和皮鞭等高长物件过道口走近接触网下时，不得高举挥动，并必须使物件保持水平状态走过道口。

（7）汽车过平交道口时，货物装载高度（从地面算起）不应超过 4.5m；在装载货物高度超过 2m 的货车通过道口时，货物上严禁坐人。

（8）当区段内接触网停电接地时，不得向该区段接发电客车，当驾驶员发现接触网异常或出现事故时，要马上停车并立刻降下受电弓。

（9）在接触网没有停电并接地的情况下，禁止到电客车、内燃机车及工程列车车顶上进行任何作业。检修库内，在接触网停电并接地以前，禁止登上车顶平台。

（10）凡可能进入接触轨区域的地方，必须张贴"当心触电"的警告标志。

（11）所有进入接触轨区域的人员，必须穿绝缘鞋和有高可见度的反光背心。

（12）除接触网专业人员按规定检修接触轨设备外，其他任何人员，即使在接触过已经停电挂地线的情况下，也不得擅自接触、触摸接触轨及其附近。

（13）安装有接触轨的轨行区，须疏散乘客时，原则上接触轨应停电，做好安全防护后再有组织地疏散乘客。

（14）倒闸操作、验电、挂拆接地线和处理接触网（轨）上异物时，操作人员必须戴绝缘手套。

（15）带电更换低压熔断器时，操作人员要戴防护眼镜，站在绝缘垫上，并要使用绝缘柄钳或戴绝缘手套。

第二节 火灾事故的预防

一、防火灭火基础知识

（一）火灾

1. 火的概念

火是一种化学反应，是物质燃烧过程中散发出光和热的现象，是能量释放的一种方式。火焰由焰心、中焰和外焰三个部分组成，由内向外温度依次增高。燃烧的发生必须同时具备三个条件：一是可燃物，如木材、汽油、液化石油气、纸张等；二是助燃物，如空气中的氧气；三是着火源，如明火（未熄灭的烟头等）、电火花、雷击等。只有上述三个条件同时具备，才可能发生燃烧。

燃烧根据其表现形式不同可分为蒸发燃烧、扩散燃烧、分解燃烧、表面燃烧、混合燃烧和阴燃。

（1）蒸发燃烧：是指可燃性液体（如汽油、酒精等）蒸发产生了蒸汽被点燃起火，它放出的热量进一步加热液体表面，从而促使液体持续蒸发，使燃烧继续下去。

（2）扩散燃烧：是指可燃气体和空气分子互相扩散、混合，其混合浓度在爆炸范围以外，遇火源即能燃烧。

（3）分解燃烧：是指在燃烧过程中可燃物首先遇热分解，分解产物和氧反应产生燃烧，如木材、煤、纸等固体可燃物的燃烧。

（4）表面燃烧：是指燃烧在空气和固体表面接触部位进行的。例如，木材燃烧，最后分解不出可燃气体，只剩下固体炭。燃烧在空气和固体炭表面接触部分进行，它能产生红热的表面，不产生火焰。

（5）混合燃烧：是指可燃气体与助燃气体在容器内或空间中充分扩散混合，其浓度在爆炸范围内，此时如果遇到火源会立即发生燃烧，这种燃烧在混合气所分布的空间中快速进行，所以称为混合燃烧。

（6）阴燃：是指一些固体可燃物在空气不流通，加热温度低或可燃物含水多等条件下发生的只冒烟但无火焰的燃烧。

2. 火灾

燃烧如被妥善利用，可以造福人类；一旦失去控制，将会造成极大危害。火灾是指在时间和空间上失去控制的燃烧所造成的灾害。火灾的危害性非常大，主要表现在两个方面，即人员伤亡和财务损失。

《火灾分类》（GB/T4968—2008）根据可燃物的类型和燃烧特性不同，将火灾分为A、

B、C、D、E、F六类。

A类火灾：指固定物质火灾。这种物质通常具有有机物质性质，一般在燃烧时能产生灼热的余烬，如棉、麻、木材、煤、毛、纸张等火灾。

B类火灾：指液体或可熔化的固体物质火灾，如煤油、柴油、原油、甲醇、乙醇、沥青、石蜡等火灾。

C类火灾：指气体火灾，如煤气、天然气、甲烷、乙烷、丙烷、氢气等火灾。

D类火灾：指金属火灾，如钾、钠、镁、铝镁合金等火灾。

E类火灾：指物体带电燃烧的火灾。

F类火灾：指烹饪器具内的烹饪物（如动、植物油脂）火灾。

2007年6月26日公安部下发的《关于调整火灾等级标准的通知》中，将火灾分为特别重大火灾、重大火灾、较大火灾和一般火灾四个等级。

（1）特别重大火灾：指造成30人以上死亡，或者100人以上重伤，或者1亿元以上直接财产损失的火灾。

（2）重大火灾：指造成10人以上30人以下死亡，或者50人以上100人以下重伤，或者5 000万元以上1亿元以下直接财产损失的火灾。

（3）较大火灾：指造成3人以上10人以下死亡，或者10人以上50人以下重伤，或者1 000万元以上5 000万元以下直接财产损失的火灾。

（4）一般火灾：指造成3人以下死亡，或者10人以下重伤，或者1 000万元以下直接财产损失的火灾。

（二）防火基础知识

所有的防火基础措施都是以防止燃烧的三个条件同时结合在一起为目的的。

1. 防火基本方法

控制可燃物，隔绝助燃物，消除着火源。

（1）控制可燃物。如用难燃或不燃材料来替代使用易燃材料，对性质相互抵触的化学危险品采用分堆、分仓存放等。

（2）隔绝助燃物。如对密封容器抽真空以排除容器内的氧气，在容器内充入惰性气体等。

（3）消除着火源。如在易燃易爆场所严禁烟火，在有火灾危险的场所严格控制电焊气割等动火作业。

2. 化学危险品

所谓危险品，是指具有爆炸、易燃、毒害、腐蚀放射性等特性，在运输、储存、生产、经营使用和处置过程中，容易造成人身伤亡、财产损失或环境污染，需要特别保护的物品。其中的化学物品则称为化学危险品，如黄色炸药、烟花爆竹、枪弹、雷管、液化石油气、一氧化碳、石油气、氢气、氧气、煤气、汽油、酒精（乙醇）、丙酮、油漆类、松节油、染色剂、香蕉水、钠、钾、磷、锌粉、铝粉、高锰酸钾、亚硝酸钠、漂白粉、硝酸钠、敌敌畏、灭鼠药、敌百虫、氧化钾（钠）、钴（60）、夜光粉、硝酸、盐酸、磷酸等。

（三）灭火基本知识

通常来说，火灾都有一个从小到大，逐步发展，直到熄灭的过程。火灾的过程一般可分为五个阶段，分别是初起、发展、猛烈、下降和熄灭。在火灾的初起阶段（一般为着火后5~7分钟），扑救的最佳时机就是在燃烧面积不大不高，辐射热不强的时候，只要发现及时，用较少的人力和应急消防器材就能将火控制或扑灭。

灭火的基本方法是根据起火物质的燃烧状态，为破坏燃烧必须具备的基本条件而采取的一些措施，主要有以下几种。

（1）窒息灭火法。就是采取措施，阻止空气进入燃烧区，或用惰性气体降低空气中的含氧量，使燃烧物质因缺乏氧气而熄灭。如用湿棉被、湿麻袋覆盖在燃烧着的液化石油气瓶上。

（2）冷却灭火法。就是将灭火剂直接喷洒在可燃物上，使可燃物的温度降低到燃点以下，从而燃烧停止。用水扑救火灾的主要原理就是冷却灭火。

（3）隔离灭火法。就是将附近的可燃物质与正在燃烧的物品疏散或者隔离开，从而使燃烧停止。如拆除火源毗邻的易燃建筑物结构，建立阻止火势继续蔓延的空间地带。

（4）化学抑制灭火法。就是将化学灭火剂喷入燃烧区参与燃烧反应，终止链式反应而使燃烧反应停止。最常见的方法就是用灭火器向着火点喷射。

二、城市轨道交通火灾的特点

城市轨道交通一般是在地下运行的，其与地上隔绝的时间较长，隔绝的空间较大，乘客人数也较多，因此，一旦发生事故将会非常难以营救，受到的损失也是巨大的，综合来说其有以下特点。

1. 疏散难度大

在火灾发生时，威胁人员生命安全的往往并不是明火，而是燃烧物体产生的大量烟雾和有毒气体。轨道交通的运行环境一般是比较封闭的，这些烟雾和有毒气体很难排出，而轨道交通的乘客也比较多，所以给疏散工作带来—了很大困难。

（1）普通乘客在面对火灾时往往缺乏应对经验，很容易出现因情绪失控而影响逃生的现象。在紧张情况下，人们对外界的反应不够灵敏，并不能迅速意识到引导员给出的引导，进而导致踩踏事故的发生。

（2）物体燃烧时产生的烟雾和有毒气体会使人的视觉和呼吸受到影响，从心理层面上加大了疏散的难度。

（3）物体燃烧时产生的高温气浪也是阻碍疏散的主要因素。

（4）除了影响逃离人员的五感，物体燃烧时产生的烟雾和有毒气体也会影响引导灯光的亮度，对人员的疏散十分不利。

（5）物体燃烧时产生的烟雾和有毒气体在与正常空气接触的瞬间会产生很大的气流，对人员的疏散十分不利。

2. 救援困难

（1）燃烧时产生的烟雾和有毒气体使施救者不能及时辨明发生的位置。

（2）城市轨道交通工具一般是在地下运行的，乘客人数较多，但救生装备显然无法准备太多，况且施救者携带的氧气有限，并不能确定是否够被困者使用。

（3）与外界联系比较困难，地上地下配合不够。

3. 通信系统容易瘫痪

通信系统一般都是用电来保持运行的，因此无法承受明火和水流，通信系统的瘫痪会使地上地下在联络时出现信号不稳甚至无信号的现象。

三、城市轨道交通火灾的种类

城市轨道交通火灾按发生火灾的地点分为车站火灾、列车火灾和控制中心火灾。

四、造成城市轨道交通火灾事故的原因

（1）电气线路和电气设备故障导致的火灾。城市轨道交通车站（含城市轨道交通列车）内含有密集程度较高的电气线路和电气设备，这些电气线路和电气设备在运行中发生短路、过负荷、过热等故障是引发城市轨道交通火灾事故的重要因素。

（2）人为因素导致的火灾。引发火灾的人为因素较多，例如工作人员违章操作、用火不慎，乘客携带易燃易爆危险品乘车、在城市轨道交通车站内吸烟、人为纵火等。

（3）环境因素导致的火灾。主要包括城市轨道交通内部潮湿、高温、粉尘大、鼠害等因素。由于城市轨道交通内部通风不畅、隧道散热不良，这些原因导致城市轨道交通内部温度过高；隧道内漏水情况也较为普遍，地下湿气很难排出，致使地下空间湿度大；老鼠等小动物啃咬电缆电线。以上这些环境因素都可能造成电气设备和线路绝缘性能下降，造成电气设备短路，引发火灾。

（4）与城市轨道交通车站合建的外来建筑物带来的危害因素，特别是处于中心闹市区的城市轨道交通车站，常常与地面商业建筑合建。由于商场、车库、写字楼等场所的风险管理和控制工作通常不由城市轨道交通企业控制，因此，较城市轨道交通运营本身而言相对薄弱，一旦发生火灾、爆炸及其他灾害，不仅可能对城市轨道交通的正常运营带来影响，严重时甚至可能造成城市轨道交通财产和人身安全方面的重大损失。对存在于此类商业经营场所的城市轨道交通车站而言，除城市轨道交通本身风险以外的各种风险（包括火灾和爆炸的风险）都不容忽视。

五、消防设备的分类及其使用方法

（一）灭火器

灭火器是一种轻巧便利、易于使用的灭火器材，是扑救初期火灾最常用的灭火设备。灭火器种类繁多，在城市轨道交通范围内使用的主要有二氧化碳灭火器、手提式干粉灭火器和泡沫灭火器三种。

1. 二氧化碳灭火器

二氧化碳灭火器适用于扑救液体、气体、电气设备的初期火灾，如带电的电路、贵重设备、图书资料等。二氧化碳灭火器的型号有 MT2、MT3、MT4、MT7 四种；按开关方式分为两种，分别为手枪式和鸭嘴式。

（1）使用方法。首先将灭火器提到距离起火点地方大约 5m 处，放下灭火器。一只手握住喇叭形喷筒根部的手柄，把喷筒对准火焰；另一只手迅速旋开首轮或按下压把，气体就喷射出来。当扑救液体火灾时，应使二氧化碳射流由近而远向火焰喷射，如果燃烧面较大，操

作者可左右摇摆喷筒，直到将火扑灭。当扑救容器内火灾时，操作者应手持喷筒根部的手柄，从容器的一侧上部向燃烧的容器中喷射，但不能将二氧化碳射流直接冲击可燃液面，以防击将可燃液体冲出容器而扩大火灾。总之，使用二氧化碳灭火器灭火时，应设法把二氧化碳尽量多地喷射到燃烧区域内，使之达到灭火浓度而使火焰熄灭。

（2）注意事项。灭火器在喷射过程中应保持直立状态，切不可平放或颠倒使用；为避免冻伤，不要用手直接握喷筒或金属管；在室外使用时应选择在上风方向喷射，在室外大风条件下使用时，喷射的二氧化碳气体被风吹散，灭火效果极差；在狭小的室内使用时，灭火后操作者应迅速撤离，以防窒息而发生意外，火完全扑灭后应打开门窗通风。

（3）检查方法。定期对灭火器进行称重，如泄漏的灭火剂质量大于其总质量的1/10时，应补充灭火剂。

2. 手提式干粉灭火器

手提式干粉灭火器主要型号有 MF1、MF2、MF3、MF4、MF5、MF6、MF8、MF10 等，主要用来扑救 A 类火灾（固体火灾）、B 类火灾（液体火灾）、C 类火灾（气体火灾）和电气火灾。

（1）使用方法。扑救火灾时，手提或肩扛干粉灭火器到火场，上下颠倒几次，离着火点 3~4m 时，撕去灭火器上的封记，拔出保险销。一只手握紧喷嘴、对准火源；另一只手的大拇指将压把按下，干粉即可喷出，并迅速摇摆喷嘴，使粉雾横扫整个火区，由近而远将火扑灭。

（2）注意事项。灭火时要果断迅速，不要遗留残火，以防复燃；扑灭液体火灾时，不要冲击液面，以防液体溅出，造成灭火困难。

（3）检查方法。发现灭火器指针指在红色区域内或开启使用过，就表明已失效，应立即送修。

（4）有效期。手提式干粉灭火器的有效期一般为 5 年。

3. 机械泡沫和合成泡沫灭火剂

（1）适用范围。泡沫灭火器用来扑灭液体和固体火灾，不能扑灭电气火灾。

（2）使用方法。离火点 3~4m 时，撕去泡沫灭火器上的封记，拔出保险销。一只手紧握喷嘴，对准火源；另一只手的大拇指将压把按下，泡沫即可喷出。此时迅速摇摆喷嘴，使泡沫横扫整个火区，由近及远将火扑灭。

（3）检查方法。发现泡沫灭火器指针指在红色区域或开启使用过，就表明已失效，应送修。

（4）有效期。泡沫灭火剂的有效期一般为 2 年。

（二）城市轨道交通消火栓给水系统

城市轨道交通消火栓给水系统主要由消防水源（市政供水或消防水池）、消防水管、室内消火栓箱（包括水带、水枪、消防软管卷盘）和室外消火栓、消防水泵、消防水泵控制器等组成。

1. 消火栓的使用

（1）打开消火栓箱，取出水带。

（2）抛水带。右手握住水带，然后用力向正前方抛出，使水带向正前方摊开。

(3) 接水带。右手将水带接头与消火栓接头对接,并顺时针转动至卡紧为止。

(4) 接水枪、打开水龙头。迅速拿起另一头水带接头,一手拿水枪向着火部位冲去,将水枪头接上水带接口,并将水龙头打开。

(5) 扑灭。射水时,采取包围灭火战术阻止火势和烟雾其向四周扩散,以便有效控制直接将火扑灭(注意:如遇到电气火灾,应先断电后灭火)。

2. 消防软管卷盘的使用

消防软管卷一般供扑救初期火灾使用。

使用消防软管卷盘时,首先打开箱门将卷盘旋转出来,拉出小口径水枪和胶管,开启供水闸阀即可进行灭火。消防软管卷盘除绕自身旋转外,还能随箱门旋转,比较灵活,不需要将胶管全部拉出就可开启阀门供水。使用完毕后,先关闭供水闸阀,待胶管排除积水后卷回卷盘,将卷盘转回消火栓箱。

(三) 自动喷水灭火系统

自动喷水灭火系统是按一定的间距和高度安装一定数量喷头的供水灭火系统、干式自动喷水灭火系统、预作用式自动喷水灭火系统等。安装自动喷水灭火系统的场所发生火灾时,该系统能自动喷水灭火并自动报警。在所有固定式灭火设备中,自动喷水灭火系统之所以能够广泛应用于可以用水灭火的场所,是因为其具备了使用范围最广、价格最低廉、工作性能稳定、灭火效果好的特点。

1. 湿式自动喷水灭火系统的组成

湿式自动喷水灭火系统一般由以下 4 部分组成。

(1) 湿式报警阀装置部分,主要由湿式阀、延时器、水源、系统压力表、报警控制阀、过滤器、止回阀、主排放阀、节流阀组件等组成。

(2) 报警控制部分,主要由压力开关、流水指示器、水力警铃、报警控制柜等组成。

(3) 供水部分,主要由蓄水池、水泵、压力水罐、高位水箱、水泵结合器等组成。

(4) 管网部分,主要由闭式玻璃球喷水、供水管、电磁阀门、末端泄放装置等组成。

2. 湿式自动喷水灭火系统的动作原理

湿式自动喷水灭火系统的管网内充满了水,并保持一定的压力。被保护区域发生火灾后,当火灾区域燃烧产生的热气达到一定温度(70℃)时,洒水喷头的玻璃球受热膨胀破裂,喷头开始喷水灭火;同时,另一股水流流入报警通道,经延时器至压力开关,水力警铃开始报警;相关信号被发送到消防水泵控制柜,启动消防水泵供水。

(四) 气体灭火系统

气体灭火系统是指以气体作为灭火介质的灭火系统。根据灭火介质的不同,气体灭火系统可分为卤代烷 1301 气体灭火系统、二氧化碳气体灭火系统和烟烙尽(Inergen)气体灭火系统等。

气体灭火系统主要用于保护车站内火灾危险性较高的或重要的设备房,如高低压室、整流变电室、环控电控室、信号设备室、屏蔽门控制室等,部分主变电站、集中冷站的重要设备房也设有气体灭火系统。

1. 气体灭火系统的组成

气体灭火系统由药剂储存和喷放设备及报警和控制设备组成。药剂储存和喷放设备主要包括气体钢瓶、钢瓶固定支架、瓶头阀电磁启动器、瓶头阀手动启动器等；报警和控制设备主要包括火灾探测器、控制盘、手拉开关、紧急停止开关、手动/自动选择开关、警铃、蜂鸣器和闪灯、气体释放指示灯等。

2. 气体灭火系统的控制方式

气体灭火系统一般具有自动控制、手动控制和应急操作3种操作方式。

（1）自动控制。气体灭火系统控制盘具有两个独立的区域探测回路，在自动控制状态下，当保护区域内某一回路报火警时，控制盘启动联动设备（如关闭防火阀、关闭风机等）并同时启动警铃，发出一级火灾报警信号给火灾自动报警系统（FAS）；当另一探测回路也报火警时，控制盘内蜂鸣器鸣响，并发出二级火灾报警信号给火灾自动报警系统，经过延时（30s）后，控制盘发出控制信号，启动对应区域的选择阀和对应主动气瓶上的电磁阀，将灭火药剂释放到保护区进行灭火，同时灭火区域门外的气体释放指示灯闪亮。

（2）手动控制。有人到现场确认时，若发现确有火灾发生，则应通知保护区内的人员疏散，并关好门窗。若系统仍没喷气，则手动操作按下释放按钮；若手动按钮失灵，则到气瓶间开启对应火灾区域电磁选择阀上的手动启动器，同时开启对应区域主动气瓶瓶头的手动启动器。事故处理完毕后应进行系统复位。

若火警属于误报，则应在按住"止喷"按钮的同时将开关打到手动状态，停止喷气，然后进行消音及系统复位、防火阀复位，使系统恢复正常状态。

（3）应急操作。气体灭火系统还具有自我故障检测功能，将系统的故障通过显示面板报告给维护人员，由维护人员根据具体情况采取相应的措施，同时将故障信号发送到火灾自动报警系统。

（五）火灾自动报警系统

FAS是在火灾发生初期进行警告的装置，通常是与消防部门直接相连的，有人为操作和自动识别两种模式。

所有轨道交通系统中都离不开FAS的身影。在运行时，每一条线路的FAS都会连接到总部指挥中心的系统中，以便总部指挥中心对各部分的系统运行进行检测和管理，最终下达扑救命令并与消防部门进行合作。一方面通过安防监控设备对可能出现的火灾进行预测；另一方面实时检测报警系统本身是否存在问题，以免在火灾真正发生时不能起到警告作用而耽误了最佳营救时间，重点检测部件是阀门、水泵、消防栓，等等。一旦出现存疑的地方便立刻向总部指挥中心汇报，中心及时下达维修命令，保证报警系统能够及时有效的发挥作用。

其中，在城市轨道交通系统中用于放置安排报警系统的地方有：各个地铁站点、车辆内部、过冷装置附近、变压器位置、计算机控制中心、车辆操控系统，等等，并且将这些系统分成总部级别和分站级别。

分站级别主要是指每一个站内的报警设备（分为人工手动操作和自动识别两种）、站内的计算机控制中心、一键报警电话，等等。

总部级别主要是指位于总指挥中心的计算机控制中心、汇集各站报警信息的设备、数据保存中心，等等。总部级别实时接收各站点的情况，对于报警信息按照不同级别层层锁定，明确发生位置，并对每一次的报警信息进行整理归档。

（六）机电设备监控系统

机电设备监控系统是将环控、低压、照明、给排水、屏蔽门等设备以集中监控为目的而构成的综合自动化系统。机电设备监控系统实现了对现场机电设备运行状态进行实时集中监视、控制和报警，降低了设备操作的复杂性和操作难度，能够协调设备动作。机电设备监控系统通常由中央、车站、就地三级实现对相关设备的监视和控制。在消防功能方面，机电设备监控系统有如下功能。

（1）接收火灾自动报警系统送来的火灾信息，控制车站相关设备执行设定的火灾模式，如控制环控系统执行排烟模式，开启紧急疏散导向，切断三级电源。

（2）列车发生火灾时，接收行车信号系统送来的列车区间停车位置信号，控制隧道通风系统进行排烟。

六、火灾自救与逃生方法

许多火灾事故中，有的人能幸运逃生，有的人却丧身火海，这固然与火势大小、起火地点、起火时间、建筑物内消防设施、扑救是否及时等因素有关，但被困人员在火场中积极自救、互救而成功逃生也是非常重要的。被困人员相应的自救能力的高低和自救知识的丰富与否是其是否能从火海中逃生的关键因素。除突发性爆炸和爆燃等火灾事故外，在绝大多数火灾现场中，被困人员是可以自救逃生的，因此，掌握一定的消防知识，增强自救意识，提高逃生技能，对每个人来说都是非常必要的。

（一）城市轨道交通车站火灾自救与逃生

无论列车上的工作人员还是城市轨道交通车站内的工作人员接收列车失火、冒烟信息或发现列车失火、冒烟后，都应防止发出带火或带烟的列车；列车驾驶员应保证车站站台侧车门、屏蔽门、安全门开启；副驾驶员、站台站务员现场确认，根据现场实际情况采取进一步行动；值班站长立即赶赴现场指挥。

在城市轨道交通地下车站时，停止邻站台乘客搭乘升降电梯并保持屏蔽门关闭，环控系统采用站台火灾模式进行排烟，即打开站台层排烟风阀、关闭站台层送风风阀，同时开启站厅层送风风阀、关闭站厅层排风风阀，形成站厅送风、站台排烟气流流向。

（1）列车贯彻"救人第一，救人与灭火同步进行"的原则，积极施救。

（2）火灾发生后，车站工作人员应首先做好乘客的疏散和救护工作。

（3）把握起火初期的关键时间，在消防员到来之前积极组织灭火自救。

（4）车站工作人员开展灭火自救工作时应注意做好个人防护。

（5）消防员到场后，灭火任务应交给消防员。

（6）当火势不可控制，可能危及自身生命安全时，车站工作人员应主动撤离。

（7）乘客在车站遇到火灾时，应服从车站工作人员指引，听从事故现场广播指挥，沿疏散标志指示方向出站逃生。

（8）车站发生火灾时，不可使用垂直升降电梯。

（二）城市轨道交通列车火灾自救与逃生

1. 列车在车站内发生火灾时的逃生

（1）乘客应保持镇静。

（2）按压车厢内的紧急情况按钮或紧急通话器，告知驾驶员车厢内发生的情况。

（3）在可能的情况下，使用车载灭火器灭火。

（4）必要时可拉下列车车门紧急解锁手柄向两侧用力推开车门。

（5）向站外方向疏散。

2. 列车在隧道内发生火灾时的逃生

（1）乘客应保持镇静。

（2）按压车厢内的紧急情况按钮或紧急通话器，告知驾驶员车厢内发生的情况。

（3）在可能的情况下，使用车载灭火器灭火。

（4）列车将会尽可能运行到车站进行人员疏散，因此，乘客应听从列车广播的指挥，千万不要惊慌失措，不要乱动车厢内的其他设备。

（5）在列车无法到达前方车站而又需要紧急疏散的情况下（因隧道内紧急疏散设计不同，各条线路的隧道内疏散方式是不同的），车厢内乘客应该听从列车广播的指挥，按照本线路的隧道内疏散方式疏散。

第三节　城市轨道交通危险源的辨识与控制

一、危险源的辨识

（一）基本概念

1. 危险源

危险源是指一个系统中具有潜在能量和物质释放危险的、可造成人员伤害、财产损失或环境破坏的、在一定的触发因素作用下可转化为事故的部位、区域、场所、空间、岗位、设备及其位置。它的实质是具有潜在危险的源点或部位；是事故爆发的源头；是能量、危险集中的核心；是能量传出来或爆发的地方。危险源存在于确定的系统中，不同的系统范围，危险源的区域也不同。

2. 危险源的构成要素

危险源的构成要素主要有潜在危险性、存在条件和触发因素。

（1）危险源的潜在危险性是指一旦触发事故，可能带来的危害程度或损失大小，或者说危险源可能释放的能量强度或危险物质量的大小。

（2）危险源的存在条件是指危险源所处的物理、化学状态和约束条件状况，例如，物质的压力和温度，化学稳定性，盛装压力容器的坚固性，周围环境障碍物等情况。

（3）触发因素虽然不属于危险源的固有属性，但它是危险源转化为事故的外因，而且每种类型的危险源都有相应的敏感触发因素，如易燃、易爆物质，其敏感的触发因素就是热能；又如压力容器，其敏感触发因素就是压力升高。因此，一定的危险源总是与相应的触发因素相关联的。在触发因素的作用下，危险源转化为危险状态，继而转化为事故。

3. 危险辨识度

危险辨识度是确定危险源的存在并确定其特性的过程，其性质就是找出组织中存在的人的不安全行为、物的不安全状态、作业环境中存在的危害因素及管理缺陷。

（二）危险源分类

1. 根据在事故发生发展过程中的作用分类

根据在事故发生发展过程中的作用，危险源分为两大类。

（1）第一类危险源。把生产过程中存在的，可能发生意外释放的能量（能源或能量载体）或危险物质称作第一类危险源，为了防止导致事故，必须采取措施约束、限制能量或危险物质，控制危险源。

（2）第二类危险源。在正常情况下，生产过程中的能量或危险物质受到约束和限制，不会发生意外释放，即不会发生事故，但是一旦这些约束或限制能量或危险物质的措施受到破坏或失效（故障），则将引发事故。导致能量或危险物质约束或限制措施破坏或失效的各种因素称作第二类危险源，主要包括人的失误、物的故障和环境因素。

2. 导致伤亡事故的直接原因分类

按照伤亡事故的直接原因可将危险源分为物理性危险源、化学性危险源、生物性危险源、心理或生理性危险源、行为性危险源、其他危险源六类（表5-1）。

表5-1 危险源分类表

危险源	主要内容
物理性危险源	设备设施缺陷（强度不够、刚度不够、稳定性差、密封不良、外露运动件等）
	防火缺陷（无防护、防护装置和设备缺陷、防护不当、防护距离不够等）
	电危害（带电部位裸露、漏电、雷电、触电、电火花等）
	噪声危害（机械性噪声、电磁性噪声、流体动力性噪声等）
	振动危害（机械性振动、电磁性振动、流体动力性振动等）
	电磁辐射（电离辐射：χ射线、γ射线、α粒子、β粒子、质子、中子、高能电子束等；非电离辐射：紫外线、激光、射频辐射、超高压电场等）
	运动物危害（固体抛射线、液体飞溅物、反弹物、岩石滑动、气流卷动、冲击地压等）
	明火
	能造成灼伤的高温物质（高温气体、高温固体、高温液体等）
	能造成冻伤的低温物质（低温气体、低温固体、低温液体等）
	粉尘与气溶胶（不包括爆炸性、有毒性粉尘与气溶胶）
	作业环境不良（基础下沉、安全过道缺陷、有害光照、通风不良、缺氧、空气质量不良、给排水不良、气温过高、气温过低、自然灾害等）
	信号缺陷（无信号设施、信号选用不当、信号不清、信号显示不准等）
	标志缺陷（无标志、标志不清、标志不规范、标志位置缺陷等）
	其他物理性危险源

续表

危险源	主要内容
化学性危险源	易燃易爆性物质（易燃易爆性气体、易燃易爆性液体、易燃易爆性固体、易燃易爆性粉尘与气溶胶等）
	自然性物质
	有毒物质（有毒气体、有毒液体、有毒固体、有毒粉尘与气溶胶等）
	腐蚀性物质（腐蚀性气体、腐蚀性液体、腐蚀性固体等）
	其他化学性危险源
生物性危险源	致病微生物（细菌、病毒、其他致病微生物）
	传染病媒介物
	致害动物
	致害植物
	其他生物性危险源
心理或生理性危险源	负荷超限（体力负荷超限、听力负荷超限、视力负荷超限等）
	健康状况异常
	从事禁忌作业
	心理异常（情绪异常、冒险心理、过度紧张等）
	辨识功能缺陷（感知延迟、辨识错误、其他辨识功能缺陷等）
	其他心理、生理性危险源
行为性危险源	指挥错误（指挥错误、违章作业等）
	操作失误（误操作、违章作业等）
	监护失误
	其他错误
	其他行为性危险源
其他危险源	

（三）危险源的辨识方法

1. 辨识方法

危险源辨识的方法很多，基本方法有：询问交谈、现场观察、查阅有关记录、获取外部信息、工作任务分析、安全检查表、危险与可操作性研究、事件树分析、故障树分析。

（1）询问交谈。企业中从事某项工作具有经验的人，往往能指出其工作中的危害。从其所指出的危害中，可初步分析出工作中所存在的第一、第二类危险源。

（2）现场观察。通过对工作环境的现场观察，可发现存在的危险源。从事现场观察的人员，要求具有安全技术知识和掌握完备的职业健康安全法规。

(3) 查阅有关记录。查阅有关事故、职业病的记录，可从中发现存在的危险源。

(4) 获取外部信息。从类似的企业、有关文献资料、专家咨询等方面，获取有关危险源信息。对其加以分析和研究，可辨识出本企业存在的危险源。

(5) 工作任务分析。分析生产过程中每一位成员的工作任务中所涉及的危害，可识别出有关的危险源。

(6) 安全检查表。运用已编制好的安全检查表，对生产设备及过程进行系统的安全检查，可辨识出存在的危险源。

(7) 危险与可操作性研究。危险与可操作性研究是一种对工艺过程中的危险源实行严格检查和控制的技术。它通过指导语句和标准格式寻找工艺偏差，以辨识系统中存在的危险源，并确定控制危险源的对策。

(8) 事件树分析。事件树分析是一种从初始原因事件起，分析各环节事件"成功（正常）""失败（失效）"的发展变化过程，并预测各种可能结果的方法，即时序逻辑分析判断方法。应用这种方法，通过对系统各环节事件的分析，可辨识出系统的危险源。

(9) 故障树分析。故障树分析是一种根据系统可能发生的事故结果，去寻找与事故发生有关的原因、条件和规律。故障树分析可辨识出系统中导致事故的有关危险源。

上述几种危险源辨识方法从着眼点和分析过程上，都有各自特点，也有各自的适用范围或局限性。所以，在辨识危险源的过程中，使用一种方法往往不足以全面辨识其所存在的危险源，必须综合地运用两种或两种以上方法。

在危险源辨识过程中，应考虑"三、三、七"的要求。所谓"三、三、七"是指三种状态，即正常、异常、紧急；三种时态，即过去、现在、未来；七种类型，即机械能、电能、热能、化学能、放射性、生物因素、人机工程因素（生理、心理）。

2. 危险源辨识的程序

危险源辨识的程序可分为辨识方法及辨识单元的划分、辨识和危害后果分析。

(1) 对辨识对象应有全面和较为深入的了解。

(2) 找出辨识区域存在的危险物质、危险场所。

(3) 对辨识对象的全过程进行危险、危害因素辨识。

(4) 根据相关标准对辨识对象是否构成重大危险源进行辨识。

(5) 对辨识对象可能发生事故的危害后果进行分析。

(6) 对构成重大危险源的场所进行重大危险源的参考分级，为各级安全生产监管部门的危险源分级管理提供参考依据。

(7) 划分辨识单元，并对所划分的辨识单元中的细节进行详尽分析。

(8) 为应急预案的制定，控制和预防事故发生，降低事故损失率提供基础依据。

3. 辨识危险源的步骤

(1) 辨识准备。

① 确定分工。

② 收集识别范围内的资料。

③ 列出识别范围内的活动或流程设计的所有方面。

(2) 分类辨识危险源。从厂址、厂区平面布局、建（构）筑物、生产工艺过程、生产设备、装置、作业环境及管理措施六个方面进行分类识别。

(3) 划分辨识单元。辨识单元是分类辨识危险源的细化，可以按照工艺、设备、物料、过程来细化；同类的过程或设备可以化为一类识别对象；识别对象不宜过粗或过细。

(4) 危险源的辨识。先找出可能的事故伤害方式，再找出其原因。

(5) 填写危险源登记表。

4. 危险源辨识的结果

危险源辨识的结果通常是列出可能引起危险情况的材料或生产条件清单，见表 5-2。

表 5-2 危险源辨识结果

序号	结果
1	可燃材料清单
2	毒物材料和副产品清单
3	危险反应清单
4	化学危险品释放到环境中可监测量清单
5	系统危险清单，如毒物、危险物
6	污染物和导致失控反应的生产条件清单
7	重大危险源（因素）清单

工作人员可以根据这些结果确定适当的范围和选择适当的方法开展安全评价或风险评估。安全评价的范围与复杂程度直接取决于辨识危险源的数量与类型及对它们的了解程度。如果有些危险源的范围不清楚，在开展安全评价之前则需要开展另外的研究或进行试验。

二、城市轨道交通危险源的辨识

城市轨道交通危险源的辨识涉及员工的健康与安全、行车安全、设备安全、消防安全、交通安全、乘客及相关方安全、财产损失和列车延误等范畴。

1. 危险源辨识范围

危险源辨识范围包括城市轨道交通覆盖范围内的工作区域及其他相关范围内的生产经营活动、人员和设施等。根据城市轨道交通管理及其他活动情况，可分为以下类别。

(1) 按地点划分，可分为轨道交通沿线各车站、车辆段、控制中心（OCC）大楼、办公楼等。

(2) 按活动划分，可分为常规活动、非常规活动、潜在的紧急情况。各活动的主要内容见表 5-3。

表 5-3 各活动的主要内容

活动类型	主要内容
常规活动	运行服务活动：依据运营时刻表组织列车运营、客运服务过程
	设备实施的设计、安装、调试、验收、接管、使用过程
	公共活动：相关部门均有的活动，包括办公、电梯、叉车、消防设施、空调、空压机、抽风机使用，化学物品搬运储存、废弃等
	间接活动：为运营服务活动提供支持的活动，主要包括物资部门仓库管理、检验、物料采购以及物料的使用管理、食堂管理等
非常规活动	设备实施维护保养，消防及行车疏散演习，因公外出，合同方在总部的活动（如工程施工、维修、清洁等）
潜在的紧急情况	如行车、火灾、爆炸、化学物品泄露、中毒、台风、雷击、碰撞等事故事件（潜在的紧急情况的危险辨识需考虑紧急情况发生时和发生后进行抢险救援过程中存在的危险）

2. 确定危险源事故类型

在进行危险源识别前必须把危险源事故类型确定下来，以防止危险源识别过于片面、模糊。危险源事故类型见表 5-4。

表 5-4 危险源事故类型

类别编号	事故类别名称	备注	类别编号	事故类别名称	备注
01	物体打击		015	噪声聋	职业病
02	车辆伤害（指马路车辆）		016	尘肺	
03	机械伤害		017	视力受损	
04	起重伤害		018	其他职业病	
05	触电		019	健康受损	健康危害
06	淹溺		020	财产损失（2 000 元以上）	无伤害事故/事件
07	灼烫				
08	火灾		021	列车延误	无伤害的列车延误事件
09	高处坠落		022	行车事件/事故	含人员伤亡的行车事件/事故
010	坍塌				
011	容器爆炸		023	可能引发行车事件/事故的设备缺陷事件和行为事件	这里是引发行车事件/事故的危险源
012	其他爆炸				
013	中毒和窒息				
014	其他伤害		024	其他事件/事故	无伤害事故/事件

表5-4中"可能引发行车事件/事故的设备缺陷事件和行为事件"及"行车事件/事故"这两个事故类型是一种从属的关系,即"可能引发行车事件/事故的设备缺陷事件和行为事件"事故类型的风险属于"行车事件/事故"事故类型的风险的危险源。涉及这种从属关系的事故类型可把运营过程中可能发生的重要风险所涉及的危险源划归到相关部门进行控制。

3. 划分危险源辨识对象

在各部门列出辨识范围内的活动或流程所涉及的所有方面后,应选用合适的设备分析法、工艺流程分析法或其他划分方法,根据事故类型划分危害事件,并根据以下过程划分危险源辨识对象。

(1) 对车辆设备大修的活动,可按照其工艺流程分析法划分辨识对象。

(2) 对设备维护及保养的活动,可按照设备分析法依据划分的设备作为危险源辨识对象,并结合活动实施过程划分。

(3) 使用设备时可根据具体操作过程。

(4) 根据采购、存放、检测设备的过程。

(5) 根据行车组织、客运组织过程。

(6) 针对每一危险源辨识对象,参考危险源事故类型表,辨识可能存在的事故/事件,并将其登记在表5-5中的危险源辨识与风险评价登记表中"危害事件"栏以及"事故类型"栏内。

表5-5 危险源辨识与风险评价登记表

序号	部门/地点	活动	设备/设施/物料	危害事故/事件	事故类型	危险源	危险源类别	风险评价			风险级别	控制措施	备注
								风险发生的可能性	事故后果的严重程度	风险值			

三、城市轨道交通危险源的控制

(一) 风险评价

风险评价是保证体系安全的一个关键环节,目的是对现阶段的危险源所带来的风险进行评价分级,根据评价分级结果有针对性地进行风险控制,从而取得良好的安全绩效,达到持续改进的作用。通常使用的风险评估方法一般有下列几种。

(1) 作业条件危险性评价法。

(2) 预先危害分析法。

(3) 故障类型及影响分析法。

(4) 风险概率评价法。

(5) 危险可操作性研究法。

(6) 事故树或事件树分析法。

（二）划分风险等级

根据风险评价的结果，可将风险分为 5 级：第 1 级，极其危险，不能继续作业；第 2 级，高度危险，需要立即整改；第 3 级，显著危险，需要整改；第 4 级，一般危险，需要注意；第 5 级：稍有危险，可容忍。

（三）风险控制措施

（1）对第 1 级和第 2 级的风险，一定要确定职业健康安全目标和制订职业健康安全管理方案。

（2）对第 3 级风险，视情况确定职业健康安全目标和制订职业健康安全管理方案。

（3）对第 1、2、3、4 级的风险，要编制运行控制程序，按程序进行管理。

（4）对第 5 级的风险可维持现有的风险控制措施。

（5）其他认为需要控制的风险则根据实际情况的需要制订管理方案。

（6）对于潜在的紧急风险，应编制应急准备和响应控制程序，按程序进行管理。

城市轨道交通运营系统的复杂性带来了运营风险的多变性。因此，运营风险管理必须常抓不懈，不断进行自我纠正，为广大员工和乘客提供良好的安全运营大环境。

思考题

1. 城市轨道交通火灾的特点是什么？
2. 城市轨道交通车站发生火灾后如何自救与逃生？
3. 城市轨道交通列车发生火灾后如何自救和逃生？
4. 什么是危险源？其种类有哪些？
5. 如何控制城市轨道交通危险源？
6. 防止电气事故的措施有哪些？
7. 电气事故如何分类？其特点是什么？

第六章
城市轨道交通安全分析与评价

中国香港地区的地铁系统于1979年启用，至今已成为香港集体运输网络的主干。其每天客流量超过230万人次，是世界上最繁忙的城市地铁系统之一。在过去30多年间，香港地铁一直为人们提供安全、可靠和环保的集体运输服务。香港地铁能够保持这样的安全佳绩，主要是因为香港地铁公司采用了一套完善的安全管理方式，通过建立安全管理系统和制定安全策略、推行安全管理计划以及积极采取安全指引有效措施来消除隐患、减少危险，确保能严格遵守安全法规要求和维持一个极具安全意识的环境。

香港地铁公司在《安全政策》中标明致力于确保乘客、承包商及员工的安全，并通过整体表现指标，将安全定为策略及业务策划中重要的一环。香港地铁公司的安全管理系统以《安全政策》的理念和策略为主导，配合完善的文献系统，为前瞻性的安全管理方针提供了具体一致的准则。此外，香港地铁公司每3年便会邀请国际安全专家到港视察并进行全面深入的研讨，为香港地铁的安全管理系统提供客观的改善建议。香港地铁公司还通过借鉴和吸纳铁路标准及世界各地的最佳安全管理方法，进一步优化这套管理模式。

第一节 城市轨道交通安全分析

一、事故树分析法

（一）事故树定义

事故树分析法（Fault Tree Analysis，FTA）是20世纪60年代以来迅速发展的系统可靠性分析方法。它采用逻辑方法，将事故因果关系形象地描述为一种有方向的"树"。把系统已发生或可能发生的事故（称为顶上事件）作为分析起点，将导致事故原因的事件按因果逻辑关系逐层列出，用树形图表示出来，构成一种逻辑模型，然后定性或定量地分析事件发生的各种可能途径及发生的概率，找出避免事故发生的各种方案并优选出最佳安全对策。事故树分析法生动、明晰，逻辑性强，它能对各种系统的危险性进行识别评价，既适用于定量分析，又能进行定性分析。

（二）事故树符号

事故树是由各种事件符号和与其连接的逻辑门符号组成的。现将最简单、最基本的符号介绍如下。

1. 事件符号

事件符号（图6-1）是用于记入各事件的符号，主要有以下几种。

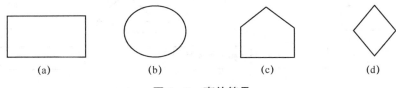

图6-1 事件符号

(a) 矩形符号；(b) 圆形符号；(c) 屋形符号；(d) 菱形符号

（1）矩形符号。矩形符号表示顶上事件或中间事件。将事件简明扼要地记入矩形框内。顶上事件必须要清楚明了，不要过于抽象。例如，"发生行车险性事故"，对此，人们无法准确分析，而应当选择具体的事故，例如，可写成"某站发生列车冒进出站信号机"。

（2）圆形符号。圆形符号表示基本原因事件。它可以是人的差错，也可以是机械故障，环境因素等。它表示最基本事件，不能继续往下分析了，将事件扼要记入圆形符号内。

（3）屋形符号。屋形符号表示正常事件，是系统正常状态下发生的正常事件。如"调车作业""列车运行"等，将事件扼要记入符号内。

（4）菱形符号。菱形符号表示省略事件，即表示事前不能分析，或者没有必要再分析下去的事件，将事件扼要记入菱形符号内。

2. 逻辑门符号

逻辑门符号是连接各个事件，并表示事件之间逻辑关系的符号。

（1）与门符号。与门符号（图6-2）表示它下面的输入事件B_1、B_2同时发生的情况下，输出事件 A 才会发生的连接关系，两者缺一不可，表现为逻辑积的关系。

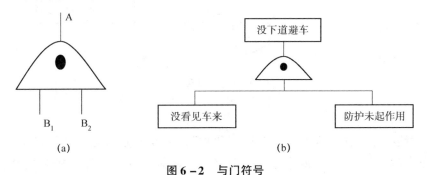

图6-2 与门符号

(a) 与门符号；(b) 与门符号实例

$A = B_1 \cdot B_2$ 或 $A = B_1 \cap B_2$。如果有若干输入事件时，也是如此。

例如，工人在线路上施工"没下道避车"而被列车撞伤，没下道避车的原因一个是"没看见车来"，一个是"防护未起作用"。只有两个原因同时发生，才能造成"没下道避车"，用与门符号表示。

（2）或门符号。或门符号（图6-3）表示它下面的输入事件B_1或B_2中任何一个事件发生，都可以使输出事件 A 发生，表现为逻辑和的关系。

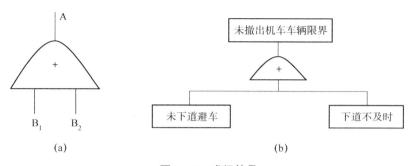

图6-3 或门符号

(a) 或门符号；(b) 或门符号实例

$A = B_1 + B_2$ 或 $A = B_1 \cup B_2$。如果有若干输入事件时，也是如此。

例如，线路施工作业人员没撤出机车车辆限界而被机车撞压，造成"没撤出机车车辆限界"的原因有"未下道避车"和"下道不及时"，这两个原因任何一个发生都会造成"没撤出机车车辆限界"，用或门符号表示。

（3）条件与门。条件与门（图6-4）表示B_1、B_2同时发生时，A并不见得发生；只有在满足条件α的情况下，A才发生。它相当于三个输入事件的与门。即 $A = B_1 \cdot B_2 \cdot \alpha$ 或 $A = B_1 \cap B_2 \cap \alpha$，将条件记入六边形内。

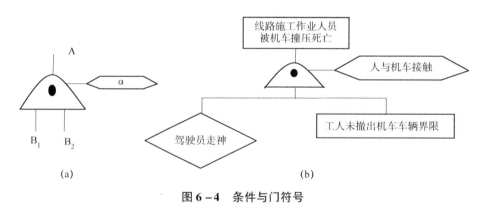

图6-4 条件与门符号

(a) 条件与门符号；(b) 条件与门符号实例

例如，"线路施工作业人员被机车撞压死亡"，造成的原因是"驾驶员走神"和"工人来撤出机车车辆限界"，但这两个原因同时发生，还必须有"人体与机车接触"这个条件。所以，用条件与门表示。

（4）条件或门。条件或门（图6-5）表示B_1或B_2任何一个事件发生时，还必须满足条件β，才有输出事件A发生，将条件记入六边形内。例如，"撞坏列车"是由于"作业失误"和"线路上有障碍物"两个原因造成的，这两个原因任何一个发生都有可能造成"撞坏列车"，但是必须满足"物件与列车接触"这个条件。所以用条件或门表示。

（5）限制门。限制门（图6-6）是逻辑上的一种修正符号，即当输入事件B满足发生条件α时，才产生输出事件A；相反，如果不满足，则不发生输出事件，其具体条件记入六边形内。

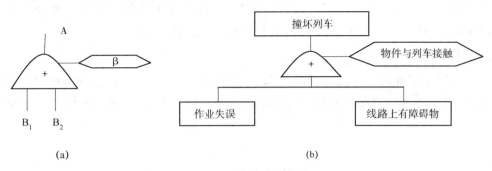

图 6-5 条件或门符号

(a) 条件或门符号;(b) 条件或门符号实例

例如,"工人从脚手架上坠落死亡"是由于"从脚手架上坠落",但输入事件只有在"高度和地面情况"满足发生时,才会造成"死亡"。即只有高度足够且地面坚硬时,工人才会摔死。它和条件与门不同,输入事件只有一个。

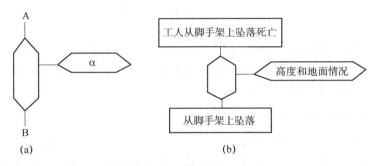

图 6-6 限制门符号

(a) 限制门符号;(b) 限制门实例符号

(6) 排斥或门。排斥或门(图 6-7)连接下的 B_1、B_2 两个事件,其中有一个发生,输出事件 A 便发生;但 B_1、B_2 不可能同时发生,B_1、B_2 是相互排斥的。

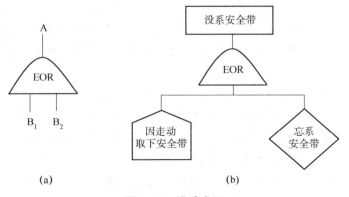

图 6-7 排斥或门

(a) 排斥或门符号;(b) 排斥或门实例

例如,"建筑施工作业人员从脚手架坠落"原因之一是"没系安全带"。造成"没系安全带"的原因有"因走动而取下"和"忘系"。这两个原因任何一个发生都会造成"没系安全带事件发生",但这两个原因不会同时发生,是互相排斥的。

3. 转移符号

事故树规模很大时,需要将其某些部分画在别的纸上,或转移到其他部门,这就要用转移符号(图6-8)表示,其可分为转出符号和转入符号,以表示向何处转出和从何处转入。

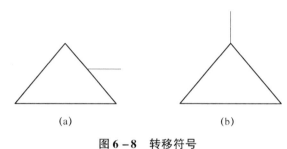

图6-8 转移符号
(a) 转出符号;(b) 转入符号

(1) 转出符号。表示向其他部分转出,△内记入向何处转出的标记。
(2) 转入符号。表示从其他部分转入,△内记入从何处转入的标记。

(三) 事故树分析法操作步骤及事故树示例

1. 事故树分析法操作步骤

(1) 熟悉分析系统。整个分析系统的流程包括:制造工艺、制造装备、运行状况、周遭影响、控制程序、保护设施,等等,只有熟悉和掌握了所有流程,才能更好地进行工作,并且可以实时分析类似问题发生的原因。

(2) 确定分析对象系统和分析的对象事件(顶上事件)。对于顶上事件的确定有多种方式,比如实验、问题收集、归纳故障、结果影响,等等;对于对象系统需要明确的是起止内容、研究限度、不影响的内容。

(3) 确定分析边界。对于一件事情的分析首先要确定研究的边界在哪里,也就是可以研究的内容是什么,特别是地铁运输领域,这是一个比较复杂的工程,具有施工对象及使用工具系统庞大的特点,如果不对每一个过程进行分类,一旦发生事故,进行排查时将会非常麻烦。

(4) 确定系统事故发生概率和事故损失的安全目标值。

(5) 调查原因事件。一旦确定事故之后,需要进行原因排查,对可能出现问题的地方仔细检查,重点需要排查的是设备问题、人员操作是否得当、外部影响,等等,将所有可能造成问题的部分都一一列出,绘制成事故树。

(6) 确定不予考虑的事件。尽管事故树需要尽量将所有可能的影响因素都一一列出,但实际上这是不可能的。对于一些发生概率几乎为零的事件,是不需要列出的,比如一些极端恶劣天气,此类不需要列出的事件要事前提醒。

(7) 确定分析的深度。分析的深度是需要事前说明的,要根据具体事故确定合适的深度。分析得太浅可能发生遗漏,分析得太深会耗费过多时间和精力。

（8）编制事故树。从影响因素最大的顶上事件开始，一级一级地列出所有需要解决的事件，并根据这些事件之间的联系进行事故树绘制，形成一对一的关系。

（9）定性和定量分析。针对每一个事故的性质和发生概率进行分析，得到最小割集、径集，最重要的放在最前面，分别计算发生概率和影响深度。

（10）结论。当遇到的事故超出预期时，需要从顶上事件开始一层一层进行排查，对于所有事件计算出其出现的概率，沿着最小径集研究出解决措施，按照事件重要程度列出先后，得出最终结果。

上述分析方法有很多优缺点，以下对其一一进行叙述，最后说明其应用的对象。

（1）首先顶上事件的性质不是固定的，一件事情无论发生与否都可以是顶上事件。其重点是事件发生的原因及后续可以采取的解决方式，为后续的事件提供解决依据。

（2）在进行分析时，可以从定性和定量两方面入手。前者是用来衡量影响最终事件发生的各种因素所占的比例，后者可以通过计算所有相关因素所占的比例计算事件发生的可能性，以衡量发生事故的概率是否在预期范围之内。两者相结合可以排列出解决这些因素的先后顺序。

（3）可以推理出不同事件之间的联系。从一个危险环节逐渐摸索出与之相关的各个危险环节，经过详细分析之后可以进一步得出事前安防教育守则，对潜在事故中的安全问题进行预估。

（4）由于事故树是把所有事件以图像的形式表现出来的，所以相对于文字叙述来说，这种方式显然更能令人印象深刻。

（5）顶上事件具体选择哪个可以根据喜好而定。

（6）事故树的绘制需要绘制人员具有丰富的处理事件经验，并且对于各种常见问题的解决方法都能胸有成竹，然而不同的人有不同思维方式，因此，绘制事故树与解决问题的人员不一致时，会产生偏差。

（7）由于事故树需要列出每一个事件，因此当遇到比较复杂的系统时，对其进行绘制并分析时异常复杂，参与人员需要投入的时间和精力也相对较多。

（8）分析事故树可以得知某件事故的发生概率，但前提是所有影响因素的数据都是准确无误的。

2. 事故树示例

列车冒进信号事故树如图6-9所示。

（四）事故树分析法的特点及使用范围

事故树分析法具有以下特点。

（1）在事故分析中，顶上事件可以是已发生的事故，也可以是预想的事故。通过分析找出原因，采取对策加以控制，从而起到预测和预防事故的作用。

（2）事故树分析法可以用于定性分析，求出危险因素对事故影响的大小；也可以用于定量分析，由各危险因素的概率计算出本事故发生的概率，然后从数量上说明是否能满足预定目标值的要求，从而确定采取措施的重点和轻、重、缓、急顺序。

（3）采用演绎的方法分析事故的因果关系，找出每个系统中各种固有的潜在危险因素，

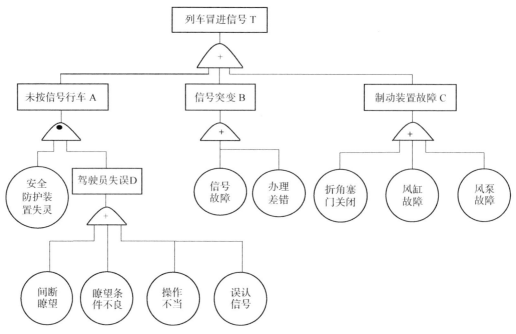

图6-9 列车冒进信号事故树

为安全设计、采取安全技术措施和安全管理要点提供了依据。

（4）能简洁形象地表示出事故和各原因之间的因果关系及逻辑关系。

（5）可选择最感兴趣的事故作为顶上事件进行分析。

（6）分析人员必须非常熟悉对象系统，只有具有丰富的实践经验，才能准确和熟练地应用分析方法；但往往会出现不同的分析人员编制的事故树和分析结果不同的现象。

（7）复杂系统的事故树往往很庞大，分析和计算的工作量较大。

（8）进行定量分析时必须知道本事故树中各事件的故障数据，如果这些数据不准确，定量分析就不可能进行。

二、安全检查表法

（一）安全检查表法的定义

安全检查表（Safety Checklist Analysis，SCA）是依据相关的标准和规范，对系统中已知的危险类别、设计缺陷以及与一般工艺设备、操作、管理有关的潜在危险性和有害性进行判别检查。为了避免检查项目遗漏，事先把检查对象分割成若干系统，以打分或提问的形式将检查项目列表，这种表就称为安全检查表。它是系统安全工程的一种最基础、最简便、应用最广泛的系统危险性评价方法。目前，安全检查表在我国不仅用于查找系统中各种潜在的事故隐患，还对各检查项目给予量化，用于进行系统安全评价。

（二）安全检查表的编制依据

（1）国家和地方的有关安全法规、规定、规程、规范和标准，行业、企业的规章制度、标准及企业安全生产操作规程。

（2）国内外行业、企业事故统计案例以及经验教训。

(3) 行业及企业安全生产的经验，特别是本企业安全生产的实践经验，引发事故的各种潜在不安全因素及杜绝或减少事故发生的成功经验。

(4) 系统安全分析的结果，是指为防止重大事故的发生而采用事故树分析方法，对系统进行分析得出能导致引发事故的各种不安全因素的基本事件，作为防止事故控制点源列入安全检查表中。

（三）安全检查表编制步骤

要编制一个既能够符合客观实际，又可以全面分析、识别系统危险性的安全检查表，首先要组成一个编制小组，其成员应包括熟悉系统各方面的专业人员。其主要步骤如下。

(1) 熟悉系统。包括系统的功能、结构、工艺流程、主要设备、操作条件、布置和已有的安全消防设施。

(2) 搜集资料。搜集有关的安全法规、标准、制度及该系统以前发生过事故的资料，上述资料都是编制安全检查表的重要根据。

(3) 划分单元。按结构或者功能将系统划分成若干个子系统或单元，逐一分析潜在的危险因素。

(4) 编制检查表。针对危险因素，按照有关法规和相关标准规定，参照以前事故的教训和本单位的经验确定安全检查表的检查要点、内容和为达到安全指标应在设计中采取的措施，然后按照一定的要求编制检查表。

① 按系统、单元的特点和预评价的要求，列出检查要点和检查项目清单，以便全面查出存在的危险和有害因素。

② 对于各检查项目和可能发生的危险及有害因素，根据相关标准和法规列出安全指标的要求和应采取的对策措施。

(5) 编制复查表。其内容应包括危险、有害因素明细，是否落实了相应对策措施，能否达到预期的安全指标要求，遗留问题及解决办法和复查人等。

（四）编制检查表应注意事项

编制安全检查表力求系统完整，不漏掉任何可能导致事故的危险关键因素，因此，编制安全检查表应注意以下问题。

(1) 检查表内容要重点突出，简繁适当，有启发性。

(2) 各类检查表的项目和内容，应针对不同被检查对象有所侧重，分清各自职责内容，尽量避免重复。

(3) 检查表的每一部分内容要定义明了、准确，易于操作。

(4) 检查表的项目和内容应随工艺的改造、设备的升级、环境的变化和生产异常情况的出现而不断修订、变更和完善。

(5) 凡可能导致事故的一切不安全要素都应列出，以保证各种不安全要素能及时被发现或消除。

（五）安全检查表示例

调车作业人身安全检查表见表 6-1。

表 6-1 调车作业人身安全检查表

检查人
年　月　日

顺号	检查项目	检查结果		整改措施（备注）
		是	否	
1	是否做到不穿皮鞋、高跟鞋、拖鞋、红色衣服和不带有色眼镜上岗			
2	接受调车作业任务时是否做到计划清楚、任务明白			
3	传达调车作业计划时参加作业的人员是否都在场，并无不清楚现象			
4	顺着线路行走时，是否不走枕木和道心			
5	横越股道时，是否执行了"一站、二看、三通过"的规定			
6	是否做到不与列车、车辆抢道和抢越危险"天窗"			
7	布置计划、显示信号、短暂休息时是否站在安全位置上			
8	是否做到了不在道心、钢轨、枕木上坐卧、休息、乘凉、避雨			
9	进入尽头线作业时是否一度停车，待检查确认无危及安全的情况后再行动车			
10	参加调车作业人员是否熟悉站内的地形、地物情况			
11	参加调车作业人员是否严密注意前后及邻线机车车辆的移动			

（六）应用检查表注意事项

应用安全检查表时，需要注意的问题主要有以下几个。

（1）检查表有各种各样的分类，每一种表格都有着对应的用处，尤其是一些专用表，要特别注意与普通表区分开来。普通表的内容一般是固定的，对于设备系统的检查程序通常是千篇一律的；对于某个设备或者某个系统整体或者其中某些零部件进行检查时，需要编制专用表，检查内容应更详细具体。

（2）检查时应该聘用专业的安全检查人员，不同级别的检查范围应该对应有不同级别的安全检查人员，检查之后应该对所检结果签字负责。

（3）检查表的应用应该列入工厂日常工作之中，而不是偶尔兴起才进行的工作。应该出台相关文件，将检查表的具体应用日期和方法等明确规定。

（4）仅仅出具检查表是不够的，得到最终检查结果并进行分析才是最终目标。在检查活动进行之时，对简单问题可以就地修改；对于比较复杂的问题可以先记录在案，然后反映给有关部门进行解决。

（5）填写检查表时要做到仔细认真，对于表中的每一项都要进行填写，并依照固定格式进行排列，这样才能为后续修改提供可参照的结果。

（七）安全检查表的优缺点

1. 安全检查表的优点

（1）安全检查表采用问答形式。一问一答，使人印象深刻，可以让人清楚地知道怎样做才是正确的，因而可起到安全教育作用。

（2）检查项目系统、完整，能够做到不漏掉所有可能导致危险的关键因素，避免传统的安全检查中的易发生的疏忽、遗漏等弊端，因此可以确保安全检查的质量。

（3）可以根据已有的规章制度、标准、规程等，检查具体执行情况，得出准确的评价。

（4）编制安全检查表的过程本身就是一个系统安全分析的过程，可使检查人员对系统的认识更深刻，更便于发现危险因素。

（5）不同的检查对象和检查目的使用不同的安全检查表，应用范围广。

2. 安全检查表的缺点

因为安全需求的不同，需要预先准备大量的检查表，导致工作量过于繁重，同时安全检查表的质量受编制人员知识水平和经验的影响。

三、专家评议法

（一）专家评议法的定义

专家评议法是一种邀请专家参加，根据事物的过去、现在发展趋势，进行积极的创造性思维活动，对事物的未来进行分析和预测的方法。

（二）专家评议法的分类

专家评议法可分为两种。

1. 专家评议法

专家评议法是根据一定规则组织相关专家进行积极的创造性思维，对具体问题共同探讨、集思广益的评价方法。

2. 专家质疑法

专家质疑法需要进行两次会议。第一次会议是专家对具体的问题进行直接谈论，第二次会议则是专家对第一次会议提出的设想进行质疑。会议主要进行以下工作。

（1）研究讨论有碍设想实现的问题。

（2）论证已提出设想的实现可能性。

（3）讨论设想的限制因素及提出排除限制因素的建议。

（4）在质疑过程中，对出现的新建设性设想进行讨论。

（三）专家评议法的步骤

（1）明确具体分析，预测的问题。

（2）组成专家评议分析和预测小组。小组应由预测专家、专业领域专家、推断思维能力强的演绎专家等组成。

（3）举行专家会议，对提出的问题进行分析、讨论和预测。

（4）分析和归纳专家会议的结论。

（四）专家评议法的特点和适应范围

专家评议法简单易行，比较客观，所邀请的专家在专业理论上造诣较深、实践经验丰富，而且由于有专业、安全、评价、逻辑方面的专家参加，将专家的意见运用逻辑推理的方法进行综合与归纳，这样所得的结论一般是比较全面和正确的。特别是专家质疑法通过正反两方面的讨论，对问题了解得更深入、全面和透彻，所形成的结论性意见更科学、更合理。但是，由于要求参加评议的专家有较高的水平，并不是所有的工程项目都适用这个方法。

专家评议法适用于类比工程项目、系统和装备的安全评价，它可以充分发挥专家丰富的实践经验和理论知识。专项安全评价经常采用专家评议法，运用该方法，可以将问题研究和讨论得更深入、更透彻，并得出具体执行意见和结论，便于进行科学决策。

四、预先危险性分析法

（一）定义

预先危险性分析（Preliminary Hazard Analysis，PHA）又称初步危险分析。预先危险性分析是系统设计期间危险分析的最初工作，也可运用它对运行系统的最初安全状态进行检查，是对系统进行的第一次危险分析。通过这种分析找出系统中的主要危险，对这些危险进行估算，并要求安全工程师控制它们，从而达到可接受的系统安全状态。

（二）预先危险性分析步骤

（1）通过经验判断、技术诊断或其他方法调查确定危险源（即危险因素存在于哪个子系统中），对所需分析系统的生产目的、物料、装置及设备、工艺过程、操作条件以及周围环境等，进行充分详细的了解。

（2）根据过去的经验教训及同类行业生产中发生的事故或灾害情况，根据对系统的影响、损坏程度，类比判断所要分析的系统中可能出现的情况，查找能够造成系统故障、物质损坏和人员伤亡的危险性，分析事故或灾害可能的类型。

（3）对确定的危险源分类，制成危险性分析表。

（4）转化条件，即研究危险因素转化为危险状态的触发条件和危险状态转化为事故（或灾害）的必要条件，进一步采取对策措施，并检验对策和措施的有效性。

（5）进行危险性分级，排列出重点和轻、重、缓、急次序，以便处理。

（6）制定事故或灾害的预防性对策措施。

（三）预先危险性分析的等级划分

为了评判危险、有害因素危险等级以及它们对系统破坏性的大小，预先危险性分析法给出了各类危险性的划分标准。这种方法将危险性划分为4个等级。

（1）安全级。不会造成人员伤亡及系统损坏。

（2）临界级。处于事故的边缘状态，暂时还不至于造成人员伤亡或系统损坏。

（3）危险级。会造成人员伤亡和系统损坏，要立即采取防范措施。

（4）灾难性级。造成人员重大伤亡及系统严重破坏的灾难性事故，必须予以果断排除并进行重点防范。

（四）预先危险性分析的结果

预先危险性分析的结果一般采用表格的形式列出。表格的格式和内容可根据实际情况确定。

（五）预先危险性分析的特点及适用范围

1. 预先性危险分析的特点

预先危险性分析是进一步进行危险分析的先导，是一种宏观概略定性分析方法。在项目发展初期使用预先危险分析有如下优点。

（1）方法简单易行、经济、有效。

（2）能为项目开发组分析和设计提供指南。

（3）能识别可能的危险，用很少的费用和时间就可以改进。

2. 预先危险性分析的适用范围

预先危险性分析适用于在固有系统中采取新的方法，接触新的物料、设备和设施的危险性评价。该方法一般在项目的发展初期使用。当只希望进行粗略的危险和潜在事故情况分析时，也可以用 PHA 对已建成的装置进行分析。

五、故障假设分析法

（一）故障假设分析法的定义

故障假设分析法是对某一生产过程的创造性分析方法。使用这种方法时，要求人员应对工艺熟悉，通过提出一系列"如果……怎么办？"的问题来发现可能和潜在的事故隐患，从而对系统进行彻底检查的一种方法。

该方法包括检查设计、安装、技术改造或操作过程可能产生的偏差。要求评价人员对工艺规程熟知，并对可能导致事故的设计偏差进行整合。

（二）故障假设分析法的步骤

所谓故障假设分析法，就是对现场出现的情况进行分析，然后对造成这种情况的原因进行排查，最后按照规定将解决方案逐一列来，其中需要包括的内容有出现的情况、可能的原因、解决方法以及避免方法。

按照分析过程的先后顺序可以分为：准备工作、分析结果、填写表格。

1. 准备工作

（1）确定参与人数。一般来说，推荐的参与人数是两到三个，他们都应该是此领域内的专业人员，基本熟知需要分析的内容和现象，有一定的工作经验。

（2）确定分析对象。在进行分析之前首先要明确的是想要达成的目标是什么，目标描述要尽量详细。明确目标之后就可以确定分析范围，在这一步需要特别关注的是影响因素之间的关联情况，做到尽量全面。

（3）确定需要使用的参考资料。

2. 分析结果

（1）首先要对发生故障的周边环境进行了解，对可能存在的问题进行估测，在分析讨论会上要请相关岗位的工作人员对故障相关流程进行简要且全面的叙述，尽量详细到每一个细节，以及装备所配套的安全设施是否完好。之后对一线操作工人进行询问，尤其要关注的是操作过程中的安全问题，询问方式可以是统一提问、统一回答、统一解决；也可以是一一询问、一一回答、一一解决。一般来说，效果更好的是前者。统一提问可以为任意问题提供解决方法，而不必被某个难题而束缚，导致时间上的浪费。

（2）具体解决的方法是按照问题发生时的操作程序进行梳理，不断提出可能存在的问题并给出几种解决方法，多次讨论后得出最终答案。

（三）故障假设分析法的特点及适用范围

这是一种十分有效的查找问题的方法，因此受到许多企业的青睐，适用对象的性质也不受限制。

首先对可能出现的问题进行估计，这样可以使安全手册更加全面，因为仅凭以往经验是无法得到一个全面的故障分析表的，分析表可以使这种方法更加科学，二者之间相互补充、相互影响，结合使用能够获得十分可靠的故障预测结果。

故障假设分析法比较灵活，适用范围很广，可以用于工程、系统的任何阶段。

故障假设分析法提倡思考潜在的事故和后果，它弥补了基于经验的安全检查表编制时经验的不足；同时，检查表能够使故障假设分析方法更加系统化。因此，出现了安全检查表分析法与故障假设分析法一起使用的分析方法，以便发挥各自的优点，互相取长补短。

第二节　安全评价

安全评价（Safety Evaluation）也称"危险评价""风险评价"，是一种探明系统危险、寻求安全对策的方法和技术。安全评价是安全系统工程的一个重要组成部分，是以实现工程、系统安全为目的的，应用安全系统工程原理和方法，对工程、系统中存在的危险及有害因素进行辨识与分析，判断工程、系统发生事故和职业危害的可能性及其严重程度，提出安全对策建议，为制定防范措施和管理决策提供科学依据。力求在制定必要的安全措施前，掌握系统内可能的危险种类、危险程度和危险后果，并对其进行定量、定性的分析，从而制定有效的危险控制措施。安全评价可用事故率评价指标，也可用工效学方法评价，如通过业务分析、实验方法、模拟法、可靠性测定和动作时间研究等进行评价。

一、安全评价的内容

最早提出对企业进行安全评价的国家是美国，安全评价法是从 20 世纪中叶美国空军的评价方法中脱胎而来的。美国空军从系统工程方面来进行研究，之后又有许多企业创造了各种研究方法。比如道化学公司，它的研究方法是基于安全风险指数进行的。

安全评价的形式主要有：事前评价、事后评价、现状评价。

（1）安全预评价。安全预评价即事前评价。首先，工厂会收到一份对即将进行的工作的可能性进行分析的报告；其次，工厂针对前人或者其他公司的经历对可能的风险进行了解，采用各种分析方法，对于风险的种类、性质、影响因素和最终造成后果的严重程度进行分析；最后，针对上述问题，从不同的角度（比如技术层面、管理层面、安全设备等）给出解决方案，形成一个初步的安全守则规范。这在一开始就警示操作人员注意安全和应对措施，待项目完工之后，这些守则规范还可作为下一次开展项目时或者其他领域、公司进行活动的依据，也是安全管理、检测单位主要的考察对象。

这种方法的应用范围如下。

① 导致事故发生原因的评价方法，具体场景包括安全专业人员问询和查看；存在风险的操作方法；对事故进行分类以及对影响因素进行整理；表格考察等。

② 对风险级别进行划分时，比如存在风险的操作方法；对事故进行分类及对影响因素进行整理；绘制事故树；安全等级预估等。

③ 可以在项目完工之后对安全水平进行评价，比如安全等级预估——风险发生概率预估——系统排查预估；事故统计；对事故进行分类以及对影响因素进行整理；绘制事故

树等。

（2）安全验收评价。安全验收评价即事后评价，在工程项目完成之后、正式使用之前进行。其主要评价目标是系统、设备、控制等方面，以及对工程应用管理的情况进行评价，重点关注试运行期间发生的一些问题，对出现的问题进行归类、分析，并逐一提供解决方法以供参考。具体到轨道交通情况，可以为最后的使用提供可靠意见，以及当正式运行时出现的安全系数不足的情况时，给予弥补和完善的建议。最终目标都是使轨道交通能够正常并且安全地运行。

这种方法主要是指在操作之后进行的评价，一般来说可以选用的方法是"安全检查表法"，但如果在试行之后仍然无法满足安全要求，可能会将设计方案推倒重来，事前评估无法进行或者是监管人员有其他建议之时，其他评价方法也可以使用，并且也不仅局限于一种方法，多种方法可以相互结合使用。

（3）安全现状综合评价。安全现状综合评价即现状评价，主要在正式使用之后进行。通过系统、设备、控制等方面的评价管理，对系统已经出现或者可能出现的问题进行预估，根据其重要程度进行排序，根据事件缓急来迅速高效地找到解决方法，以便使系统处于一定的安全水平之上。

现状评价有两种方法——定性评价法和定量评价法。

① 定性评价法。风险预估；安全检查表；对事故进行分类以及对影响因素进行整理；事故假设分析等。

② 定量评价法。绘制事故树；计算事故发生概率等。

实际上，上述两种方法都是找出风险存在的位置、对风险发生的概率进行计算、将风险的水平与理论水平进行比对、找到最终解决风险的方法。找出风险存在的位置是为接下来的研究找到目标；对风险发生的概率进行计算是将风险系数具体化；将风险的水平与理论水平进行比对是为了了解发生的风险是否在可控范围内；找到最终解决风险的方法是对已经存在的、不在可控范围内的风险进行减弱、消除和转移。

二、安全评价的特点

安全评价方法不同于以往的安全分析方法和管制方法，它具有比较独特的地方，具体内容如下。

1. 确立了系统安全的观点

在现代社会，每一个系统都是由各种功能的子系统结合而成的，机械化的普及使得这些系统可以完成各种各样复杂的工作，但这些工作的复杂性也导致了整个系统的复杂性。要使整个系统能够安全有效的进行工作，就必须保证每一个子系统都能安全有效的进行工作，其中最为重要的是各个子系统之间的连接部分，它们往往十分微小且精确度非常高，一旦出现问题将会很难排除和解决，并且整个系统的顺利运转使得我们不能只关注其中的一个子系统，而是要为全局进行服务，这样才能获得成功。

2. 开发了事故预测技术

以往的安全分析方法总是承担着"事后诸葛亮"的角色，也就是说总是在事故发生之后才进行排查并给出解决方法。理论上来说这种方法并非不可，但现实中事故一旦发生，造成的后果往往是不可估计的，因此，就要求我们在事前就有一定的预测，对于可能出现的风险进行识别，尽量将其消灭在"萌芽"状态，如此才能减少损失。

3. 对安全进行定量描述

定量即计算出事故发生的概率，将事故转化成具体的数字，更加直观。

这种安全分析方法诚然是对以往方法的一个创新和改进，但其依据还是从以往经验中获得的，所以，之前的分析方法也是不能被排除的。

三、安全评价的意义

城市轨道交通运营安全评价的目的是贯彻我国的基本安全方针，即"安全第一、预防为主"，提高城市轨道交通运营系统的本质安全程度和安全管理水平，减少和控制城市轨道交通运营系统中存在的危险和有害因素，降低城市轨道交通运营系统的安全风险，预防事故发生，保护企业的财产安全及人员的健康和生命安全。安全评价可有效地预防事故的发生，减少财产损失和人员伤亡，主要表现在以下几个方面。

（1）安全评价是安全管理的一个重要组成部分。

（2）有助于政府安全监督管理部门对生产经营单位的安全生产实行宏观控制。

（3）有助于安全投资的合理选择。

（4）有助于提高安全生产经营单位的安全水平，实现"三个"转变，即①事变后处理为事先预测预防；②变纵向单一管理为全面系统管理；③变经验管理为目标管理。

（5）有助于生产经营单位提高经济效益。

四、安全评价依据

1. 国家及地方的有关法律、法规、标准

《中华人民共和国安全生产法》有如下规定。

第二十九条　矿山、金属冶炼建设项目和用于生产、储存、装卸危险物品的建设项目，应当按照国家有关规定进行安全评价。

第六十九条　承担安全评价、认证、检测、检验的机构应当具备国家规定的资质条件，并对其作出的安全评价、认证、检测、检验的结果负责。

《安全生产许可条例》有如下规定。

第二条　国家对矿山企业、建筑施工企业和危险化学品、烟花爆竹、民用爆炸物品生产企业（以下统称企业）实行安全生产许可制度。

企业未取得安全生产许可证的，不得从事生产活动。

第六条　企业取得安全生产许可证，应当具备下列安全生产条件。

（一）建立、健全安全生产责任制，制定完备的安全生产规章制度和操作规程；

（二）安全投入符合安全生产要求；

（三）设置安全生产管理机构，配备专职安全生产管理人员；

（四）主要负责人和安全生产管理人员经考核合格；

（五）特种作业人员经有关业务主管部门考核合格，取得特种作业操作资格证书；

（六）从业人员经安全生产教育和培训合格；

（七）依法参加工伤保险，为从业人员缴纳保险费；

（八）厂房、作业场所和安全设施、设备、工艺符合有关安全生产法律、法规、标准和规程的要求；

（九）有职业危害防治措施，并为从业人员配备符合国家标准或者行业标准的劳动防护用品；

（十）依法进行安全评价；

（十一）有重大危险源检测、评估、监控措施和应急预案；

（十二）有生产安全事故应急救援预案、应急救援组织或者应急救援人员，配备必要的应急救援器材、设备；

（十三）法律、法规规定的其他条件。

2. 企业内部的规章制度及技术规范

3. 可接受的风险标准

4. 前人的经验教训

五、安全评价的程序

安全评价分为准备工作、实施评价和编写评价报告3个阶段。

1. 准备工作

应包括以下内容。

① 确定本次评价的对象和范围，编制施工安全评价计划。

② 准备有关工程施工安全评价所需的相关法律法规、标准、规章、规范等资料。

③ 评价组织方应提交相关材料，说明评价目的、评价内容、评价方式、所需资料（包括图纸、文件、资料、档案、数据）的清单、拟开展现场检查的计划，及其他需要各单位配合的事项。

④ 被评价方应提前准备好评价组织方需要的资料。

2. 实施评价

应包括以下内容。

① 对相关单位提供的工程施工技术和管理资料进行审查。

② 按事先拟定的现场检查计划，查看工程施工项目部的安全管理、施工技术的安全实施、施工环境的安全管理以及监控预警的安全控制工作是否到位以及是否符合相关法规、规范的要求，并按本标准的相关规定进行评价和打分。

③ 进行安全评价总分计算和安全水平划分。

④ 在上述工作的基础上，评价组织方提出安全评价结论，编写安全评价报告。

3. 编写评价报告

应符合以下规定。

① 评价报告内容应全面，条理应清楚，数据应完整，提出建议应可行，评价结论应客观公正；文字应简洁、准确，论点应明确，利于阅读和审查。

② 评价报告的主要内容包括：评价对象的基本情况、评价范围和评价重点、安全评价

结果及安全管理水平、安全对策意见和建议，施工现场问题照片以及明确整改时限。

③ 安全评价报告宜采用纸质载体，辅助采用电子载体。

六、安全生产监督与检查

1. 安全检查的基本任务

发现和查明各种危险和隐患，督促整改，监督各项安全规章制度的实施，制止违章指挥、违章作业。

2. 安全检查的原则

（1）领导检查与群众检查相结合。

（2）企业自查与上级督查相结合。

3. 安全检查的形式

（1）职工自查。

（2）对口互查。

（3）综合检查。

（4）专业检查（每年不少于2次）。

（5）节假日检查。

（6）季节性检查。

（7）日常检查（包括岗位自查和管理人员巡查）。

（8）夜间抽查。

七、安全评价结论

（一）评价结论的编写原则

（1）做到概括性、条理性强，且文字表达精准。

（2）客观公正、观点明确。

（二）评价结论的主要内容

1. 评价结论分析

（1）设备装置和附件方面。

（2）人力资源和管理制度方面。

（3）物质物料和材质材料方面。

（4）方法工艺和作业操作。

（5）生产环境和安全条件。

2. 评价结果归类及重要性判断

对评价结果进行分类整理，并按严重程度和发生频率，分别将结果排序列出。

3. 评价结论的主要内容

（1）结果分析。

① 辨识结果分析。

② 评价结果分析。

③ 控制结果分析。

（2）评价结论。

① 评价对象是否符合国家安全生产法规标准要求。

② 评价对象在采取所要求的安全对策措施后达到的安全程度。

③ 根据安全评价结果，做出可接受程度的结论。

（3）持续改进方向。

八、安全评价技术文件

（一）安全预评价报告

1. 报告内容

安全预评价报告一般应包括以下内容。

（1）概述。

（2）生产工艺简介和主要危险、有害因素分析。

（3）安全预评价方法和评价单元。

（4）定性、定量安全评价。

（5）安全对策措施。

（6）预评价结论及意见。

2. 报告格式

安全预评价报告一般按照以下顺序整理。

（1）封面。

（2）预评价单位资格证书影印。

（3）目录。

（4）编制说明。

（5）前言。

（6）正文。

（7）附件。

（8）附录。

（二）安全验收评价报告

安全验收评价是检验和评判"三同时"落实效果的工具。

1. 安全验收评价报告的工作流程

（1）前期准备过程。

（2）危险识别过程。

（3）安全评价过程。

（4）安全控制过程。

（5）综合论证过程。

2. 安全验收评价报告的作用

（1）为企业服务，帮助企业筛查事故隐患，落实整改措施，以达到安全要求。

（2）为政府安全生产监督管理部门服务提供建设项目安全验收的依据。

3. 安全验收评价的工作程序

（1）前期准备。

（2）制订安全验收评价计划。

（3）安全验收评价现场检查及评价。

（4）编写安全验收评价报告。

（5）安全验收评价报告的评审。

4. 安全验收评价报告方法

（1）一般采用安全检查表法。

（2）对比较复杂的系统可采用如下方法。

① 采用顺向追踪方法检查分析，运用事故树分析法。

② 采用逆向追溯方法检查分析，运用故障假设分析法。

③ 采用已公布的行业安全评价方法评价。

④ 补充其他方法。

5. 安全验收评价计划书的基本内容

（1）安全验收评价的主要依据。

（2）建设项目概况。

（3）主要危险、有害因素及相关作业场所分析。

（4）安全验收评价的重点。

（5）安全验收评价方法的选择。

（6）安全验收评价用安全检查表的编制。

6. 安全验收评价报告的主要内容

（1）概述。

（2）主要危险、有害因素识别。

（3）总体布局及常规防护设施措施评价。

（4）易燃、易爆场所评价。

（5）有害因素、安全控制措施评价。

（6）特种设备监督检查记录评价。

（7）强制检测设备情况检查。

（8）电气设备安全评价。

（9）机械伤害防护设施评价。

（10）工艺设施安全连锁有效性评价。

（三）安全现状评价报告

1. 评价原理

安全现状评价原理遵循"控制风险水平，力求安全"的原则，即风险＝后果×可能性。

2. 评价模式的建立和评价方法的选择

（1）选择定性评价和定量评价相结合的模式。

（2）针对生产单元运行情况及工艺设备的特点，采用预先危险性分析法进行危险性预评测。

（3）采用定量计算的方法（道化学法、蒙德法等）进行固有危险计算，同时采用补偿降低危险等级，求得达到安全状态的要求；也可采用安全检查表及事故树方法，确定生产单元处于何种状态。

（4）根据系统评价，得出主要隐患整改措施及分机作业评价结论。

3. 安全现状评价报告的一般要求

（1）前言。
（2）评价程序概况。
（3）评价程序及评价方法。
（4）预先危险性分析。
（5）危险度与危险指数分析。
（6）事故分析及重大事故模拟。
（7）对策措施与建议。
（8）评价结论。

4. 安全现状评价报告的特殊要求

安全现状评价报告的内容要求比预评价更详尽、更具体，特别是对危险性分析要求较高。因此，安全检查表的编制要求懂工艺和操作的专家参与完成，评论组的专业分析能力应涵盖评价范围内的专业内容。

思考题

1. 什么是事故树？事故树有哪些事件符号和逻辑门符号？
2. 什么是安全检查表？如何编制安全检查表？
3. 什么是专家评议法？专家评议如何进行？
4. 什么是预先危险性分析法？它适合在哪种情况下使用？
5. 安全评价技术文件主要有哪些？内容包括什么？
6. 应用安全检查表时的注意事项有哪些？

附录1 《中华人民共和国安全生产法》

第一章 总则

第一条 为了加强安全生产工作，防止和减少生产安全事故，保障人民群众生命和财产安全，促进经济社会持续健康发展，制定本法。

第二条 在中华人民共和国领域内从事生产经营活动的单位（以下统称生产经营单位）的安全生产，适用本法；有关法律、行政法规对消防安全和道路交通安全、铁路交通安全、水上交通安全、民用航空安全以及核与辐射安全、特种设备安全另有规定的，适用其规定。

第三条 安全生产工作应当以人为本，坚持安全发展，坚持安全第一、预防为主、综合治理的方针，强化和落实生产经营单位的主体责任，建立生产经营单位负责、职工参与、政府监管、行业自律和社会监督的机制。

第四条 生产经营单位必须遵守本法和其他有关安全生产的法律、法规，加强安全生产管理，建立、健全安全生产责任制和安全生产规章制度，改善安全生产条件，推进安全生产标准化建设，提高安全生产水平，确保安全生产。

第五条 生产经营单位的主要负责人对本单位的安全生产工作全面负责。

第六条 生产经营单位的从业人员有依法获得安全生产保障的权利，并应当依法履行安全生产方面的义务。

第七条 工会依法对安全生产工作进行监督。

生产经营单位的工会依法组织职工参加本单位安全生产工作的民主管理和民主监督，维护职工在安全生产方面的合法权益。生产经营单位制定或者修改有关安全生产的规章制度，应当听取工会的意见。

第八条 国务院和县级以上地方各级人民政府应当根据国民经济和社会发展规划制定安全生产规划，并组织实施。安全生产规划应当与城乡规划相衔接。

国务院和县级以上地方各级人民政府应当加强对安全生产工作的领导，支持、督促各有关部门依法履行安全生产监督管理职责，建立健全安全生产工作协调机制，及时协调、解决安全生产监督管理中存在的重大问题。

乡、镇人民政府以及街道办事处、开发区管理机构等地方人民政府的派出机关应当按照职责，加强对本行政区域内生产经营单位安全生产状况的监督检查，协助上级人民政府有关部门依法履行安全生产监督管理职责。

第九条 国务院安全生产监督管理部门依照本法，对全国安全生产工作实施综合监督管理；县级以上地方各级人民政府安全生产监督管理部门依照本法，对本行政区域内安全生产工作实施综合监督管理。

国务院有关部门依照本法和其他有关法律、行政法规的规定，在各自的职责范围内对有关行业、领域的安全生产工作实施监督管理；县级以上地方各级人民政府有关部门依照本法和其他有关法律、法规的规定，在各自的职责范围内对有关行业、领域的安全生产工作实施监督管理。

安全生产监督管理部门和对有关行业、领域的安全生产工作实施监督管理的部门，统称负有安全生产监督管理职责的部门。

第十条　国务院有关部门应当按照保障安全生产的要求，依法及时制定有关的国家标准或者行业标准，并根据科技进步和经济发展适时修订。

生产经营单位必须执行依法制定的保障安全生产的国家标准或者行业标准。

第十一条　各级人民政府及其有关部门应当采取多种形式，加强对有关安全生产的法律、法规和安全生产知识的宣传，增强全社会的安全生产意识。

第十二条　有关协会组织依照法律、行政法规和章程，为生产经营单位提供安全生产方面的信息、培训等服务，发挥自律作用，促进生产经营单位加强安全生产管理。

第十三条　依法设立的为安全生产提供技术、管理服务的机构，依照法律、行政法规和执业准则，接受生产经营单位的委托为其安全生产工作提供技术、管理服务。

生产经营单位委托前款规定的机构提供安全生产技术、管理服务的，保证安全生产的责任仍由本单位负责。

第十四条　国家实行生产安全事故责任追究制度，依照本法和有关法律、法规的规定，追究生产安全事故责任人员的法律责任。

第十五条　国家鼓励和支持安全生产科学技术研究和安全生产先进技术的推广应用，提高安全生产水平。

第十六条　国家对在改善安全生产条件、防止生产安全事故、参加抢险救护等方面取得显著成绩的单位和个人，给予奖励。

第二章　生产经营单位的安全生产保障

第十七条　生产经营单位应当具备本法和有关法律、行政法规和国家标准或者行业标准规定的安全生产条件；不具备安全生产条件的，不得从事生产经营活动。

第十八条　生产经营单位的主要负责人对本单位安全生产工作负有下列职责：

（一）建立、健全本单位安全生产责任制；

（二）组织制定本单位安全生产规章制度和操作规程；

（三）组织制定并实施本单位安全生产教育和培训计划；

（四）保证本单位安全生产投入的有效实施；

（五）督促、检查本单位的安全生产工作，及时消除生产安全事故隐患；

（六）组织制定并实施本单位的生产安全事故应急救援预案；

（七）及时、如实报告生产安全事故。

第十九条　生产经营单位的安全生产责任制应当明确各岗位的责任人员、责任范围和考核标准等内容。

生产经营单位应当建立相应的机制，加强对安全生产责任制落实情况的监督考核，保证安全生产责任制的落实。

第二十条　生产经营单位应当具备的安全生产条件所必需的资金投入，由生产经营单位的决策机构、主要负责人或者个人经营的投资人予以保证，并对由于安全生产所必需的资金投入不足导致的后果承担责任。

有关生产经营单位应当按照规定提取和使用安全生产费用，专门用于改善安全生产条件。安全生产费用在成本中据实列支。安全生产费用提取、使用和监督管理的具体办法由国务院财政部门会同国务院安全生产监督管理部门征求国务院有关部门意见后制定。

第二十一条　矿山、金属冶炼、建筑施工、道路运输单位和危险物品的生产、经营、储存单位，应当设置安全生产管理机构或者配备专职安全生产管理人员。

前款规定以外的其他生产经营单位，从业人员超过一百人的，应当设置安全生产管理机构或者配备专职安全生产管理人员；从业人员在一百人以下的，应当配备专职或者兼职的安全生产管理人员。

第二十二条　生产经营单位的安全生产管理机构以及安全生产管理人员履行下列职责：

（一）组织或者参与拟订本单位安全生产规章制度、操作规程和生产安全事故应急救援预案；

（二）组织或者参与本单位安全生产教育和培训，如实记录安全生产教育和培训情况；

（三）督促落实本单位重大危险源的安全管理措施；

（四）组织或者参与本单位应急救援演练；

（五）检查本单位的安全生产状况，及时排查生产安全事故隐患，提出改进安全生产管理的建议；

（六）制止和纠正违章指挥、强令冒险作业、违反操作规程的行为；

（七）督促落实本单位安全生产整改措施。

第二十三条　生产经营单位的安全生产管理机构以及安全生产管理人员应当恪尽职守，依法履行职责。

生产经营单位做出涉及安全生产的经营决策，应当听取安全生产管理机构以及安全生产管理人员的意见。

生产经营单位不得因安全生产管理人员依法履行职责而降低其工资、福利等待遇或者解除与其订立的劳动合同。

危险物品的生产、储存单位以及矿山、金属冶炼单位的安全生产管理人员的任免，应当告知主管的负有安全生产监督管理职责的部门。

第二十四条　生产经营单位的主要负责人和安全生产管理人员必须具备与本单位所从事的生产经营活动相应的安全生产知识和管理能力。

危险物品的生产、经营、储存单位以及矿山、金属冶炼、建筑施工、道路运输单位的主要负责人和安全生产管理人员，应当由主管的负有安全生产监督管理职责的部门对其安全生产知识和管理能力考核合格。考核不得收费。

危险物品的生产、储存单位以及矿山、金属冶炼单位应当有注册安全工程师从事安全生产管理工作。鼓励其他生产经营单位聘用注册安全工程师从事安全生产管理工作。注册安全工程师按专业分类管理，具体办法由国务院人力资源和社会保障部门、国务院安全生产监督管理部门会同国务院有关部门制定。

第二十五条　生产经营单位应当对从业人员进行安全生产教育和培训，保证从业人员具备必要的安全生产知识，熟悉有关的安全生产规章制度和安全操作规程，掌握本岗位的安全操作技能，了解事故应急处理措施，知悉自身在安全生产方面的权利和义务。未经安全生产教育和培训合格的从业人员，不得上岗作业。

生产经营单位使用被派遣劳动者的，应当将被派遣劳动者纳入本单位从业人员统一管理，对被派遣劳动者进行岗位安全操作规程和安全操作技能的教育和培训。劳务派遣单位应当对被派遣劳动者进行必要的安全生产教育和培训。

生产经营单位接收中等职业学校、高等学校学生实习的，应当对实习学生进行相应的安全生产教育和培训，提供必要的劳动防护用品。学校应当协助生产经营单位对实习学生进行安全生产教育和培训。

生产经营单位应当建立安全生产教育和培训档案，如实记录安全生产教育和培训的时间、内容、参加人员以及考核结果等情况。

第二十六条　生产经营单位采用新工艺、新技术、新材料或者使用新设备，必须了解、掌握其安全技术特性，采取有效的安全防护措施，并对从业人员进行专门的安全生产教育和培训。

第二十七条　生产经营单位的特种作业人员必须按照国家有关规定经专门的安全作业培训，取得相应资格，方可上岗作业。

特种作业人员的范围由国务院安全生产监督管理部门会同国务院有关部门确定。

第二十八条　生产经营单位新建、改建、扩建工程项目（以下统称建设项目）的安全设施，必须与主体工程同时设计、同时施工、同时投入生产和使用。安全设施投资应当纳入建设项目概算。

第二十九条　矿山、金属冶炼建设项目和用于生产、储存、装卸危险物品的建设项目，应当按照国家有关规定进行安全评价。

第三十条　建设项目安全设施的设计人、设计单位应当对安全设施设计负责。

矿山、金属冶炼建设项目和用于生产、储存、装卸危险物品的建设项目的安全设施设计应当按照国家有关规定报经有关部门审查，审查部门及其负责审查的人员对审查结果负责。

第三十一条　矿山、金属冶炼建设项目和用于生产、储存、装卸危险物品的建设项目的施工单位必须按照批准的安全设施设计施工，并对安全设施的工程质量负责。

矿山、金属冶炼建设项目和用于生产、储存危险物品的建设项目竣工投入生产或者使用前，应当由建设单位负责组织对安全设施进行验收；验收合格后，方可投入生产和使用。安全生产监督管理部门应当加强对建设单位验收活动和验收结果的监督核查。

第三十二条　生产经营单位应当在有较大危险因素的生产经营场所和有关设施、设备上，设置明显的安全警示标志。

第三十三条　安全设备的设计、制造、安装、使用、检测、维修、改造和报废，应当符合国家标准或者行业标准。

生产经营单位必须对安全设备进行经常性维护、保养，并定期检测，保证正常运转。维护、保养、检测应当作好记录，并由有关人员签字。

第三十四条　生产经营单位使用的危险物品的容器、运输工具，以及涉及人身安全、危险性较大的海洋石油开采特种设备和矿山井下特种设备，必须按照国家有关规定，由专业生产单位生产，并经具有专业资质的检测、检验机构检测、检验合格，取得安全使用证或者安全标志，方可投入使用。检测、检验机构对检测、检验结果负责。

第三十五条　国家对严重危及生产安全的工艺、设备实行淘汰制度，具体目录由国务院安全生产监督管理部门会同国务院有关部门制定并公布。法律、行政法规对目录的制定另有规定的，适用其规定。

省、自治区、直辖市人民政府可以根据本地区实际情况制定并公布具体目录，对前款规定以外的危及生产安全的工艺、设备予以淘汰。

生产经营单位不得使用应当淘汰的危及生产安全的工艺、设备。

第三十六条　生产、经营、运输、储存、使用危险物品或者处置废弃危险物品的，由有关主管部门依照有关法律、法规的规定和国家标准或者行业标准审批并实施监督管理。

生产经营单位生产、经营、运输、储存、使用危险物品或者处置废弃危险物品，必须执行有关法律、法规和国家标准或者行业标准，建立专门的安全管理制度，采取可靠的安全措施，接受有关主管部门依法实施的监督管理。

第三十七条　生产经营单位对重大危险源应当登记建档，进行定期检测、评估、监控，并制定应急预案，告知从业人员和相关人员在紧急情况下应当采取的应急措施。

生产经营单位应当按照国家有关规定将本单位重大危险源及有关安全措施、应急措施报有关地方人民政府安全生产监督管理部门和有关部门备案。

第三十八条　生产经营单位应当建立健全生产安全事故隐患排查治理制度，采取技术、管理措施，及时发现并消除事故隐患。事故隐患排查治理情况应当如实记录，并向从业人员通报。

县级以上地方各级人民政府负有安全生产监督管理职责的部门应当建立健全重大事故隐患治理督办制度，督促生产经营单位消除重大事故隐患。

第三十九条　生产、经营、储存、使用危险物品的车间、商店、仓库不得与员工宿舍在同一座建筑物内，并应当与员工宿舍保持安全距离。

生产经营场所和员工宿舍应当设有符合紧急疏散要求、标志明显、保持畅通的出口。禁止锁闭、封堵生产经营场所或者员工宿舍的出口。

第四十条　生产经营单位进行爆破、吊装以及国务院安全生产监督管理部门会同国务院有关部门规定的其他危险作业，应当安排专门人员进行现场安全管理，确保操作规程的遵守和安全措施的落实。

第四十一条　生产经营单位应当教育和督促从业人员严格执行本单位的安全生产规章制度和安全操作规程；并向从业人员如实告知作业场所和工作岗位存在的危险因素、防范措施以及事故应急措施。

第四十二条　生产经营单位必须为从业人员提供符合国家标准或者行业标准的劳动防护用品，并监督、教育从业人员按照使用规则佩戴、使用。

第四十三条　生产经营单位的安全生产管理人员应当根据本单位的生产经营特点，对安全生产状况进行经常性检查；对检查中发现的安全问题，应当立即处理；不能处理的，应当及时报告本单位有关负责人，有关负责人应当及时处理。检查及处理情况应当如实记录在案。

生产经营单位的安全生产管理人员在检查中发现重大事故隐患，依照前款规定向本单位有关负责人报告，有关负责人不及时处理的，安全生产管理人员可以向主管的负有安全生产监督管理职责的部门报告，接到报告的部门应当依法及时处理。

第四十四条　生产经营单位应当安排用于配备劳动防护用品、进行安全生产培训的经费。

第四十五条　两个以上生产经营单位在同一作业区域内进行生产经营活动，可能危及对方生产安全的，应当签订安全生产管理协议，明确各自的安全生产管理职责和应当采取的安全措施，并指定专职安全生产管理人员进行安全检查与协调。

第四十六条 生产经营单位不得将生产经营项目、场所、设备发包或者出租给不具备安全生产条件或者相应资质的单位或者个人。

生产经营项目、场所发包或者出租给其他单位的，生产经营单位应当与承包单位、承租单位签订专门的安全生产管理协议，或者在承包合同、租赁合同中约定各自的安全生产管理职责；生产经营单位对承包单位、承租单位的安全生产工作统一协调、管理，定期进行安全检查，发现安全问题的，应当及时督促整改。

第四十七条 生产经营单位发生生产安全事故时，单位的主要负责人应当立即组织抢救，并不得在事故调查处理期间擅离职守。

第四十八条 生产经营单位必须依法参加工伤保险，为从业人员缴纳保险费。

国家鼓励生产经营单位投保安全生产责任保险。

第三章 从业人员的安全生产权利义务

第四十九条 生产经营单位与从业人员订立的劳动合同，应当载明有关保障从业人员劳动安全、防止职业危害的事项，以及依法为从业人员办理工伤保险的事项。

生产经营单位不得以任何形式与从业人员订立协议，免除或者减轻其对从业人员因生产安全事故伤亡依法应承担的责任。

第五十条 生产经营单位的从业人员有权了解其作业场所和工作岗位存在的危险因素、防范措施及事故应急措施，有权对本单位的安全生产工作提出建议。

第五十一条 从业人员有权对本单位安全生产工作中存在的问题提出批评、检举、控告；有权拒绝违章指挥和强令冒险作业。

生产经营单位不得因从业人员对本单位安全生产工作提出批评、检举、控告或者拒绝违章指挥、强令冒险作业而降低其工资、福利等待遇或者解除与其订立的劳动合同。

第五十二条 从业人员发现直接危及人身安全的紧急情况时，有权停止作业或者在采取可能的应急措施后撤离作业场所。

生产经营单位不得因从业人员在前款紧急情况下停止作业或者采取紧急撤离措施而降低其工资、福利等待遇或者解除与其订立的劳动合同。

第五十三条 因生产安全事故受到损害的从业人员，除依法享有工伤保险外，依照有关民事法律尚有获得赔偿的权利的，有权向本单位提出赔偿要求。

第五十四条 从业人员在作业过程中，应当严格遵守本单位的安全生产规章制度和操作规程，服从管理，正确佩戴和使用劳动防护用品。

第五十五条 从业人员应当接受安全生产教育和培训，掌握本职工作所需的安全生产知识，提高安全生产技能，增强事故预防和应急处理能力。

第五十六条 从业人员发现事故隐患或者其他不安全因素，应当立即向现场安全生产管理人员或者本单位负责人报告；接到报告的人员应当及时予以处理。

第五十七条 工会有权对建设项目的安全设施与主体工程同时设计、同时施工、同时投入生产和使用进行监督，提出意见。

工会对生产经营单位违反安全生产法律、法规，侵犯从业人员合法权益的行为，有权要求纠正；发现生产经营单位违章指挥、强令冒险作业或者发现事故隐患时，有权提出解决的建议，生产经营单位应当及时研究答复；发现危及从业人员生命安全的情况时，有权向生产经营单位建议组织从业人员撤离危险场所，生产经营单位必须立即作出处理。

工会有权依法参加事故调查，向有关部门提出处理意见，并要求追究有关人员的责任。

第五十八条　生产经营单位使用被派遣劳动者的，被派遣劳动者享有本法规定的从业人员的权利，并应当履行本法规定的从业人员的义务。

第四章　安全生产的监督管理

第五十九条　县级以上地方各级人民政府应当根据本行政区域内的安全生产状况，组织有关部门按照职责分工，对本行政区域内容易发生重大生产安全事故的生产经营单位进行严格检查。

安全生产监督管理部门应当按照分类分级监督管理的要求，制定安全生产年度监督检查计划，并按照年度监督检查计划进行监督检查，发现事故隐患，应当及时处理。

第六十条　负有安全生产监督管理职责的部门依照有关法律、法规的规定，对涉及安全生产的事项需要审查批准（包括批准、核准、许可、注册、认证、颁发证照等，下同）或者验收的，必须严格依照有关法律、法规和国家标准或者行业标准规定的安全生产条件和程序进行审查；不符合有关法律、法规和国家标准或者行业标准规定的安全生产条件的，不得批准或者验收通过。对未依法取得批准或者验收合格的单位擅自从事有关活动的，负责行政审批的部门发现或者接到举报后应当立即予以取缔，并依法予以处理。对已经依法取得批准的单位，负责行政审批的部门发现其不再具备安全生产条件的，应当撤销原批准。

第六十一条　负有安全生产监督管理职责的部门对涉及安全生产的事项进行审查、验收，不得收取费用；不得要求接受审查、验收的单位购买其指定品牌或者指定生产、销售单位的安全设备、器材或者其他产品。

第六十二条　安全生产监督管理部门和其他负有安全生产监督管理职责的部门依法开展安全生产行政执法工作，对生产经营单位执行有关安全生产的法律、法规和国家标准或者行业标准的情况进行监督检查，行使以下职权：

（一）进入生产经营单位进行检查，调阅有关资料，向有关单位和人员了解情况；

（二）对检查中发现的安全生产违法行为，当场予以纠正或者要求限期改正；对依法应当给予行政处罚的行为，依照本法和其他有关法律、行政法规的规定作出行政处罚决定；

（三）对检查中发现的事故隐患，应当责令立即排除；重大事故隐患排除前或者排除过程中无法保证安全的，应当责令从危险区域内撤出作业人员，责令暂时停产停业或者停止使用相关设施、设备；重大事故隐患排除后，经审查同意，方可恢复生产经营和使用；

（四）对有根据认为不符合保障安全生产的国家标准或者行业标准的设施、设备、器材以及违法生产、储存、使用、经营、运输的危险物品予以查封或者扣押，对违法生产、储存、使用、经营危险物品的作业场所予以查封，并依法作出处理决定。

监督检查不得影响被检查单位的正常生产经营活动。

第六十三条　生产经营单位对负有安全生产监督管理职责的部门的监督检查人员（以下统称安全生产监督检查人员）依法履行监督检查职责，应当予以配合，不得拒绝、阻挠。

第六十四条　安全生产监督检查人员应当忠于职守，坚持原则，秉公执法。

安全生产监督检查人员执行监督检查任务时，必须出示有效的监督执法证件；对涉及被检查单位的技术秘密和业务秘密，应当为其保密。

第六十五条 安全生产监督检查人员应当将检查的时间、地点、内容、发现的问题及其处理情况，作出书面记录，并由检查人员和被检查单位的负责人签字；被检查单位的负责人拒绝签字的，检查人员应当将情况记录在案，并向负有安全生产监督管理职责的部门报告。

第六十六条 负有安全生产监督管理职责的部门在监督检查中，应当互相配合，实行联合检查；确需分别进行检查的，应当互通情况，发现存在的安全问题应当由其他有关部门进行处理的，应当及时移送其他有关部门并形成记录备查，接受移送的部门应当及时进行处理。

第六十七条 负有安全生产监督管理职责的部门依法对存在重大事故隐患的生产经营单位作出停产停业、停止施工、停止使用相关设施或者设备的决定，生产经营单位应当依法执行，及时消除事故隐患。生产经营单位拒不执行，有发生生产安全事故的现实危险的，在保证安全的前提下，经本部门主要负责人批准，负有安全生产监督管理职责的部门可以采取通知有关单位停止供电、停止供应民用爆炸物品等措施，强制生产经营单位履行决定。通知应当采用书面形式，有关单位应当予以配合。

负有安全生产监督管理职责的部门依照前款规定采取停止供电措施，除有危及生产安全的紧急情形外，应当提前二十四小时通知生产经营单位。生产经营单位依法履行行政决定、采取相应措施消除事故隐患的，负有安全生产监督管理职责的部门应当及时解除前款规定的措施。

第六十八条 监察机关依照行政监察法的规定，对负有安全生产监督管理职责的部门及其工作人员履行安全生产监督管理职责实施监察。

第六十九条 承担安全评价、认证、检测、检验的机构应当具备国家规定的资质条件，并对其作出的安全评价、认证、检测、检验的结果负责。

第七十条 负有安全生产监督管理职责的部门应当建立举报制度，公开举报电话、信箱或者电子邮件地址，受理有关安全生产的举报；受理的举报事项经调查核实后，应当形成书面材料；需要落实整改措施的，报经有关负责人签字并督促落实。

第七十一条 任何单位或者个人对事故隐患或者安全生产违法行为，均有权向负有安全生产监督管理职责的部门报告或者举报。

第七十二条 居民委员会、村民委员会发现其所在区域内的生产经营单位存在事故隐患或者安全生产违法行为时，应当向当地人民政府或者有关部门报告。

第七十三条 县级以上各级人民政府及其有关部门对报告重大事故隐患或者举报安全生产违法行为的有功人员，给予奖励。具体奖励办法由国务院安全生产监督管理部门会同国务院财政部门制定。

第七十四条 新闻、出版、广播、电影、电视等单位有进行安全生产公益宣传教育的义务，有对违反安全生产法律、法规的行为进行舆论监督的权利。

第七十五条 负有安全生产监督管理职责的部门应当建立安全生产违法行为信息库，如实记录生产经营单位的安全生产违法行为信息；对违法行为情节严重的生产经营单位，应当向社会公告，并通报行业主管部门、投资主管部门、国土资源主管部门、证券监督管理机构以及有关金融机构。

第五章　生产安全事故的应急救援与调查处理

第七十六条　国家加强生产安全事故应急能力建设,在重点行业、领域建立应急救援基地和应急救援队伍,鼓励生产经营单位和其他社会力量建立应急救援队伍,配备相应的应急救援装备和物资,提高应急救援的专业化水平。

国务院安全生产监督管理部门建立全国统一的生产安全事故应急救援信息系统,国务院有关部门建立健全相关行业、领域的生产安全事故应急救援信息系统。

第七十七条　县级以上地方各级人民政府应当组织有关部门制定本行政区域内生产安全事故应急救援预案,建立应急救援体系。

第七十八条　生产经营单位应当制定本单位生产安全事故应急救援预案,与所在地县级以上地方人民政府组织制定的生产安全事故应急救援预案相衔接,并定期组织演练。

第七十九条　危险物品的生产、经营、储存单位以及矿山、金属冶炼、城市轨道交通运营、建筑施工单位应当建立应急救援组织;生产经营规模较小的,可以不建立应急救援组织,但应当指定兼职的应急救援人员。

危险物品的生产、经营、储存、运输单位以及矿山、金属冶炼、城市轨道交通运营、建筑施工单位应当配备必要的应急救援器材、设备和物资,并进行经常性维护、保养,保证正常运转。

第八十条　生产经营单位发生生产安全事故后,事故现场有关人员应当立即报告本单位负责人。

单位负责人接到事故报告后,应当迅速采取有效措施,组织抢救,防止事故扩大,减少人员伤亡和财产损失,并按照国家有关规定立即如实报告当地负有安全生产监督管理职责的部门,不得隐瞒不报、谎报或者迟报,不得故意破坏事故现场、毁灭有关证据。

第八十一条　负有安全生产监督管理职责的部门接到事故报告后,应当立即按照国家有关规定上报事故情况。负有安全生产监督管理职责的部门和有关地方人民政府对事故情况不得隐瞒不报、谎报或者迟报。

第八十二条　有关地方人民政府和负有安全生产监督管理职责的部门的负责人接到生产安全事故报告后,应当按照生产安全事故应急救援预案的要求立即赶到事故现场,组织事故抢救。

参与事故抢救的部门和单位应当服从统一指挥,加强协同联动,采取有效的应急救援措施,并根据事故救援的需要采取警戒、疏散等措施,防止事故扩大和次生灾害的发生,减少人员伤亡和财产损失。

事故抢救过程中应当采取必要措施,避免或者减少对环境造成的危害。

任何单位和个人都应当支持、配合事故抢救,并提供一切便利条件。

第八十三条　事故调查处理应当按照科学严谨、依法依规、实事求是、注重实效的原则,及时、准确地查清事故原因,查明事故性质和责任,总结事故教训,提出整改措施,并对事故责任者提出处理意见。事故调查报告应当依法及时向社会公布。事故调查和处理的具体办法由国务院制定。

事故发生单位应当及时全面落实整改措施,负有安全生产监督管理职责的部门应当加强监督检查。

第八十四条　生产经营单位发生生产安全事故，经调查确定为责任事故的，除了应当查明事故单位的责任并依法予以追究外，还应当查明对安全生产的有关事项负有审查批准和监督职责的行政部门的责任，对有失职、渎职行为的，依照本法第八十七条的规定追究法律责任。

第八十五条　任何单位和个人不得阻挠和干涉对事故的依法调查处理。

第八十六条　县级以上地方各级人民政府安全生产监督管理部门应当定期统计分析本行政区域内发生生产安全事故的情况，并定期向社会公布。

第六章　法律责任

第八十七条　负有安全生产监督管理职责的部门的工作人员，有下列行为之一的，给予降级或者撤职的处分；构成犯罪的，依照刑法有关规定追究刑事责任：

（一）对不符合法定安全生产条件的涉及安全生产的事项予以批准或者验收通过的；

（二）发现未依法取得批准、验收的单位擅自从事有关活动或者接到举报后不予取缔或者不依法予以处理的；

（三）对已经依法取得批准的单位不履行监督管理职责，发现其不再具备安全生产条件而不撤销原批准或者发现安全生产违法行为不予查处的；

（四）在监督检查中发现重大事故隐患，不依法及时处理的。

负有安全生产监督管理职责的部门的工作人员有前款规定以外的滥用职权、玩忽职守、徇私舞弊行为的，依法给予处分；构成犯罪的，依照刑法有关规定追究刑事责任。

第八十八条　负有安全生产监督管理职责的部门，要求被审查、验收的单位购买其指定的安全设备、器材或者其他产品的，在对安全生产事项的审查、验收中收取费用的，由其上级机关或者监察机关责令改正，责令退还收取的费用；情节严重的，对直接负责的主管人员和其他直接责任人员依法给予处分。

第八十九条　承担安全评价、认证、检测、检验工作的机构，出具虚假证明的，没收违法所得；违法所得在十万元以上的，并处违法所得二倍以上五倍以下的罚款；没有违法所得或者违法所得不足十万元的，单处或者并处十万元以上二十万元以下的罚款；对其直接负责的主管人员和其他直接责任人员处二万元以上五万元以下的罚款；给他人造成损害的，与生产经营单位承担连带赔偿责任；构成犯罪的，依照刑法有关规定追究刑事责任。

对有前款违法行为的机构，吊销其相应资质。

第九十条　生产经营单位的决策机构、主要负责人或者个人经营的投资人不依照本法规定保证安全生产所必需的资金投入，致使生产经营单位不具备安全生产条件的，责令限期改正，提供必需的资金；逾期未改正的，责令生产经营单位停产停业整顿。

有前款违法行为，导致发生生产安全事故的，对生产经营单位的主要负责人给予撤职处分，对个人经营的投资人处二万元以上二十万元以下的罚款；构成犯罪的，依照刑法有关规定追究刑事责任。

第九十一条　生产经营单位的主要负责人未履行本法规定的安全生产管理职责的，责令限期改正；逾期未改正的，处二万元以上五万元以下的罚款，责令生产经营单位停产停业整顿。

生产经营单位的主要负责人有前款违法行为，导致发生生产安全事故的，给予撤职处分；构成犯罪的，依照刑法有关规定追究刑事责任。

生产经营单位的主要负责人依照前款规定受刑事处罚或者撤职处分的，自刑罚执行完毕或者受处分之日起，五年内不得担任任何生产经营单位的主要负责人；对重大、特别重大生产安全事故负有责任的，终身不得担任本行业生产经营单位的主要负责人。

第九十二条　生产经营单位的主要负责人未履行本法规定的安全生产管理职责，导致发生生产安全事故的，由安全生产监督管理部门依照下列规定处以罚款：

（一）发生一般事故的，处上一年年收入百分之三十的罚款；

（二）发生较大事故的，处上一年年收入百分之四十的罚款；

（三）发生重大事故的，处上一年年收入百分之六十的罚款；

（四）发生特别重大事故的，处上一年年收入百分之八十的罚款。

第九十三条　生产经营单位的安全生产管理人员未履行本法规定的安全生产管理职责的，责令限期改正；导致发生生产安全事故的，暂停或者撤销其与安全生产有关的资格；构成犯罪的，依照刑法有关规定追究刑事责任。

第九十四条　生产经营单位有下列行为之一的，责令限期改正，可以处五万元以下的罚款；逾期未改正的，责令停产停业整顿，并处五万元以上十万元以下的罚款，对其直接负责的主管人员和其他直接责任人员处一万元以上二万元以下的罚款：

（一）未按照规定设置安全生产管理机构或者配备安全生产管理人员的；

（二）危险物品的生产、经营、储存单位以及矿山、金属冶炼、建筑施工、道路运输单位的主要负责人和安全生产管理人员未按照规定经考核合格的；

（三）未按照规定对从业人员、被派遣劳动者、实习学生进行安全生产教育和培训，或者未按照规定如实告知有关的安全生产事项的；

（四）未如实记录安全生产教育和培训情况的；

（五）未将事故隐患排查治理情况如实记录或者未向从业人员通报的；

（六）未按照规定制定生产安全事故应急救援预案或者未定期组织演练的；

（七）特种作业人员未按照规定经专门的安全作业培训并取得相应资格，上岗作业的。

第九十五条　生产经营单位有下列行为之一的，责令停止建设或者停产停业整顿，限期改正；逾期未改正的，处五十万元以上一百万元以下的罚款，对其直接负责的主管人员和其他直接责任人员处二万元以上五万元以下的罚款；构成犯罪的，依照刑法有关规定追究刑事责任：

（一）未按照规定对矿山、金属冶炼建设项目或者用于生产、储存、装卸危险物品的建设项目进行安全评价的；

（二）矿山、金属冶炼建设项目或者用于生产、储存、装卸危险物品的建设项目没有安全设施设计或者安全设施设计未按照规定报经有关部门审查同意的；

（三）矿山、金属冶炼建设项目或者用于生产、储存、装卸危险物品的建设项目的施工单位未按照批准的安全设施设计施工的；

（四）矿山、金属冶炼建设项目或者用于生产、储存危险物品的建设项目竣工投入生产或者使用前，安全设施未经验收合格的。

第九十六条　生产经营单位有下列行为之一的，责令限期改正，可以处五万元以下的罚款；逾期未改正的，处五万元以上二十万元以下的罚款，对其直接负责的主管人员和其他直接责任人员处一万元以上二万元以下的罚款；情节严重的，责令停产停业整顿；构成犯罪的，依照刑法有关规定追究刑事责任：

（一）未在有较大危险因素的生产经营场所和有关设施、设备上设置明显的安全警示标志的；

（二）安全设备的安装、使用、检测、改造和报废不符合国家标准或者行业标准的；

（三）未对安全设备进行经常性维护、保养和定期检测的；

（四）未为从业人员提供符合国家标准或者行业标准的劳动防护用品的；

（五）危险物品的容器、运输工具，以及涉及人身安全、危险性较大的海洋石油开采特种设备和矿山井下特种设备未经具有专业资质的机构检测、检验合格，取得安全使用证或者安全标志，投入使用的；

（六）使用应当淘汰的危及生产安全的工艺、设备的。

第九十七条　未经依法批准，擅自生产、经营、运输、储存、使用危险物品或者处置废弃危险物品的，依照有关危险物品安全管理的法律、行政法规的规定予以处罚；构成犯罪的，依照刑法有关规定追究刑事责任。

第九十八条　生产经营单位有下列行为之一的，责令限期改正，可以处十万元以下的罚款；逾期未改正的，责令停产停业整顿，并处十万元以上二十万元以下的罚款，对其直接负责的主管人员和其他直接责任人员处二万元以上五万元以下的罚款；构成犯罪的，依照刑法有关规定追究刑事责任：

（一）生产、经营、运输、储存、使用危险物品或者处置废弃危险物品，未建立专门安全管理制度、未采取可靠的安全措施的；

（二）对重大危险源未登记建档，或者未进行评估、监控，或者未制定应急预案的；

（三）进行爆破、吊装以及国务院安全生产监督管理部门会同国务院有关部门规定的其他危险作业，未安排专门人员进行现场安全管理的；

（四）未建立事故隐患排查治理制度的。

第九十九条　生产经营单位未采取措施消除事故隐患的，责令立即消除或者限期消除；生产经营单位拒不执行的，责令停产停业整顿，并处十万元以上五十万元以下的罚款，对其直接负责的主管人员和其他直接责任人员处二万元以上五万元以下的罚款。

第一百条　生产经营单位将生产经营项目、场所、设备发包或者出租给不具备安全生产条件或者相应资质的单位或者个人的，责令限期改正，没收违法所得；违法所得十万元以上的，并处违法所得二倍以上五倍以下的罚款；没有违法所得或者违法所得不足十万元的，单处或者并处十万元以上二十万元以下的罚款；对其直接负责的主管人员和其他直接责任人员处一万元以上二万元以下的罚款；导致发生生产安全事故给他人造成损害的，与承包方、承租方承担连带赔偿责任。

生产经营单位未与承包单位、承租单位签订专门的安全生产管理协议或者未在承包合同、租赁合同中明确各自的安全生产管理职责，或者未对承包单位、承租单位的安全生产统一协调、管理的，责令限期改正，可以处五万元以下的罚款，对其直接负责的主管人员和其他直接责任人员可以处一万元以下的罚款；逾期未改正的，责令停产停业整顿。

第一百零一条　两个以上生产经营单位在同一作业区域内进行可能危及对方安全生产的生产经营活动，未签订安全生产管理协议或者未指定专职安全生产管理人员进行安全检查与协调的，责令限期改正，可以处五万元以下的罚款，对其直接负责的主管人员和其他直接责任人员可以处一万元以下的罚款；逾期未改正的，责令停产停业。

第一百零二条　生产经营单位有下列行为之一的，责令限期改正，可以处五万元以下的罚款，对其直接负责的主管人员和其他直接责任人员可以处一万元以下的罚款；逾期未改正的，责令停产停业整顿；构成犯罪的，依照刑法有关规定追究刑事责任：

（一）生产、经营、储存、使用危险物品的车间、商店、仓库与员工宿舍在同一座建筑内，或者与员工宿舍的距离不符合安全要求的；

（二）生产经营场所和员工宿舍未设有符合紧急疏散需要、标志明显、保持畅通的出口，或者锁闭、封堵生产经营场所或者员工宿舍出口的。

第一百零三条　生产经营单位与从业人员订立协议，免除或者减轻其对从业人员因生产安全事故伤亡依法应承担的责任的，该协议无效；对生产经营单位的主要负责人、个人经营的投资人处二万元以上十万元以下的罚款。

第一百零四条　生产经营单位的从业人员不服从管理，违反安全生产规章制度或者操作规程的，由生产经营单位给予批评教育，依照有关规章制度给予处分；构成犯罪的，依照刑法有关规定追究刑事责任。

第一百零五条　违反本法规定，生产经营单位拒绝、阻碍负有安全生产监督管理职责的部门依法实施监督检查的，责令改正；拒不改正的，处二万元以上二十万元以下的罚款；对其直接负责的主管人员和其他直接责任人员处一万元以上二万元以下的罚款；构成犯罪的，依照刑法有关规定追究刑事责任。

第一百零六条　生产经营单位的主要负责人在本单位发生生产安全事故时，不立即组织抢救或者在事故调查处理期间擅离职守或者逃匿的，给予降级、撤职的处分，并由安全生产监督管理部门处上一年年收入百分之六十至百分之一百的罚款；对逃匿的处十五日以下拘留；构成犯罪的，依照刑法有关规定追究刑事责任。

生产经营单位的主要负责人对生产安全事故隐瞒不报、谎报或者迟报的，依照前款规定处罚。

第一百零七条　有关地方人民政府、负有安全生产监督管理职责的部门，对生产安全事故隐瞒不报、谎报或者迟报的，对直接负责的主管人员和其他直接责任人员依法给予处分；构成犯罪的，依照刑法有关规定追究刑事责任。

第一百零八条　生产经营单位不具备本法和其他有关法律、行政法规和国家标准或者行业标准规定的安全生产条件，经停产停业整顿仍不具备安全生产条件的，予以关闭；有关部门应当依法吊销其有关证照。

第一百零九条　发生生产安全事故，对负有责任的生产经营单位除要求其依法承担相应的赔偿等责任外，由安全生产监督管理部门依照下列规定处以罚款：

（一）发生一般事故的，处二十万元以上五十万元以下的罚款；

（二）发生较大事故的，处五十万元以上一百万元以下的罚款；

（三）发生重大事故的，处一百万元以上五百万元以下的罚款；

（四）发生特别重大事故的，处五百万元以上一千万元以下的罚款；情节特别严重的，处一千万元以上二千万元以下的罚款。

第一百一十条　本法规定的行政处罚，由安全生产监督管理部门和其他负有安全生产监督管理职责的部门按照职责分工决定。予以关闭的行政处罚由负有安全生产监督管理职责的部门报请县级以上人民政府按照国务院规定的权限决定；给予拘留的行政处罚由公安机关依照治安管理处罚法的规定决定。

第一百一十一条　生产经营单位发生生产安全事故造成人员伤亡、他人财产损失的，应当依法承担赔偿责任；拒不承担或者其负责人逃匿的，由人民法院依法强制执行。

生产安全事故的责任人未依法承担赔偿责任，经人民法院依法采取执行措施后，仍不能对受害人给予足额赔偿的，应当继续履行赔偿义务；受害人发现责任人有其他财产的，可以随时请求人民法院执行。

第七章　附则

第一百一十二条　本法下列用语的含义：

危险物品，是指易燃易爆物品、危险化学品、放射性物品等能够危及人身安全和财产安全的物品。

重大危险源，是指长期地或者临时地生产、搬运、使用或者储存危险物品，且危险物品的数量等于或者超过临界量的单元（包括场所和设施）。

第一百一十三条　本法规定的生产安全一般事故、较大事故、重大事故、特别重大事故的划分标准由国务院规定。

国务院安全生产监督管理部门和其他负有安全生产监督管理职责的部门应当根据各自的职责分工，制定相关行业、领域重大事故隐患的判定标准。

第一百一十四条　本法自 2002 年 11 月 1 日起施行。

附录2 《城市轨道交通运营管理规定》

第一章 总 则

第一条 为规范城市轨道交通运营管理，保障运营安全，提高服务质量，促进城市轨道交通行业健康发展，根据国家有关法律、行政法规和国务院有关文件要求，制定本规定。

第二条 地铁、轻轨等城市轨道交通的运营及相关管理活动，适用本规定。

第三条 城市轨道交通运营管理应当遵循以人民为中心、安全可靠、便捷高效、经济舒适的原则。

第四条 交通运输部负责指导全国城市轨道交通运营管理工作。

省、自治区交通运输主管部门负责指导本行政区域内的城市轨道交通运营管理工作。

城市轨道交通所在地城市交通运输主管部门或者城市人民政府指定的城市轨道交通运营主管部门（以下统称城市轨道交通运营主管部门）在本级人民政府的领导下负责组织实施本行政区域内的城市轨道交通运营监督管理工作。

第二章 运营基础要求

第五条 城市轨道交通运营主管部门在城市轨道交通线网规划及建设规划征求意见阶段，应当综合考虑与城市规划的衔接、城市轨道交通客流需求、运营安全保障等因素，对线网布局和规模、换乘枢纽规划、建设时序、资源共享、线网综合应急指挥系统建设、线路功能定位、线路制式、系统规模、交通接驳等提出意见。

城市轨道交通运营主管部门在城市轨道交通工程项目可行性研究报告和初步设计文件编制审批征求意见阶段，应当对客流预测、系统设计运输能力、行车组织、运营管理、运营服务、运营安全等提出意见。

第六条 城市轨道交通工程项目可行性研究报告和初步设计文件中应当设置运营服务专篇，内容应当至少包括：

（一）车站开通运营的出入口数量、站台面积、通道宽度、换乘条件、站厅容纳能力等设施、设备能力与服务需求和安全要求的符合情况；

（二）车辆、通信、信号、供电、自动售检票等设施设备选型与线网中其他线路设施设备的兼容情况；

（三）安全应急设施规划布局、规模等与运营安全的适应性，与主体工程的同步规划和设计情况；

（四）与城市轨道交通线网运力衔接配套情况；

（五）其他交通方式的配套衔接情况；

（六）无障碍环境建设情况。

第七条 城市轨道交通车辆、通信、信号、供电、机电、自动售检票、站台门等设施设备和综合监控系统应当符合国家规定的运营准入技术条件，并实现系统互联互通、兼容共享，满足网络化运营需要。

第八条 城市轨道交通工程项目原则上应当在可行性研究报告编制前，按照有关规定选择确定运营单位。运营单位应当满足以下条件：

（一）具有企业法人资格，经营范围包括城市轨道交通运营管理；

（二）具有健全的行车管理、客运管理、设施设备管理、人员管理等安全生产管理体系和服务质量保障制度；

（三）具有车辆、通信、信号、供电、机电、轨道、土建结构、运营管理等专业管理人员，以及与运营安全相适应的专业技术人员。

第九条　运营单位应当全程参与城市轨道交通工程项目按照规定开展的不载客试运行，熟悉工程设备和标准，察看系统运行的安全可靠性，发现存在质量问题和安全隐患的，应当督促城市轨道交通建设单位（以下简称建设单位）及时处理。

运营单位应当在运营接管协议中明确相关土建工程、设施设备、系统集成的保修范围、保修期限和保修责任，并督促建设单位将上述内容纳入建设工程质量保修书。

第十条　城市轨道交通工程项目验收合格后，由城市轨道交通运营主管部门组织初期运营前安全评估。通过初期运营前安全评估的，方可依法办理初期运营手续。

初期运营期间，运营单位应当按照设计标准和技术规范，对土建工程、设施设备、系统集成的运行状况和质量进行监控，发现存在问题或者安全隐患的，应当要求相关责任单位按照有关规定或者合同约定及时处理。

第十一条　城市轨道交通线路初期运营期满一年，运营单位应当向城市轨道交通运营主管部门报送初期运营报告，并由城市轨道交通运营主管部门组织正式运营前安全评估。通过安全评估的，方可依法办理正式运营手续。对安全评估中发现的问题，城市轨道交通运营主管部门应当报告城市人民政府，同时通告有关责任单位要求限期整改。

开通初期运营的城市轨道交通线路有甩项工程的，甩项工程完工并验收合格后，应当通过城市轨道交通运营主管部门组织的安全评估，方可投入使用。受客观条件限制难以完成甩项工程的，运营单位应当督促建设单位与设计单位履行设计变更手续。全部甩项工程投入使用或者履行设计变更手续后，城市轨道交通工程项目方可依法办理正式运营手续。

第十二条　运营单位承担运营安全生产主体责任，应当建立安全生产责任制，设置安全生产管理机构，配备专职安全管理人员，保障安全运营所必需的资金投入。

第十三条　运营单位应当配置满足运营需求的从业人员，按相关标准进行安全和技能培训教育，并对城市轨道交通列车驾驶员、行车调度员、行车值班员、信号工、通信工等重点岗位人员进行考核，考核不合格的，不得从事岗位工作。运营单位应当对重点岗位人员进行安全背景审查。

城市轨道交通列车驾驶员应当按照法律法规的规定取得驾驶员职业准入资格。

运营单位应当对列车驾驶员定期开展心理测试，对不符合要求的及时调整工作岗位。

第十四条　运营单位应当按照有关规定，完善风险分级管控和隐患排查治理双重预防制度，建立风险数据库和隐患排查手册，对于可能影响安全运营的风险隐患及时整改，并向城市轨道交通运营主管部门报告。

城市轨道交通运营主管部门应当建立运营重大隐患治理督办制度，督促运营单位采取安全防护措施，尽快消除重大隐患；对非运营单位原因不能及时消除的，应当报告城市人民政府依法处理。

第十五条　运营单位应当建立健全本单位的城市轨道交通运营设施设备定期检查、检测评估、养护维修、更新改造制度和技术管理体系，并报城市轨道交通运营主管部门备案。

运营单位应当对设施设备进行定期检查、检测评估，及时养护维修和更新改造，并保存记录。

第十六条　城市轨道交通运营主管部门和运营单位应当建立城市轨道交通智能管理系统，对所有运营过程、区域和关键设施设备进行监管，具备运行控制、关键设施和关键部位监测、风险管控和隐患排查、应急处置、安全监控等功能，并实现运营单位和各级交通运输主管部门之间的信息共享，提高运营安全管理水平。

运营单位应当建立网络安全管理制度，严格落实网络安全有关规定和等级保护要求，加强列车运行控制等关键系统信息安全保护，提升网络安全水平。

第十七条　城市轨道交通运营主管部门应当对运营单位运营安全管理工作进行监督检查，定期委托第三方机构组织专家开展运营期间安全评估工作。

初期运营前、正式运营前以及运营期间的安全评估工作管理办法由交通运输部另行制定。

第十八条　城市轨道交通运营主管部门和运营单位应当建立城市轨道交通运营信息统计分析制度，并按照有关规定及时报送相关信息。

第三章　运营服务

第十九条　运营单位应当按照有关标准为乘客提供安全、可靠、便捷、高效、经济的服务，保证服务质量。

运营单位应当向社会公布运营服务质量承诺并报城市轨道交通运营主管部门备案，定期报告履行情况。

第二十条　运营单位应当根据城市轨道交通沿线乘客出行规律及网络化运输组织要求，合理编制运行图，并报城市轨道交通运营主管部门备案。

运营单位调整运行图严重影响服务质量的，应当向城市轨道交通运营主管部门说明理由。

第二十一条　运营单位应当通过标识、广播、视频设备、网络等多种方式按照下列要求向乘客提供运营服务和安全应急等信息：

（一）在车站醒目位置公布首末班车时间、城市轨道交通线网示意图、进出站指示、换乘指示和票价信息；

（二）在站厅或者站台提供列车到达、间隔时间、方向提示、周边交通方式换乘、安全提示、无障碍出行等信息；

（三）在车厢提供城市轨道交通线网示意图、列车运行方向、到站、换乘、开关车门提示等信息；

（四）首末班车时间调整、车站出入口封闭、设施设备故障、限流、封站、甩站、暂停运营等非正常运营信息。

第二十二条　城市轨道交通票价制定和调整按照国家有关规定执行。

城市轨道交通运营主管部门应当按照有关标准组织实施交通一卡通在轨道交通的建设与推广应用，推动跨区域、跨交通方式的互联互通。

第二十三条　城市轨道交通运营主管部门应当制定城市轨道交通乘客乘车规范，乘客应当遵守。拒不遵守的，运营单位有权劝阻和制止，制止无效的，报告公安机关依法处理。

第二十四条 城市轨道交通运营主管部门应当通过乘客满意度调查等多种形式，定期对运营单位服务质量进行监督和考评，考评结果向社会公布。

第二十五条 城市轨道交通运营主管部门和运营单位应当分别建立投诉受理制度。接到乘客投诉后，应当及时处理，并将处理结果告知乘客。

第二十六条 乘客应当持有效乘车凭证乘车，不得使用无效、伪造、变造的乘车凭证。运营单位有权查验乘客的乘车凭证。

第二十七条 乘客及其他人员因违法违规行为对城市轨道交通运营造成严重影响的，应当依法追究责任。

第二十八条 鼓励运营单位采用大数据分析、移动互联网等先进技术及有关设施设备，提升服务品质。运营单位应当保证乘客个人信息的采集和使用符合国家网络和信息安全有关规定。

第四章 安全支持保障

第二十九条 城市轨道交通工程项目应当按照规定划定保护区。

开通初期运营前，建设单位应当向运营单位提供保护区平面图，并在具备条件的保护区设置提示或者警示标志。

第三十条 在城市轨道交通保护区内进行下列作业的，作业单位应当按照有关规定制定安全防护方案，经运营单位同意后，依法办理相关手续并对作业影响区域进行动态监测：

（一）新建、改建、扩建或者拆除建（构）筑物；

（二）挖掘、爆破、地基加固、打井、基坑施工、桩基础施工、钻探、灌浆、喷锚、地下顶进作业；

（三）敷设或者搭架管线、吊装等架空作业；

（四）取土、采石、采砂、疏浚河道；

（五）大面积增加或者减少建（构）筑物载荷的活动；

（六）电焊、气焊和使用明火等具有火灾危险作业。

第三十一条 运营单位有权进入作业现场进行巡查，发现危及或者可能危及城市轨道交通运营安全的情形，运营单位有权予以制止，并要求相关责任单位或者个人采取措施消除妨害；逾期未改正的，及时报告有关部门依法处理。

第三十二条 使用高架线路桥下空间不得危害城市轨道交通运营安全，并预留高架线路桥梁设施日常检查、检测和养护维修条件。

地面、高架线路沿线建（构）筑物或者植物不得妨碍行车瞭望，不得侵入城市轨道交通线路的限界。沿线建（构）筑物、植物可能妨碍行车瞭望或者侵入线路限界的，责任单位应当及时采取措施消除影响。责任单位不能消除影响，危及城市轨道交通运营安全、情况紧急的，运营单位可以先行处置，并及时报告有关部门依法处理。

第三十三条 禁止下列危害城市轨道交通运营设施设备安全的行为：

（一）损坏隧道、轨道、路基、高架、车站、通风亭、冷却塔、变电站、管线、护栏护网等设施；

（二）损坏车辆、机电、电缆、自动售检票等设备，干扰通信信号、视频监控设备等系统；

（三）擅自在高架桥梁及附属结构上钻孔打眼，搭设电线或者其他承力绳索，设置附着物；

（四）损坏、移动、遮盖安全标志、监测设施以及安全防护设备。

第三十四条　禁止下列危害或者可能危害城市轨道交通运营安全的行为：

（一）拦截列车；

（二）强行上下车；

（三）擅自进入隧道、轨道或者其他禁入区域；

（四）攀爬或者跨越围栏、护栏、护网、站台门等；

（五）擅自操作有警示标志的按钮和开关装置，在非紧急状态下动用紧急或者安全装置；

（六）在城市轨道交通车站出入口5米范围内停放车辆、乱设摊点等，妨碍乘客通行和救援疏散；

（七）在通风口、车站出入口50米范围内存放有毒、有害、易燃、易爆、放射性和腐蚀性等物品；

（八）在出入口、通风亭、变电站、冷却塔周边躺卧、留宿、堆放和晾晒物品；

（九）在地面或者高架线路两侧各100米范围内升放风筝、气球等低空飘浮物体和无人机等低空飞行器。

第三十五条　在城市轨道交通车站、车厢、隧道、站前广场等范围内设置广告、商业设施的，不得影响正常运营，不得影响导向、提示、警示、运营服务等标识识别、设施设备使用和检修，不得挤占出入口、通道、应急疏散设施空间和防火间距。

城市轨道交通车站站台、站厅层不应设置妨碍安全疏散的非运营设施。

第三十六条　禁止乘客携带有毒、有害、易燃、易爆、放射性、腐蚀性以及其他可能危及人身和财产安全的危险物品进站、乘车。运营单位应当按规定在车站醒目位置公示城市轨道交通禁止、限制携带物品目录。

第三十七条　各级城市轨道交通运营主管部门应当按照职责监督指导运营单位开展反恐防范、安检、治安防范和消防安全管理相关工作。

鼓励推广应用安检新技术、新产品，推动实行安检新模式，提高安检质量和效率。

第三十八条　交通运输部应当建立城市轨道交通重点岗位从业人员不良记录和乘客违法违规行为信息库，并按照规定将有关信用信息及时纳入交通运输和相关统一信用信息共享平台。

第三十九条　鼓励经常乘坐城市轨道交通的乘客担任志愿者，及时报告城市轨道交通运营安全问题和隐患，检举揭发危害城市轨道交通运营安全的违法违规行为。运营单位应当对志愿者开展培训。

第五章　应急处置

第四十条　城市轨道交通所在地城市及以上地方各级人民政府应当建立运营突发事件处置工作机制，明确相关部门和单位的职责分工、工作机制和处置要求，制定完善运营突发事件应急预案。

运营单位应当按照有关法规要求建立运营突发事件应急预案体系，制定综合应急预案、专项应急预案和现场处置方案。运营单位应当组织专家对专项应急预案进行评审。

因地震、洪涝、气象灾害等自然灾害和恐怖袭击、刑事案件等社会安全事件以及其他因素影响或者可能影响城市轨道交通正常运营时，参照运营突发事件应急预案做好监测预警、信息报告、应急响应、后期处置等相关应对工作。

第四十一条 运营单位应当储备必要的应急物资，配备专业应急救援装备，建立应急救援队伍，配齐应急人员，完善应急值守和报告制度，加强应急培训，提高应急救援能力。

第四十二条 城市轨道交通运营主管部门应当按照有关法规要求，在城市人民政府领导下会同有关部门定期组织开展联动应急演练。

运营单位应当定期组织运营突发事件应急演练，其中综合应急预案演练和专项应急预案演练每半年至少组织一次。现场处置方案演练应当纳入日常工作，开展常态化演练。运营单位应当组织社会公众参与应急演练，引导社会公众正确应对突发事件。

第四十三条 运营单位应当在城市轨道交通车站、车辆、地面和高架线路等区域的醒目位置设置安全警示标志，按照规定在车站、车辆配备灭火器、报警装置和必要的救生器材，并确保能够正常使用。

第四十四条 城市轨道交通运营突发事件发生后，运营单位应当按照有关规定及时启动相应应急预案。运营单位应当充分发挥志愿者在突发事件应急处置中的作用，提高乘客自救互救能力。

现场工作人员应当按照各自岗位职责要求开展现场处置，通过广播系统、乘客信息系统和人工指引等方式，引导乘客快速疏散。

第四十五条 运营单位应当加强城市轨道交通客流监测。可能发生大客流时，应当按照预案要求及时增加运力进行疏导；大客流可能影响运营安全时，运营单位可以采取限流、封站、甩站等措施。

因运营突发事件、自然灾害、社会安全事件以及其他原因危及运营安全时，运营单位可以暂停部分区段或者全线网的运营，根据需要及时启动相应应急保障预案，做好客流疏导和现场秩序维护，并报告城市轨道交通运营主管部门。

运营单位采取限流、甩站、封站、暂停运营措施应当及时告知公众，其中封站、暂停运营措施还应当向城市轨道交通运营主管部门报告。

第四十六条 城市轨道交通运营主管部门和运营单位应当建立城市轨道交通运营安全重大故障和事故报送制度。

城市轨道交通运营主管部门和运营单位应当定期组织对重大故障和事故原因进行分析，不断完善城市轨道交通运营安全管理制度以及安全防范和应急处置措施。

第四十七条 城市轨道交通运营主管部门和运营单位应当加强舆论引导，宣传文明出行、安全乘车理念和突发事件应对知识，培养公众安全防范意识，引导理性应对突发事件。

第六章 法律责任

第四十八条 违反本规定第十条、第十一条，城市轨道交通工程项目（含甩项工程）未经安全评估投入运营的，由城市轨道交通运营主管部门责令限期整改，并对运营单位处以2万元以上3万元以下的罚款，同时对其主要负责人处以1万元以下的罚款；有严重安全隐患的，城市轨道交通运营主管部门应当责令暂停运营。

第四十九条　违反本规定，运营单位有下列行为之一的，由城市轨道交通运营主管部门责令限期改正；逾期未改正的，处以5 000元以上3万元以下的罚款，并可对其主要负责人处以1万元以下的罚款：

（一）未全程参与试运行；

（二）未按照相关标准对从业人员进行技能培训教育；

（三）列车驾驶员未按照法律法规的规定取得职业准入资格；

（四）列车驾驶员、行车调度员、行车值班员、信号工、通信工等重点岗位从业人员未经考核上岗；

（五）未按照有关规定完善风险分级管控和隐患排查治理双重预防制度；

（六）未建立风险数据库和隐患排查手册；

（七）未按要求报告运营安全风险隐患整改情况；

（八）未建立设施设备检查、检测评估、养护维修、更新改造制度和技术管理体系；

（九）未对设施设备定期检查、检测评估和及时养护维修、更新改造；

（十）未按照有关规定建立运营突发事件应急预案体系；

（十一）储备的应急物资不满足需要，未配备专业应急救援装备，或者未建立应急救援队伍、配齐应急人员；

（十二）未按时组织运营突发事件应急演练。

第五十条　违反本规定第十八条、第四十六条，运营单位未按照规定上报城市轨道交通运营相关信息或者运营安全重大故障和事故的，由城市轨道交通运营主管部门责令限期改正；逾期未改正的，处以5 000元以上3万元以下的罚款。

第五十一条　违反本规定，运营单位有下列行为之一，由城市轨道交通运营主管部门责令限期改正；逾期未改正的，处以1万元以下的罚款：

（一）未向社会公布运营服务质量承诺或者定期报告履行情况；

（二）运行图未报城市轨道交通运营主管部门备案或者调整运行图严重影响服务质量的，未向城市轨道交通运营主管部门说明理由；

（三）未按规定向乘客提供运营服务和安全应急等信息；

（四）未建立投诉受理制度，或者未及时处理乘客投诉并将处理结果告知乘客；

（五）采取的限流、甩站、封站、暂停运营等措施，未及时告知公众或者封站、暂停运营等措施未向城市轨道交通运营主管部门报告。

第五十二条　违反本规定第三十二条，有下列行为之一，由城市轨道交通运营主管部门责令相关责任人和单位限期改正、消除影响；逾期未改正的，可以对个人处以5 000元以下的罚款，对单位处以3万元以下的罚款；造成损失的，依法承担赔偿责任；情节严重构成犯罪的，依法追究刑事责任：

（一）高架线路桥下的空间使用可能危害运营安全的；

（二）地面、高架线路沿线建（构）筑物或者植物妨碍行车瞭望、侵入限界的。

第五十三条　违反本规定第三十三条、第三十四条，运营单位有权予以制止，并由城市轨道交通运营主管部门责令改正，可以对个人处以5 000元以下的罚款，对单位处以3万元以下的罚款；违反治安管理规定的，由公安机关依法处理；构成犯罪的，依法追究刑事责任。

第五十四条　城市轨道交通运营主管部门不履行本规定职责造成严重后果的，或者有其他滥用职权、玩忽职守、徇私舞弊行为的，对负有责任的领导人员和直接责任人员依法给予处分；构成犯罪的，依法追究刑事责任。

第五十五条　地方性法规、地方政府规章对城市轨道交通运营违法行为需要承担的法律责任与本规定有不同规定的，从其规定。

第七章　附　　则

第五十六条　本规定自 2018 年 7 月 1 日起施行。

附录3 《国家处置城市地铁事故灾难应急预案》

1 总则

1.1 编制目的

做好城市地铁事故灾难的防范与处置工作,保证及时、有序、高效、妥善地处置城市地铁事故灾难,最大程度地减少人员伤亡和财产损失,维护社会稳定,支持和保障经济发展。

1.2 编制依据

依据《中华人民共和国安全生产法》《中华人民共和国消防法》《突发公共卫生事件应急条例》《国务院关于特大安全事故行政责任追究的规定》和《国家突发公共事件总体应急预案》,制定本预案。

1.3 适用范围

本预案适用于我国地铁(包括轻轨)发生的特别重大事故灾难,致使人民群众生命财产和地铁的正常运营受到严重威胁,具备下列条件之一的:

(1)造成30人以上死亡(含失踪),或危及30人以上生命安全,或者100人以上中毒(重伤),或者直接经济损失1亿元以上;

(2)需要紧急转移安置10万人以上;

(3)超出省级人民政府应急处置能力;

(4)跨省级行政区、跨领域(行业和部门);

(5)国务院认为需要国务院或建设部响应。

1.4 工作原则

(1)以人为本、科学决策。

发挥政府公共服务职能,把保障人民群众的生命安全、最大程度地减少事故灾难造成的损失放在首位。运用先进技术,充分发挥专家作用,实行科学民主决策。

(2)统一指挥、分级负责。

在国务院的统一领导下,由建设部牵头负责,省(区、市)人民政府和国务院其他有关部门、军队、武警按照各自的职责分工和权限,负责有关地铁事故灾难的应急管理和特别重大、重大事故灾难的应急处置工作。

(3)属地为主、分工协作。

地铁事故灾难应急处置实行属地负责制,城市人民政府是处置事故灾难的主体,要承担处置的首要责任。国务院各有关部门、军队、武警、省(区、市)人民政府要主动配合、密切协作、整合资源、信息共享、形成合力,保证事故灾难信息的及时准确传递、快速有效处置。

(4)应急处置与日常建设相结合、有效应对。

国务院各有关部门、军队、武警和省(区、市)人民政府,尤其是地铁所在地城市人民政府,对事故灾难要有充分的思想准备,调动全社会力量,建立应对事故灾难的有效机制,做到常备不懈。应急机制建设和资源准备要坚持应急处置与日常建设相结合,降低运行成本。

2 组织机构与职责

2.1 国家应急机构

国务院或国务院授权建设部设立城市地铁事故灾难应急领导小组（以下简称"领导小组"）。领导小组下设办公室、联络组和专家组。

领导小组办公室设在建设部质量安全司，具体负责全国地铁事故灾难应急工作。领导小组联络组由各成员单位指派的人员组成。领导小组专家组由地铁、公安、消防、安全生产、卫生防疫、防化等方面的专家组成。

2.2 省级、市级地铁事故灾难应急机构

省级、市级地铁事故灾难应急机构应比照国家地铁事故灾难应急机构的组成、职责，结合本地实际情况确定。

2.3 城市地铁企业事故灾难应急机构

城市地铁企业应建立由企业主要负责人、分管安全生产的负责人、有关部门参加的地铁事故灾难应急机构。

3 预警预防机制

3.1 监测机构

城市人民政府建设行政主管部门负责城市地铁的运行监测、预警工作，建立城市地铁监测体系和运行机制；对检测信息进行汇总分析；对城市地铁运行状况进行收集、汇总分析并做出报告，每半年向国家和省级地铁应急机构做出书面报告。

3.2 监测网络

由省级、市级建设行政主管部门、城市地铁企业组成监测网络，省级、市级建设行政主管部门设立城市地铁监察员对城市地铁进行检查监督。

3.3 监测内容

城市地铁的规章制度、强制性标准、设施设备及安全运营管理。

4 应急响应

4.1 分级响应

Ⅰ级响应行动（响应标准见1.3）由领导小组组织实施，当领导小组进入Ⅰ级响应行动时，事发地各级政府应当按照相应的预案全力以赴组织救援，并及时向领导小组报告救援工作进展情况。

Ⅱ级以下应急响应行动的组织实施，由省级人民政府决定。城市人民政府可根据事故灾难的严重程度启动相应的应急预案，超出本级应急处置能力时，及时报请上一级应急机构启动上一级应急预案实施救援。

4.1.1 领导小组的响应

建设部在接到特别重大事故灾难报告2小时内，决定是否启动Ⅰ级响应。

Ⅰ级响应时，领导小组启动并实施本预案。及时将事故灾难的基本情况、事态发展和救

援进展情况报告国务院并抄报国家安全监管总局;开通与国务院有关部门、军队、武警等有关方面的通信联系;开通与事故灾难发生地的省级应急机构、事发地城市政府应急机构、现场应急机构、相关专业应急机构的通信联系,随时掌握事态进展情况;派出有关人员和专家赶赴现场,参加、指导应急工作;需要其他部门应急力量支援时,向国务院提出请求。

Ⅱ级以下响应时,及时开通与事故灾难发生地的省级应急机构、事发地城市政府应急机构的通信联系,随时掌握事态进展情况;根据有关部门和专家的建议,为地方应急指挥救援工作提供协调和技术支持;必要时,派出有关人员和专家赶赴现场,参加、指导应急工作。

4.1.2　国务院有关部门、军队、武警的响应

Ⅰ级响应时,国务院有关部门、军队、武警按照预案规定的职责参与应急工作,启动并实施本部门相关的应急预案。

4.2　不同事故灾难的应急响应措施

4.2.1　火灾应急响应措施

(1)城市地铁企业要制定完善的消防预案,针对不同车站、列车运行的不同状态以及消防重点部位制定具体的火灾应急响应预案;

(2)贯彻"救人第一,救人与灭火同步进行"的原则,积极施救;

(3)处置火灾事件应坚持快速反应的原则,做到反应快、报告快、处置快,把握起火初期的关键时间,把损失控制在最低程度;

(4)火灾发生后,工作人员应立即向"119""110"报告。同时组织做好乘客的疏散、救护工作,积极开展灭火自救工作;

(5)地铁企业事故灾难应急机构及市级地铁事故灾难应急机构,接到火灾报告后,应立即组织启动相应应急预案。

4.2.2　地震应急响应措施

(1)地震灾害紧急处理的原则:

a. 实行高度集中,统一指挥。各单位、各部门要听从事发地省、直辖市人民政府指挥,各司其职,各负其责;

b. 抓住主要矛盾,先救人、后救物,先抢救通信、供电等要害部位,后抢救一般设施。

(2)市级地铁事故灾难应急机构及地铁企业负责制定地震应急预案,做好应急物资的储备及管理工作。

(3)发布破坏性地震预报后,即进入临震应急状态。省级人民政府建设主管部门采取相应措施:

a. 根据震情发展和工程设施情况,发布避震通知,必要时停止运营和施工,组织避震疏散;

b. 对有关工程和设备采取紧急抗震加固等保护措施;

c. 检查抢险救灾的准备工作;

d. 及时准确通报地震信息,保护正常工作秩序。

(4)地震发生时,省级人民政府建设主管部门及时将灾情报有关部门,同时做好乘客疏散和地铁设备、设施保护工作。

(5)地铁企业事故灾难应急机构及市级地铁事故灾难应急机构,接到地震报告后,应

立即组织启动相应应急预案。

4.2.3　地铁爆炸应急响应措施

（1）迅速反应，及时报告，密切配合，全力以赴疏散乘客、排除险情，尽快恢复运营；

（2）地铁企业应针对地铁列车、地铁车站、地铁主变电站、地铁控制中心，以及地铁车辆段等重点防范部位制定防爆措施；

（3）地铁内发现的爆炸物品、可疑物品应由专业人员进行排除，任何非专业人员不得随意触动；

（4）地铁爆炸案件一旦发生，市级建设主管部门应立即报告当地公安部门、消防部门、卫生部门，组织开展调查处理和应急工作；

（5）地铁企业事故灾难应急机构及市级地铁事故灾难应急机构，接到爆炸报告后，应立即组织启动相应应急预案。

4.2.4　地铁大面积停电应急响应措施

（1）地铁企业应贯彻预防为主、防救结合的原则，重点做好日常安全供电保障工作，准备备用电源，防止停电事件的发生；

（2）停电事件发生后，地铁企业要做好信息发布工作，做好乘客紧急疏散、安抚工作，协助做好地铁的治安防护工作；

（3）供电部门在事故灾难发生后，应根据事故灾难性质、特点，立即实施事故灾难抢修、抢险有关预案，尽快恢复供电；

（4）地铁企业事故灾难应急机构及市级地铁事故灾难应急机构，接到停电报告后，应立即组织启动相应应急预案。

4.3　应急情况报告

应急情况报告的基本原则是：快捷、准确、直报、续报。

4.3.1　快捷

最先接到事故灾难信息的单位应在第一时间报告，最迟不能超过1小时。

4.3.2　准确

报告内容要真实，不得瞒报、虚报、漏报。

4.3.3　直报

发生特别重大事故灾难，要直报领导小组办公室，同时报省、市地铁事故灾难应急机构。紧急情况下，可越级上报国务院，并及时通报有关部门。

4.3.4　续报

在事故灾难发生一段时间内，要连续上报事故灾难应急处置的进展情况及有关内容。

4.3.5　报告内容

特别重大事故灾难快报及续报应当包括以下内容：

（1）事件单位的名称、负责人、联系电话及地址；

（2）事件发生的时间、地点；

（3）事件造成的危害程度、影响范围、伤亡人数、直接经济损失；

（4）事件的简要经过；

（5）其他需上报的有关事项。

4.4 报告程序

4.4.1 地铁事故灾难发生后，现场人员必须立即报警，并报告地铁企业应急机构。有关部门接到报告后，应迅速确认事故灾难性质和等级，立即启动相应的预案，并向上级地铁应急机构报告。

4.4.2 特别重大事故灾难发生单位、属地政府及其相关行政主管部门，接报后必须做到：

（1）迅速采取有效措施，组织抢救，防止事故灾难扩大；
（2）严格保护事故灾难现场；
（3）迅速派人赶赴事故灾难现场，负责维护现场秩序和证据收集工作；
（4）服从地方政府统一部署和指挥，了解掌握事故灾难情况，协调组织事件抢险救灾和调查处理等事宜，并及时报告事态趋势及状况。

4.4.3 因抢救人员、防止事故灾难扩大、恢复生产以及疏通交通等原因，需要移动现场物件的，应当做好标志，采取拍照、摄像、绘图等方法详细记录事故灾难现场的原貌，妥善保存现场重要痕迹、物证。

4.4.4 发生特别重大事故灾难的单位及城市地铁事故灾难应急机构应在事故灾难发生后 4 小时内写出事故灾难快报，分别报送国家、省地铁事故灾难应急机构。

4.5 情况接报

4.5.1 领导小组办公室获悉发生城市地铁事故灾难后，迅速通知领导小组，并根据事故灾难的性质和严重程度提出启动预案的建议。

4.5.2 领导小组接到报告后，应将有关情况上报国务院，同时通报国务院有关部门。

4.6 紧急处置

紧急处置应按照属地为主的原则，依靠本行政区域的力量。事故灾难发生后，地铁企业和当地人民政府应立即启动应急预案，并按照应急预案迅速采取措施，使事故灾难损失降到最低。

根据事态发展情况，出现急剧恶化的特殊险情时，现场应急指挥机构在充分考虑专家和有关方面意见的基础上，及时制定应急处置方案，依法采取紧急处置措施。

4.7 医疗卫生救助

各级卫生行政部门要根据《国家突发公共事件医疗卫生救援应急预案》，组织做好应急准备，在应急响应时，组织、协调开展应急医疗卫生救援工作，保护人民群众的健康和生命安全。

4.8 应急人员的安全防护

现场处置人员应根据需要佩带相应的专业防护装备，采取安全防护措施，严格执行应急人员进入和离开事故灾难现场的相关规定。

现场应急机构根据需要具体协调、调集相应的安全防护装备。城市人民政府应事先为城市地铁企业配备相应的专业防护装备。

4.9 群众的安全防护

现场应急机构负责组织群众的安全防护工作，主要工作内容如下：

(1) 根据事故灾难的特点，确定保护群众安全需要采取的防护措施；
(2) 决定紧急状态下群众疏散、转移和安置的方式、范围、路线和程序，指定有关部门具体负责实施疏散、转移和安置；
(3) 启用应急避难场所；
(4) 维护事发现场的治安秩序。

4.10 社会力量的动员与参与

现场应急机构组织调动本行政区域社会力量参与应急工作。超出事发地省级人民政府的处置能力时，省级人民政府向国务院申请本行政区域外的社会力量支援。

4.11 现场检测与评估

根据需要，现场应急机构成立事故灾难现场检测与评估小组，负责检测、分析和评估工作，查找事故灾难的原因和评估事态的发展趋势，预测事故灾难的后果，为现场应急决策提供参考。检测与评估报告要及时上报领导小组办公室。

4.12 信息发布

城市地铁事故灾难应急信息的公开发布由各级城市地铁事故灾难应急机构决定。对城市地铁事故灾难和应急响应的信息实行统一、快速、有序、规范管理。

信息发布应明确事件的地点、事件的性质、人员伤亡和财产损失情况、救援进展情况、事件区域交通管制情况以及临时交通措施等。

4.13 应急结束

Ⅰ级响应行动由领导小组决定终止。

Ⅱ级以下响应行动的终止由省级人民政府决定。

5 后期处置

5.1 善后处置

事发地的城市人民政府负责组织地铁事故灾难的善后处置工作，包括治安管理、人员安置、补偿、征用物资补偿、救援物资供应和及时补充、恢复生产等事项。尽快消除事故灾难影响，妥善安置和慰问受害及受影响人员，保证社会稳定，尽快恢复地铁正常运营秩序。

5.2 保险理赔

地铁事故灾难发生后，保险机构及时开展应急人员保险受理和受灾人员保险理赔工作。

5.3 调查报告

属于Ⅰ级响应行动的地铁事故灾难由领导小组牵头组成调查组进行调查；必要时，国务院可以直接组成调查组。属于Ⅱ级以下响应行动的地铁事故灾难调查工作由省级人民政府规定；必要时，领导小组可以牵头组成调查组。

应急状态解除后，现场地铁事故灾难应急机构应整理和审查所有的应急记录和文件等资料；总结和评价导致应急状态的事故灾难原因和在应急期间采取的主要行动；必要时，修订城市地铁应急预案，并及时作出书面报告。

(1) 应急状态终止后的两个月内，现场地铁事故灾难应急机构应向领导小组提交书面总结报告。

(2) 总结报告应包括以下内容：发生事故灾难的地铁基本情况，事故灾难原因、发展过程及造成的后果（包括人员伤亡、经济损失）分析、评价，采取的主要应急响应措施及其有效性，主要经验教训和事故灾难责任人及其处理结果等。

6 保障措施

6.1 通信与信息保障

领导小组应指定专门场所并建设相应的设施满足进行决策、指挥和对外应急联络的需要。

逐步建立并完善全国地铁安全信息库、救援力量和资源信息库，规范信息获取、分析、发布、报送格式和程序，保证国务院及国务院有关部门、省级、市级应急机构之间的信息资源共享。

保证应急响应期间领导小组同国务院，省级、市级和地铁企业事故灾难应急机构、应急支援单位通信联络的需要；明确联系人、联系方式。

能够接受、显示和传达地铁事故灾难信息，为应急决策和专家咨询提供依据；能够接受、传递省级、市级地铁应急机构应急响应的有关信息；能够为地铁事故灾难应急指挥、与有关部门的信息传输提供条件；对省级、市级和地铁企业事故灾难应急机构预案及地铁企业基本情况进行备案。

6.2 应急支援与装备保障

6.2.1 救援装备保障

由地铁运营的城市人民政府负责地铁应急装备的保障。领导小组负责指导、监督地铁应急装备保障工作。

6.2.2 应急队伍保障

领导小组和国务院有关部门、军队、武警根据本预案规定的职责分工，做好应急支援力量准备。地方人民政府建立并完善以消防部队为骨干的应急队伍。

6.2.3 交通运输保障

发生事故灾难后，事发地人民政府有关部门负责对事发现场和相关区域进行交通管制，根据需要开设应急特别通道，确保救灾物资、器材和人员运送及时到位，满足应急处置需要。

6.2.4 医疗卫生保障

各级卫生行政部门，要按照《国家突发公共事件医疗卫生救援应急预案》落实医疗卫生应急的各项保障措施。

6.2.5 治安秩序保障

应急响应时，事发地公安机关负责事故灾难现场的治安秩序保障工作。

6.2.6 物资保障

省级人民政府和城市人民政府及其有关部门，应建立应急设备、救治药物和医疗器械等储备制度。

领导小组根据实际情况，负责监督应急物资的储备情况。

国家发展改革委、商务部协调有关省级人民政府跨地区的物资调用。

6.2.7 资金保障

城市人民政府应当做好事故灾难应急资金准备。领导小组应急处置资金按照《财政应急保障预案》的规定解决。

6.2.8 社会动员保障

事发地人民政府根据需要动员和组织社会力量参与地铁事故灾难的应急。领导小组协调事发地以外的社会力量参与救援。

6.2.9 紧急避难场所保障

城市人民政府负责规划与建设能够基本满足事故灾难发生时人员避难需要的场所。

6.2.10 应急保障的衔接

省级、市级的应急保障按国家有关法律、法规、标准的规定及各自批准的应急预案进行。应急保障应为各自所需的应急响应能力提供保证，并保证各级响应的相互衔接与协调。

6.3 技术储备与保障

领导小组专家组对应急提供技术支持和保障。省级人民政府应比照领导小组专家组的设置，建立相应的机构，对应急提供技术支持和保障。

国务院有关部门和省级、市级人民政府要组织地铁安全保障技术的研究，开发应急技术和装备。

6.4 宣传、培训和演习

6.4.1 公众信息交流

公众信息交流工作由城市人民政府和地铁企业负责，主要内容是城市地铁安全运营及应急的基本常识和救助知识等。城市人民政府组织制订宣传内容、方式等，并组织地铁企业实施。

6.4.2 培训

对所有参与城市地铁事故灾难应急准备与响应的人员进行培训。

6.4.3 演习

省级人民政府地铁事故灾难应急机构应每年组织一次应急演习。城市（含直辖市）人民政府应每半年组织一次应急演习。

6.5 监督检查

领导小组对地铁事故灾难应急预案实施的全过程进行监督。

7 附则

7.1 名词解释

7.1.1 地铁

本预案所称地铁是指承担城市公共客运的城市轨道交通系统，包括地上形式和地下形式。

7.1.2 特别重大、重大事故灾难

本预案所称的特别重大、重大事故灾难是指需要启动本预案中规定的Ⅲ级以上应急响应的灾难事故。

特别重大、重大事故灾难类型主要包括：

（1）地铁遭受火灾、爆炸等事故灾难；

（2）地铁发生大面积停电；

(3) 地铁发生一条线路全线停运或两条以上线路同时停运；

(4) 地铁车站内发生聚众闹事等突发事件；

(5) 地铁遭受台风、水灾、地震等自然灾害的侵袭。

7.1.3 本预案有关数量的表述中，"以上"含本数，"以下"不含本数。

7.2 预案管理与更新

建设部根据国家应急管理的有关法律、法规和应急资源的变化情况，以及预案实施过程中发现的问题或出现的新情况，及时修订完善本预案。

7.3 奖励与责任追究

7.3.1 奖励

在地铁事故灾难应急工作中有下列表现之一的单位和个人，应根据有关规定予以奖励：

(1) 出色完成应急任务，成绩显著的；

(2) 防止或挽救事故灾难有功，使人民群众的生命和国家、集体财产免受损失或减少损失的；

(3) 对应急准备或响应提出重大建议，实施效果显著的；

(4) 有其他特殊贡献的。

7.3.2 责任追究

在地铁事故灾难应急工作中有下列行为之一的，按照法律、法规及有关规定，对有关责任人视情节和危害后果，由其所在单位或上级机关给予行政处分；其中，对国家公务人员和国家机关任命的其他人员，分别由任免机关或监察机关给予行政处分；属于违反治安管理行为的，由公安机关依法予以治安处罚；构成犯罪的，由司法机关依法追究刑事责任：

(1) 不按照规定制定事故灾难应急预案，拒绝履行应急准备义务的；

(2) 不按照规定报告、通报事故灾难真实情况的；

(3) 拒不执行地铁事故灾难应急预案，不服从命令和指挥，或者在应急响应时临阵脱逃的；

(4) 盗窃、挪用、贪污应急工作资金或物资的；

(5) 阻碍应急工作人员依法执行任务或者进行破坏活动的；

(6) 散布谣言，扰乱社会秩序的；

(7) 有其他危害应急工作行为的。

7.4 国际交流与合作

领导小组要积极建立与国际地铁应急机构的联系，开展国际间的交流与合作活动。

7.5 预案实施时间

本预案自印发之日起实施。

附录4 《城市轨道交通消防安全管理标准》

前言

本标准由公安部消防局提出。

本标准由全国消防标准化技术委员会第九分技术委员会（SAC/TC113/SC9）归口。

本标准起草单位：公安部天津消防研究所、中国矿业大学、天津市消防局、北京市消防局、上海市消防局、广东省消防总队、北京市地铁公安分局、广州市地铁总公司、上海能美西科姆消防设备有限公司。

本标准主要起草人：倪照鹏、程远平、黄振兴、阚强、杨永志、原震、姚永祥、沈奕辉、陈焕、古晋、刘汝义、郑臻毅。

引言

城市轨道交通作为一种快速、环保、舒适、客运能力大的城市交通工具在世界主要发达国家及地区已经得到了广泛的应用。它对于疏解城市交通，发挥城市功能具有重要的作用。随着我国经济快速增长和城市基础设施建设的加快，城市轨道交通在我国得到了较快发展，其运营安全也越来越受到人们的广泛关注。

为保障城市轨道交通的安全运行，预防轨道交通火灾，减少轨道交通火灾危害，保护公民人身、公共财产和公民财产的安全，维护公共安全，促进经济发展，制定本标准。

本标准是在调查研究、总结实践经验，参考和吸收国内外有关资料，并广泛征求城市轨道交通运营单位及其他多方意见的基础上制定的。

1 范围

本标准规定了地铁、轻轨等城市轨道交通在运营过程中的危险源控制，各级、各类人员的消防安全责任和职责，灭火和应急疏散预案与演练，消防设施检查及维护管理，消防宣传教育，人员培训和消防档案管理等消防安全工作的管理要求。

本标准适用于城市轨道交通的消防安全管理。

2 规范性引用文件

下列文件中的条款通过本标准的引用而成为本标准的条款。凡是注日期的引用文件，其随后所有的修改单（不包括勘误的内容）或修订版均不适用于本标准，然而，鼓励根据本标准达成协议的各方研究是否可使用这些文件的最新版本。凡是不注日期的引用文件，其最新版本适用于本标准。

GB 50157 地铁设计规范

3 术语和定义

GB 50157 确立的以及下列术语和定义适用于本标准。

3.1 应急预案（Emergency Procedures Plan）

应急预案是针对各种可能发生的事故或突发事件所需的应急行动而制定的指导性文件，

是应急救援系统的重要组成部分。其目的是指导应急行动按计划有序进行，防止因行动组织不力或现场救援工作的混乱而延误事故应急救援，从而减少人员伤亡和财产损失。

3.2 运营单位（Operation Corporation）

负责城市轨道交通运营管理的机构。

3.3 车站（Station）

为乘客提供乘车、到达和换乘的场所。车站包括站厅、站台、出入口通道、人行楼梯、自动扶梯、检票口和管理及设备用房等，以及通信、通风、空调、照明、卫生、防灾等设施。

4 总要求

4.1 城市轨道交通的消防安全管理应在当地政府的统一组织协调下，建立由政府相关部门（包括公安、消防）与运营单位及供电、通信、供水和医疗等单位密切协作、运转高效、分工明确的报警接警、监控和抢险救援机制。

4.2 城市轨道交通运营单位应制定安全管理责任制度，按照国家现行有关消防法律、法规、规章（以下统称消防法规）落实消防安全责任制。国家有关部门和单位应根据本标准对城市轨道交通中使用的设施、设备的设计、制造、安装与使用制定相关的安全管理办法和技术要求。

4.3 城市轨道交通运营单位应结合本单位实际制定单位及各部门的灭火和应急疏散预案，定期组织演练，提高先期应急处置能力。

4.4 城市轨道交通运营单位应当遵守有关消防法规，贯彻"预防为主、防消结合"的消防工作方针，正确处理好运营与安全的关系，建立科学的消防设施管理体制，保证轨道交通的安全运营。

4.5 城市轨道交通应按照现行有关消防法规和技术规范的要求配置消防设施、器材，并在工程设计中积极采用先进的防火、灭火技术，选用先进可靠的防火灭火设施、器材。

4.6 城市轨道交通应依据现行有关消防法规和技术规范设置防火灾、水淹、风灾、冰雪、地震、雷击和停车事故等防灾设施，并以防控火灾的消防设施、器材为主。

4.7 城市轨道交通的消防安全管理工作和消防监督工作，除遵守本标准的规定外，还应符合国家现行的其他有关法律法规的规定。

4.8 城市轨道交通的消防安全设计、施工、验收管理应符合现行有关消防法规和技术规范的规定，并经国家规定的公安消防监督机构审查和批准。

5 消防安全管理职责要求

5.1 一般规定

5.1.1 城市轨道交通运营单位为消防安全重点单位，应建立消防安全责任体系，明确逐级岗位消防安全职责。

5.1.2 城市轨道交通消防设计应有保障消防安全疏散的设施及通道，运营单位应保障消防安全疏散通道及设施完好、可用，落实消防安全措施。

5.1.3 城市轨道交通运营单位应建立与当地公安消防机构联系制度，及时反映单位消防安全管理工作情况。

5.2 消防安全责任人

城市轨道交通运营单位的法人代表或主要负责人是单位的消防安全责任人,对本单位的消防安全工作全面负责,并应履行下列职责:

a) 贯彻执行消防法规,保证单位消防安全条例规定,掌握本单位消防安全情况;
b) 组织编制和审定本单位消防应急预案;
c) 组织审定与落实年度消防安全工作计划和消防安全资金预算方案;
d) 确定本单位逐级消防安全责任,任命消防安全管理人,批准实施消防安全制度和保证消防安全的操作规程;
e) 组织建立消防安全例会制度,每月至少召开一次消防安全工作会议;
f) 每月至少参加一次防火检查;
g) 组织火灾隐患整改工作,负责筹措整改资金;
h) 消防安全责任人应当报当地公安消防机构备案。

5.3 消防安全管理人

城市轨道交通运营单位的消防安全管理人应由消防安全责任人任命,并应履行下列职责:

a) 拟订年度消防工作计划和消防资金预算方案;
b) 协助组织编制和审定本单位消防应急预案;
c) 组织制定消防安全制度和保障消防安全的操作规程;
d) 组织实施防火检查,每月至少一次;
e) 组织整改火灾隐患;
f) 组织建立消防组织,每半年至少组织一次消防宣传教育、灭火和应急疏散演练;
g) 消防安全责任人委托的其他消防安全管理工作;
h) 向消防安全责任人报告的消防安全工作情况,每月至少一次;
i) 消防安全管理人应当报当地公安消防机构备案。

5.4 部门主管人员

5.4.1 车站站长(值班站长)上岗前应经运营单位培训合格,并应履行下列消防职责:

a) 贯彻执行有关消防法规,保障车站安全符合规定,及时掌握车站消防安全情况;
b) 制订车站年度消防工作计划和消防资金预算方案并组织实施;
c) 协助组织制定、修改和完善车站消防应急预案;
d) 每月至少组织一次车站防火检查,及时消除能够整改的火灾隐患,对不能整改的,提出整改意见;
e) 每半年至少组织一次车站消防宣传教育、灭火和应急疏散演练;
f) 发生火灾时能够按照车站消防应急预案及时组织疏散乘客、扑救火灾并向有关部门报告火灾情况,协助灾后调查火灾原因;
g) 每月至少一次向消防安全责任人或消防安全管理人报告消防安全工作情况。

5.4.2 控制中心主任(值班主任)上岗前应经消防专业培训合格,并应履行下列消防职责:

a）贯彻执行有关消防法规，保障调度系统安全符合规定，及时掌握车站消防安全情况；
b）制定调度系统年度消防工作计划和消防资金预算方案并组织实施；
c）协助组织制定、修改和完善控制中心消防应急预案；
d）每月至少组织一次调度系统防火检查，消除火灾隐患；
e）每半年至少组织一次调度系统消防宣传教育、灭火和应急疏散演练；
f）发生火灾时能够按照控制中心消防应急预案及时组织各调度处理火灾事故、疏散乘客、扑救火灾并向有关部门报告火灾情况；
g）每月至少一次向消防安全责任人或消防安全管理人报告消防安全工作情况。

5.5 消防安全员

5.5.1 一般规定

城市轨道交通运营单位应确定专、兼职消防安全员。消防安全员应履行下列职责：
a）分析研究本部门、岗位的消防安全工作，及时向上级报告；
b）确定本部门、岗位的消防安全重点部位，实施日常防火检查、巡查；
c）接受安排落实火灾隐患整改措施；
d）管理、维护消防设施、灭火器材和消防安全标志；
e）协助开展消防宣传和消防安全教育培训；
f）协助编制消防应急疏散预案，组织演练；
g）记录消防工作落实情况，完善消防档案；
h）完成其他消防安全管理工作。

5.5.2 环控调度人员

a）负责对全线各车站消防等机电设备的全面监控，及时掌握各车站消防设备的运行状况；
b）对火灾事故的报警，应认真确认、分析现场情况，及时通报行调、电调和值班主任；
c）在发生火灾事故时，能够按照控制中心消防应急预案，通过调动环控设备执行合理的通风模式，引导乘客和工作人员进行安全疏散。

5.5.3 行车调度人员

a）负责对列车安全运行状况的监控；
b）发生火灾时，能够按照控制中心消防应急预案及时指挥着火列车运行、灭火和乘客的安全疏散，并调整后续列车的运行；
c）与车站值班站长和列车驾驶员保持联系，随时掌握列车运行、灭火和乘客疏散情况；
d）引导乘客和工作人员进行安全疏散，并尽量减少财产损失。

5.5.4 电网调度人员

a）负责轨道交通安全运行的电网保障；
b）发生火灾时，能够按照控制中心消防应急预案及时切断相关电网的牵引电流和设备电流；
c）通知变电所值班人员注意设备运行，保证排烟系统的电源供应；
d）通知接触网专业工作人员配合灭火，检查设备和电缆情况，防止乘客触电。

5.5.5 维修调度人员

a) 负责轨道交通安全运行的设备和通信保障；

b) 发生火灾时，能够按照控制中心消防应急预案及时通知相关车间轮值工程师，必要时启动抢修程序，尽可能保障轨道交通设备和通信系统的正常运行。

5.5.6 自动消防系统操作人员

自动消防系统的操作人员应经消防专业培训合格后持证上岗，并应履行下列职责：

a) 掌握自动消防系统的工作原理和操作规程，能够熟悉使用和操作各种系统；

b) 负责对消防设施的每日检查，并认真填写各种消防设施值班和运行记录，并定期对各种消防设施进行检查，保证自动消防设施的完好有效。发现故障应及时排除，不能排除的应报告消防安全管理人；

c) 核实、确认报警信息；

d) 熟练掌握火灾和其他灾害事故紧急处理程序，发生火灾时，根据消防应急预案启动相关消防设施。

5.5.7 列车驾驶员

列车驾驶员除熟练掌握列车驾驶知识外，还应经消防专业培训合格后持证上岗，并应履行下列职责：

a) 掌握列车火灾应急预案和应急处理办法；

b) 每日检查列车消防设施和报警通信设施功能，发现故障应及时排除，不能排除的应报告消防安全管理人、消防安全责任人；

c) 发生火灾时，用标准用语进行广播宣传和疏散引导，稳定乘客情绪，引导乘客使用车内灭火器灭火和进行紧急疏散；

d) 将列车着火情况及时报告控制中心域值班站长。

5.5.8 其他人员

其他人员应严格执行消防安全制度和操作规程，参加消防安全培训及灭火和应急疏散演练，熟知本岗位火灾危险性和消防安全常识，发生火灾时及时引导乘客安全疏散。

5.6 承包、租赁、合作或委托经营

城市轨道交通车站站厅内按规定设置的商业场所，实行承包、租赁或委托经营、管理时，应接受和服从运营单位消防安全管理。运营单位应提供符合消防安全要求的建筑物，订立的合同中应明确消防安全责任。

6 危险源控制

6.1 一般规定

6.1.1 运营单位应根据当地实际情况和轨道交通的设施状况、人员特点等制定相应的火源控制管理规定。

6.1.2 城市轨道交通严格限制可燃物品的使用，并制定可燃物品安全使用的管理规定。

6.2 限制可燃物

6.2.1 车站内应严格控制可燃材料，车站建筑装修材料和列车车厢内装饰材料的选用应符合相关的设计规范。

6.2.2 车站站厅乘客疏散区、站台及疏散通道内不得设置商业经营场所。

6.2.3 车站站厅内严格按相关消防安全技术规范限制商业经营场所占用面积的比率和数量，并加强消防安全管理。

6.2.4 车站站厅、站台、列车车厢和管理用房内的垃圾应及时清理，可燃垃圾堆积时间不应超过一昼夜。

6.3 吸烟管理

6.3.1 车站站厅、站台、列车车厢、管理用房和隧道内严禁吸烟。

6.3.2 在车站站厅、站台、列车车厢、管理用房内应张贴写有"严禁吸烟"的标志。

6.4 明火（动火）管理

车站站厅、站台、列车车厢、管理用房和隧道内严禁使用明火，必须使用明火作业时，应在动火前按程序申报并采取必要的消防监护措施。

6.5 电气火源控制

6.5.1 机电设备设施中的变压器、带油电气设备应定期巡检和维护。

6.5.2 各级配电设备应安装完善的过负荷、漏电、欠压、过压等保护电路和报警装置，各类电气设备应加装防止打火、短路的装置。

6.5.3 定期对运行车辆上的电气设备、电气线路进行检查维修，及时清除列车运行线路上的导电体，防止受流器、电缆电线短路放弧引起列车火灾。

6.6 燃气控制

车站站厅、站台、列车车厢、管理用房和隧道内严禁使用可燃燃气，工程作业中必须使用燃气设备时，应按程序申报并采取必要的消防监护措施。

6.7 采暖控制

车站站厅、站台、列车车厢和管理用房内不得采用明火、电炉和电热采暖器采暖，采暖散热器表面平均温度不应超过80℃。

6.8 用油系统控制

6.8.1 城市轨道交通中的用油系统应按操作规程操作，并应定期巡检和维护。

6.8.2 废油应密闭在专用的防火容器内并及时清运出去，溅洒在地板上的油应及时清理干净，防止废油流入下水道。

6.9 易燃易爆化学危险品控制

6.9.1 车站入口处应张贴有劝阻乘客携带易燃易爆化学危险品进入车站内或乘坐列车的警告标志。工作人员对发现有携带易燃易爆化学危险品的乘客，应责令其出站。

6.9.2 工作人员因工作需要携带时，应按程序申报并采取必要的消防监护措施。易燃易爆化学危险品的携带、使用和剩余用量应采取严格的登记制度。

6.9.3 工作人员因工作需要携带的易燃易爆化学危险品应与乘客分开进出车站和乘坐专用列车。

6.9.4 对于车站内无主或无人认领的包裹、行李应立即转移至远离乘客的安全区域。

7 灭火和应急疏散预案与演练

7.1 城市轨道交通特大事故和突发事件应急救援预案

7.1.1 城市轨道交通特大事故和突发事件应急救援预案应由当地政府组织制定。当地政府应组织城市轨道交通运营单位、公安、消防、供电、通信、供水、交通和医疗等单位建立统一和完善的灾害救援指挥机构和抢险救灾体系，制定故障、火灾、爆炸、化学恐怖袭击、灭火抢险救灾等应急处理工作预案。

7.1.2 当地政府应组织城市轨道交通运营单位、公安、消防、供电、通信、供水、交通和医疗等单位按应急预案定期进行必要的演习。在演习过程中，应采取措施防止发生人员意外伤亡。

7.1.3 政府应制定报告程序、现场及事故调查、新闻采访接待及事故现场以外区域组织工作程序。

7.1.4 城市轨道交通运营单位应积极配合当地政府制定轨道交通消防应急预案，并严格落实预案中轨道交通运营单位的相关职责。

7.2 运营单位应急预案

城市轨道交通运营单位应组织制定运营机构应对轨道交通事故和突发事件应急救援预案。该预案应遵循统一指挥、逐级负责、快速反应、配合协同的原则，并应明确以下内容：

a）运营单位抢险指挥领导小组的人员组成和职责，抢险指挥领导小组应负责抢险救援的组织、指挥、决策，并指挥各部门实施各自应急预案，尽快恢复轨道交通运营；

b）抢险信息的报告程序，应遵循迅速、准确、客观和逐级报告的原则；

c）现场处置过程中各部门的组织原则及相关职责；

d）不同事故情况下的抢险救援策略和人员疏散方案；

e）扑救初期火灾的程序和措施；

f）提供救援人员、通信、物资、医疗救护和生活保障；

g）通信联络、安全防护与救护的程序和措施。

7.3 控制中心应急处理预案（调度指挥预案）

城市轨道交通运营单位应组织制定控制中心应急处理预案，该预案应规定控制中心各调度岗位在运营组织中，遇到各类突发事件时的应急处理程序，预案应遵循快速判断、及时汇报、果断处理、协同动作、认真记录的原则，并应包括以下主要内容：

a）控制中心通过监控系统或现场人员汇报等各种渠道，判明突发事件类型；

b）控制中心在值班主任的领导下迅速启动相应的应急预案；

c）通知各调度岗位实施预案中相应职责；

d）控制中心向上级部门汇报事件信息，请求支援；

e）各调度岗位根据具体事故类别，通知车站、维修、行车、机电等各部门实施各自预案；

f）控制中心与事故现场和各调度密切联系，监控事态发展，作出相应决策。

7.4 城市轨道交通车站应急处理预案

7.4.1 一般规定

城市轨道交通运营单位应组织制定车站应对各类事故和突发事件的应急处理预案。车站现场应急处理预案均应遵循及时报警、疏散乘客、抢救伤员的原则，周密制定相关岗位职责、工作流程和设施器材配置标准及操作规程。

7.4.2 轨道交通车站火灾事件应急处理预案

城市轨道交通车站火灾应急处理预案应规定车站发生火灾时车站现场的应急处理程序，预案结构及主要内容如下：

a) 确认发生火灾后，在值班站长的领导下迅速启动火灾应急预案；
b) 通知车站工作人员各自执行预案中的相应职责；
c) 立即向公安部门和公安消防机构报警；
d) 向控制中心报告现场情况；
e) 广播通知、组织和引导车站内乘客进行紧急疏散，抢救伤员；
f) 在车站出入口处设立警告标志，阻止人员进入车站；
g) 带好灭火器具，扑救初期火灾；
h) 按实际情况关闭相关机电及空调设备、开启事故照明和启动相应的送风及排烟程序。设置屏蔽门的车站，可以在站台乘客疏散完毕后，打开屏蔽门进行事故排烟；
i) 根据控制中心命令指挥后续列车迅速通过事故车站或防止后续列车进站；
j) 消防队到达现场后，派人引导到火灾现场进行扑救。

7.4.3 列车火灾事件应急处理预案

7.4.3.1 列车火灾应急处理预案应按列车在站台或区间发生火灾两种情况分别制定，并应明确驾驶员、行车调度、值班站长等岗位职责和工作流程等主要内容。

7.4.3.2 当列车在区间发生火灾，应遵循只要列车能继续运行，应继续运行至就近车站的原则。预案应按列车能继续运行或无法运行两种情况分别制定各岗位职责和工作流程。

7.4.3.3 到站列车发生火灾时的应急处理应符合下列规定：

a) 列车驾驶员迅速打开门，引导列车上的乘客向站台疏散；
b) 行车值班员立即向公安部门和公安消防机构报警；
c) 行车值班员向控制中心报告现场情况，控制中心启动自身预案；
d) 根据控制中心命令指挥后续列车，采取措施防止后续列车进站；
e) 车站广播通知、组织和引导车站内乘客进行紧急疏散，抢救伤员；
f) 在车站出入口设立警告标志，阻止人员进入车站；
g) 值班站长带领工作人员带好灭火器具，扑救初期火灾；
h) 按实际情况关闭相关机电及空调设备，开启事故照明和启动相应的送风及排烟程序；
i) 消防队到达现场后，派人引导到火灾现场进行扑救。

7.4.3.4 列车在区间发生火灾，能继续运行时的应急处理应符合下列规定：

a) 驾驶员迅速向控制中心和两端车站报告，维持运行至就近车站，引导乘客使用车上灭火器进行灭火；
b) 行车值班员立即向公安部门和公安消防机构报警，报告值班站长和行车调度；通知有关岗位人员执行列车火灾紧急疏散预案；广播通知和引导乘客进行紧急疏散；
c) 根据控制中心命令指挥现场列车，将原停靠列车开走，防止后续列车进站；
d) 值班站长带领工作人员疏散站台、站厅乘客；在车站出入口处设立警告标志，阻止人员进入车站；做好灭火、疏散列车内乘客的准备；

e) 列车进站后执行到站列车发生火灾时的处理程序。

7.4.3.5 列车在区间发生火灾，无法继续运行时的应急处理应符合下列规定：

a) 驾驶员迅速判明火情，立即向控制中心和两端车站报告，用标准用语进行广播宣传，稳定乘客情绪，引导乘客使用车内灭火器灭火和进行紧急疏散；

b) 两端车站行车值班员接到火灾的报告后，立即报告值班站长，通知相关岗位人员；开启相应的隧道照明，做好乘客广播；

c) 环控调度应按列车火灾实际情况指挥启动相应的送风及排烟程序；

d) 值班站长带领工作人员疏散站台、站厅内乘客；在车站出入口处设立警告标志，阻止人员进行车站，进入隧道协助乘客疏散；消防队到达现场后，派人引导到火灾现场进行扑救；

e) 根据控制中心命令，防止后续列车继续驶入区间。

7.4.4 车站其他预案

为确保城市轨道交通运营安全，除火灾应急预案处，运营单位还应建立毒气、爆炸、劫持人质等突发事件应急预案。

7.5 车务安全应急处理预案

城市轨道交通运营单位应组织制定车务安全应急处理预案，该预案应规定车站、客车驾驶员及车厂行车有关人员对乘客服务、行车组织、调车作业等工作中可能发生的各种应急事件、事故的处理程序。

7.6 乘客疏散预案

7.6.1 一般规定

因发生火灾等突发事件需要疏散乘客时，各岗位工作人员应密切配合、协调动作，根据指挥进行乘客疏散作业。

7.6.2 行调采取措施

7.6.2.1 根据事件现场情况及时发布封锁该站、组织列车在事发站通过、将车站内乘客疏散出站及区间列车内乘客疏散等命令。

7.6.2.2 当列车被迫停于区间而无法驶入车站进行乘客疏散时，应及时下达区间疏散乘客的命令。同时，应做到：

a) 立即关闭后方信号机，阻止列车进入该区间，对已进入该区间的其他列车应尽量采取措施使其退回后方站；

b) 根据列车停车位置，向车站及驾驶员发布疏散乘客的命令，命令中应指明疏散方向及注意事项。

7.6.3 列车驾驶员采取措施

7.6.3.1 当列车迫停于区间时，利用列车广播对乘客进行解释，稳定乘客情绪，防止秩序混乱。

7.6.3.2 迫停于区间的列车需要就地疏散乘客时，在得到调度命令后，配合车站工作人员按行调指定的车站和方向组织乘客疏散。

7.6.3.3 列车在运行中发生火灾时，在积极扑救的同时，对乘客进行广播宣传，稳定乘客情绪，需在区间疏散乘客时，按区间疏散措施执行。

7.6.4 车站工作人员采取措施

7.6.4.1 迫停于区间的列车需要疏散乘客时，车站工作人员应采取如下措施：

a) 接到行调下达的就地疏散乘客的命令后，组织相关抢险人员携带工具赶赴现场，与列车驾驶员取得联系后，说明乘客疏散方法等有关事项后进行列车乘客疏散；

b) 对乘客进行广播宣传，稳定乘客情绪，防止秩序混乱；

c) 在疏散过程中，采取各种措施防止乘客进入不安全区域；为乘客提供各种帮助，提示走行线路和注意事项，防止意外事故发生；

d) 疏散完毕后，现场负责人撤离现场前对车厢内外进行清查，确认乘客及抢险人员已全部撤离，线路无障碍后将情况向抢险负责人报告。

7.6.4.2 列车在到达车站后进行乘客疏散时，使用车站广播及口头进行宣传，上车组织乘客疏散。

7.6.4.3 停止售检票，开启所有能使用的出入口，同时阻止人员进入车站。

7.6.4.4 抢险人员积极妥善抢救伤员，与专业医疗机构联系请求救护，并派人到指定出入口等候救护车。

7.7 灭火和应急疏散演练

7.7.1 目的

7.7.1.1 使各级指挥人员，各行动组和有关工作人员熟悉相关应急预案，清楚各自的职责。

7.7.1.2 检验各级应急预案的实用性和可操作性。

7.7.1.3 检验城市轨道交通运营单位在紧急情况下的应急组织指挥、通信、灭火、疏散和救护等方面的实战能力，积累应对火灾等突发事件的实战经验。

7.7.1.4 检验各类设备在紧急情况下的运行状态和可能存在的问题。

7.7.2 一般规定

7.7.2.1 城市轨道交通运营单位应根据各级应急预案要求制订各级灭火和应急疏散演练计划并积极组织实施。

7.7.2.2 城市轨道交通运营单位应至少每年组织一次全机构的灭火和应急疏散演练。

7.7.2.3 城市轨道交通运营单位应组织各车站至少每年进行两次灭火和应急疏散演练。

7.7.2.4 城市轨道交通运营单位应在灭火和应急疏散演练前至少15天向当地公安部门和公安消防机构上报灭火和应急疏散演练计划，获得批准后方可举行灭火和应急疏散演练。灭火和应急疏散演练应在当地公安部门和公安消防机构的指导和配合下进行。

7.7.2.5 灭火和应急疏散演练应在城市轨道交通线路投入正式运营前或在投入运营后的非运营时间内进行。

7.7.2.6 参加灭火和应急疏散演练的人员可以是城市轨道交通运营单位工作人员和身体健康的成年志愿者。

7.7.2.7 在模拟实际火灾条件下的所有演练中，应注意对火源及烟气的控制，防止疏散队伍混乱及对演练人员的伤害。

7.7.3 疏散演练的内容

灭火和应急疏散演练组织及内容应包括：

a) 指挥人员。公安消防机构到达之前指挥灭火和应急疏散工作；
b) 通信联络组。报告火警，与相关部门联络，迎接消防车辆，传达指挥员命令；
c) 疏散引导组。维持火场秩序，引导乘客疏散，抢救重要物资；
d) 灭火行动组。按照预案要求，及时到达现场扑救火灾；
e) 安全防护救护组。救护受伤人员，准备必要的医药用品；
f) 其他必要的组织。

7.7.4 演练的组织

7.7.4.1 演练时应在城市轨道交通运营车站入口处设置带有"正在进行消防演练"字样的标志牌。

7.7.4.2 演练结束后，应总结问题，做好记录，修订预案内容，解决演练中暴露出的问题。

8 消防设施检查与维护管理

8.1 消防设施使用操作规程

8.1.1 城市轨道交通运营单位的消防设施操作人员必须严格按消防设施操作规程操作。

8.1.2 消防设施日常使用操作规程应符合下列规定：

a) 城市轨道交通运营单位应建立具有消防系统竣工图、消防产品设备技术资料、使用说明书、调试开通报告、竣工报告、竣工验收情况表等资料的消防设施技术档案，以及消防设施的运行、检查、测试、维修、更换等情况记录，并存档备查；

b) 城市轨道交通运营单位应建立日常管理和定期检查、检测、维护、维修的逐级岗位责任制和操作规程，明确有关部门和人员的职责、程序、内容、标准和要求，对存在故障和达不到国家有关消防技术规范、工程设计要求和火灾扑救要求的消防设施、器材应及时进行维修和整改，确保消防设施、器材的完好有效；

c) 消防设施在大修、改造、更新时，应在实施前向公安消防机构备案，并按照单位内部审批程序向有关部门和负责人报告，经同意后方可实施，并在实施期间采取有效的安全预防措施，确保安全；

d) 消防设施需要改变的，应报经公安消防监督机构审核批准后，方可实施，并在实施期间采取有效的消防安全补救措施，确保安全。

8.1.3 火灾事故中消防设施的使用操作规程应符合下列规定：

a) 自动消防系统的操作人员在接到火警显示后，应按照相应的处理程序进行操作；

b) 接到火灾报警控制设备的报警信号后，应首先在系统报警点位置平面图中核实报警点所对应的部位；

c) 指派人员迅速赶到报警部位核实情况，同时消防控制中心（值班室）应随时准备实施消防系统操作；

d) 现场核实报警部位确实起火后，应立即通知消防控制中心、消防安全管理人和环控调度，将相关联动控制装置调整到自动状态，并立即拨打报警电话，向公安消防机构报警；

e) 密切监视消防系统的运行状态，保证火灾情况下自动消防设施的正常运行。

8.2 消防设施检查与维护制度

8.2.1 消防设施、器材的检查维护保养管理应与本单位的运营管理工作统筹安排，结合自身消防安全特点，按照国家有关建筑消防设施维护管理标准的要求，建立健全消防设施、器材的消防安全管理制度，确定消防设施使用、管理、检查、维护的职能部门和逐级岗位消防责任制，在单位消防安全责任人或管理人的领导下抓好各项工作的落实，确保消防设施的完好有效。

8.2.2 按照国家有关消防技术规范要求，需要委托具有建筑消防自动设施资格的单位对系统进行全面检测的，应定期委托检测并要求出具检测报告。运营单位应委托有资质的单位对消防设施维修更换，保证消防设施完好有效。

8.2.3 室内外消防给水系统、火灾自动报警系统、自动喷水灭火系统、气体灭火系统、防烟、排烟与事故通风系统和防灾通信系统的操作、维护和管理人员上岗前应经过专业培训，并取得合格证，熟悉和掌握系统的工作原理、技术性能和操作维护规程。

9 抢险救援工具备品

9.1 一般规定

9.1.1 城市轨道交通运营单位应在轨道交通设施内设置应对各类事故和突发事件的抢险救援工具备品，并保持这些器材的完好。

9.1.2 城市轨道交通运营单位工作人员应熟练使用和操作抢险救援工具备品。

9.1.3 城市轨道交通运营单位应通过公益广告、广播和闭路电视等向乘客宣传自救用品的使用方法。

9.2 指挥备品

抢险救援用指挥备品至少应包括：手持对讲机，防毒面具，呼吸器，强光手电，手持扩音机，指挥车等。

9.3 抢险备品

抢险救援用抢险备品至少应包括：呼吸器，战斗服，灭火器，应急灯，电锯，电钻，机械压钳，万用表，测电笔，螺丝刀，榔头，扳手，斧子等常用工具。

9.4 救护备品

抢险救援用救护备品至少应包括：担架，轮椅，防毒面具，急救药箱，应急灯，安全警戒绳，警示标志等。

10 消防宣传教育、培训

10.1 一般规定

10.1.1 城市轨道交通运营单位应通过公益广告、广播、闭路电视和疏散指示牌等向乘客宣传轨道交通防火、灭火和安全疏散方法。

10.1.2 重大节日和活动期间应开展有针对性的消防宣传、教育活动。

10.1.3 新员工上岗前应进行一次消防安全教育、培训。

10.1.4 城市轨道交通运营单位每半年至少应组织一次全员培训。将培训纳入轨道交通运营单位职业学校教学课程。

10.1.5 宣传教育、培训情况应做记录。

10.2 宣传教育、培训内容

宣传教育和培训应包括下列主要内容：

a）有关消防法规、消防安全制度和保障消防安全的操作规程；
b）本单位消防应急预案；
c）本单位和本岗位火灾危险性及防火措施；
d）有关消防设施的性能和使用、检查及维护方法；
e）报告火警、扑救初期火灾及逃生自救的知识和技能；
f）组织、引导乘客疏散的知识和技能；
g）其他消防安全宣传教育内容。

10.3　专门培训

下列人员每年应接受一次消防安全专门培训：
a）单位的消防安全责任人（法人代表或主要负责人）；
b）消防安全管理人；
c）车辆、设备设施维修部门经理（车间主任）；
d）专职消防安全员；
e）消防控制室的值班、操作人员；
f）控制中心主任（值班主任）、调度人员；
g）车站站长（值班站长）；
h）列车驾驶员；
i）特种作业人员；
j）其他应当接受消防安全专门培训的人员。

11　消防档案

11.1　一般规定

城市轨道交通运营单位应建立健全消防档案。消防档案应翔实、准确，并附有必要的图表，不应漏填、涂改，并根据情况变化及时更新。

11.2　档案内容

11.2.1　消防安全基本情况

消防安全基本情况应至少包括下列内容：
a）单位基本概况和消防安全重点部位情况；
b）消防审核、验收、检查法律文书及相关资料、图纸等；
c）消防安全管理组织机构和各级消防安全责任人；
d）消防安全制度和消防安全操作规程；
e）消防设施、灭火器材情况；
f）义务消防队人员及其消防装备配备情况；
g）与消防安全有关的重点工作人员情况；
h）新增消防产品、防火材料的合格证明材料；
i）消防安全疏散图示、灭火和应急疏散预案。

11.2.2　消防安全管理情况

消防安全管理情况应至少包括下列内容：

a）消防设施检查、自动消防设施测试、维修保养记录；

b）火灾隐患及其整改情况记录；

c）防火检查、巡查记录；

d）有关燃气、电气设备检测（包括防雷、防静电）等记录；

e）消防宣传教育、培训记录；

f）灭火和应急疏散预案的演练记录；

g）火灾情况记录；

h）消防奖惩情况记录。

11.3 保管

城市轨道交通运营单位应制定消防档案保管制度。

流动保管的巡查记录等档案，交接班时应有交接手续，不应缺页。往年的档案不应丢弃、毁损，应保存 10 年以上。重要的技术资料、图纸、审核手续、法律文书等应永久保存。

参 考 文 献

［1］毛保华．城市轨道交通运营管理［M］．北京：人民交通出版社，2006．

［2］刘景良．安全管理［M］．北京：化学工业出版社，2008．

［3］连义平．城市轨道交通安全管理［M］．北京：中国铁道出版社，2012．

［4］毛保华，李夏苗．城市轨道交通系统运营管理［M］．北京：人民交通出版社，2006．

［5］连义平．城市轨道交通安全管理［M］．成都：西南交通大学出版社，2011．

［6］劳动和社会保障部教材办公室，广州市地下铁道总公司．城市轨道交通运营安全［M］．北京：中国劳动社会保障出版社，2008．

［7］李慧玲，刘冰．城市轨道交通安全管理［M］．北京：人民交通出版社，2011．

［8］蒋海波，荆涛．城市轨道交通安全管理［M］．北京：中国广播电视大学出版社，2014．

［9］中华人民共和国国务院．国家处置城市地铁事故灾难应急预案．北京：2006．